Lm 26

L 480

ARMORIAL
BRETON,
CONTENANT PAR ORDRE
ALPHABETIQVE ET METHODI-
que les Noms, QualiteZ, Armes & Blasons
des Nobles, Annoblis, & tenans Terres & Fiefs
nobles eZ Eueschez, de Treguier, & de Leon,
auec plusieurs autres Familles externes tant à rai-
son de leurs ParenteZ & Alliances, que pour les
Terres & Seigneuries qu'elles y possedent, ensemble
de plusieurs grandes & illustres Maisons de cette
Prouince mesme du Royaume, & autres Pays estran-
gers au Frontispice de chaque Lettre, & de plus
vn Abregé de la Science du Blason.

Le tout nouvellement dressé & mis en lumiere par GVY LE BORGNE
Ecuyer Sieur du Treuzcoët Conseiller du Roy, Alloüé & Baillif
en la Iurisdiction Royalle de Lanmeur.

Dedié à Monseigneur le Premier President
du Parlement de Bretagne.

 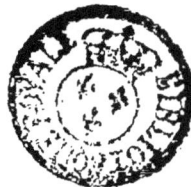

A RENNES,
Chez IVLIEN FERRE' Marchand Libraire,
rüe Saint François, à l'Esperance.

M.DC.LXVII.

Nympha sub Auspicijs Illustrat
stemmata lætis
Scuta Fovet. Regis Nascitur
Inde Manus

A MONSEIGNEVR

MONSEIGNEVR
DARGOVGES
CHEVALIER SEIGNEVR
DV PLESSIX-PATTE,
BONDOVFFLE, CHERCOIS,
MONTPIPEAV, DE FONTAINES &c.

Conseiller du Roy en tous ses Conseils, & Premier
President au Parlement de Bretagne.

MONSEIGNEVR

Permettez que ie me detâche du Stile ordinaire
de la pluspart de ceux qui écrivent, qui par vne

flateuse humilité méprisent leurs Trauaux, &
s'accusent de presomption dans la recherche d'vn
Protecteur de leurs Ouurages, pour moy ie com-
menceray par l'Eloge du mien, & ie ne craindray
pas d'auancer que ie puis Vous l'offrir sans temerité ; il n'est point de la nature de tous les autres,
il est d'vn Carractere tout particulier, ceux-là
doiuent presque toûjours à leurs Autheurs toute
leur force & toute leur beauté, c'est de l'adresse,
& du tour de l'esprit, dont ils empruntent leur
valeur, & quelque riche que soit le sujet qui les
compose, ils sont souuent redeuables à l'Art, du
merite qu'ils ont dans le monde : Mais dans
celuy-cy l'Autheur, son genie, & son adresse n'y ont
presque point de part, l'Art n'y contribue d'aucunes
de ses graces, & tout y cede à la grandeur de la
Matiere.

Je ne pretens donc pas, MONSEIGNEVR,
Vous rendre cét Ouurage recommendable par moy-
même, ce seroit vne audace punissable, & quand ie
prens la hardiesse de Vous dire qu'il merite d'aller jusqu'à Vous, & de trouuer place dans vostre Cabinet,
c'est parce que la gloire, & la vertu m'en ont fourny la
matiere ; Comme vous estes vn de leurs Ouurages le
plus acheué, il est iuste de ne vous rien donner qui ne
vienne de leurs mains, ce seroit vous faire injure
de vous presenter quelque chose qui ne portast pas
le Carractere de ces diuines Filles du Ciel, & c'est
pour répondre en quelque sorte à cette haute idée
qu'on a conceuë de Vous en ces lieux, que ie viens
mettre sous vostre Protection les Marques les plus

ecclatantes d'honneur que la vertu & la gloire ont imprimées dans quelques vnes des plus illustres Familles de cette Prouince. Vous y verrez vn meslange glorieux d'Exploicts Militaires, de la splendeur de la Pourpre, des coups de la Politique, des Capitaines; & des Magistrats; & à ces marques precieuses vous connoistrez le genie de vostre Maison agreablement partagée, & par l'vne & par l'autre de ces fonctions.

En Vous dediant, MONSEIGNEVR, cét ARMORIAL BRETON, ie n'agis pas tant de mon Chef, que par le mouuement de ces nobles Familles dont il enferme les Ecussons; Elles m'ont fait connoistre qu'elles ne vouloient point d'autre Protecteur de leur Noblesse que celuy qui par l'Eminence & la Pureté de la sienne ne peut auoir que des sentimens releuez pour vn rang si sublime: Quelque eclat qui brille dans les Couleurs de leurs Armoiries, quelque grandeur d'Ame qui ayt accompagnée les actions de ceux qui les ont meritées, & qui les leur ont transmises par la suite de tant de Siecles, elles s'assurent neantmoins que vostre Nom accroistra leur lustre, & que ce lustre releué par les nouueaux Rayons que vous luy donnerez, les maintiendra dans les Siecles à venir.

C'est dans cette pensée, MONSEIGNEVR, que ces anciennes Maisons vous demandent la grace de souffrir qu'on arbore l'Ecusson de vos Armes à la Teste des leurs, afin que dans ce noble Ecu tout le Monde remarque que vos Armes parlent fidellement: L'Ecartelé d'Or & d'azur qui en compose le Champ fournira de sujet à de riches obseruations ; L'Or, par son poids, & sa solidité est le Hyeroglithe de vostre fidelité inuiolable au seruice de nostre inuincible Monarque ; L'Azur, le symbole de la pureté de vos Sentimens ; la Puissance de ce Roy des Metaux à qui peu de chose resiste, nous represente encore que rien n'échappe à la force de vos Connoissances, que dans quelques détours que l'injustice se cache, vous sçauez l'aller prendre pour la confondre ; La beauté de ce Bleu celeste est la figure de cette netteté d'Esprit, dont les Clartez penetrent les plus grandes obscuritez & mettent l'Ordre dans les affaires les plus confuses ; & enfin ces trois Quintefeilles de gueulle qu'on void sur le tout de vos Armes sont les Marques de ce beau feu qui anime vostre Zele dans les Fonctions de tous les Employs importans qui vous sont commis, & font vn presage infaillible que tous ces grands attributs que vous possedez si eminament sont hereditaires à vôtre illustre Famille.

Aussi, MONSEIGNEVR, vous considere-on icy comme vn Astre que le Roy a tiré du premier Ciel de son Estat, & de ce glorieux Firmament, d'où il donne le Branle à tous ses Globes inferieurs pour vous attacher à nostre Sphere ; Vous nous deuez donc toutes vos Lumieres, & vous ne pouuez justement refuser que les Estoilles qui brillent dans cette Prouince depuis plusieurs Siecles (ie veux dire ces Familles recommendables qui Vous presentent leurs Ecussons) joignent leurs brillans à vos Clartez pour former auec Vous vne constellation fauorable à leur Patrie, & par cette liaison faire vne Aliance qui vous engage à la continuation de vos veilles & de vos soins obligeans au bien public & du particulier ; Ces nobles Familles s'y sont déja jointes par auance, par le respect & la veneration qu'elles ont tant pour vostre merite, que pour le rang que vous teneZ à la Teste du plus Auguste Corps de la Prouince, & qui est le Centre de sa veritable Noblesse ; Et vous MONSEIGNEVR, vous vous y estes genereusement vny en donnant vostre Estime & vostre Protection à tous les Gentilshommes qui ont eu le bonheur de vous approcher, du nombre desquels ayant l'honneur d'estre vous trouuereZ bon que ie m'ose glisser dans la foulle, & à l'abry de tant d'Illustres Personnes qui font gloire de voir vostre Nom à la Teste de ceux de leurs Maisons, vous demander la grace de publier que ie suis auec vn tres profond Respect, & vne Soûmission toute entiere.

MONSEIGNEVR,

Vostre tres-humble & tres
obeïssant Seruiteur
GVY LE BORGNE.

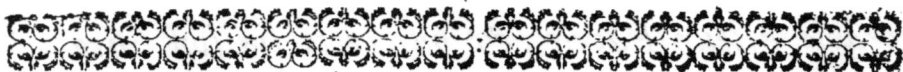

AVERTISSEMENT AV LECTEVR.

LE Prouerbe qui dit (*qu'autant de Tefles, autant d'Opinions*) eft tres veritable, & ie ne doute point qu'il n'occupe l'Efprit de ceux qui dans leurs heures de loyfir s'appliqueront à la lecture de ce Liure, car eftant peut-ètre rebuté des vns, & en quelque façon approuvé des autres, j'auray fujet de dire qu'autant de Lecteurs autant d'hommes femblables à ces inuitez au Banquet d'Horace, tellement contraires dans leurs gouts, que l'vn prenoit à contrecœur ce que l'autre fouhaitoit auec auidité; Ceux qui inclineront à ce premier fentiment font conuiez de fufpendre leur jugement & de ne me condamner pas d'abord fans au prealable m'entendre fur l'œconomie de ce trauail, que j'auois fait au commencement par vne fimple recreation d'Efprit, & que ie pretendois cacher dans le fond d'vn Cabinet, fi la priere de quelques-vns de mes amys bien verfez en cette Science Heraldique ne l'auoit emporté fur l'indifference que j'auois à luy faire voir le jour : Mais cette conduite eft de foy fi claire, que le feul titre du Liure vous peut feruir d'Inftruction, &. prefque faire conceuoir tout mon deffein ; Il me fuffira donc de vous dire que ie vous donne ce petit Arfen al des Armes, qualifié L'ARMORIAL BRETON d'vne Methode affez facile & populaire, ébauché par feu mon pere il y a déja quelques années, ie l'ay rendu au poinct que vous le voyez, efperant que mal-gré la rigueur du temps, & la fuitte des Siecles, il conferuera dans fes feilles le luftre des Familles, & de leurs Armes & Blafons, que j'ay en partie recueilly auec exactitude de pluſieurs Genealogies compilées par mon feu pere ſur les anciens. Titres & ſur ce qu'il y a de rare dans quantité de Maiſons particulieres du pays, meſme ſur quelques memoires tirez de la Chambre des Comtes de cette Prouince; Il vous pourra apprendre par forme de diuertiſſement pluſieurs Deuiſes de Maiſons qui ſont d'vne recherche aſſez curieuſe, comme auſſi en quelles Paroiſſes & endroits elles ſont ſituées, & par qui maintenant poſſedées; & vous deſignera encore quelque partie des Employs conſiderables, Charges & Faits memorables de quelques Seigneurs de ces Maiſons, qui en diuerſes manieres ſe ſont ſignalez tant ſous nos Ducs, que ſous les Regnes de nos Roys; Vous aurez auſſi le contentement d'y trouver les Erections & Inueſtitures de la pluſpart des Terres principalles, comme Duchez & Païries, Principautez, Marquiſats, Comtez, Baronies, & autres, au regard deſquelles ie n'obſerue aucunes proportions ny meſures, confondant quelquefois parmy elles quelques Royaumes, Villes, Eſtats Principautez, & autres grandes Seigneuries, qui ſurpaſſent à la verité les limites de mon Project : Mais ie ne le fais que pour ſoulager la memoire de ceux qui auront la curioſité de s'en vouloir ſeruir au beſoin, & les exempter de la peine qu'ils auroient de feilletter quantité de Liures pour trouver ce qu'en vn moment, ils pourront rencontrer en celuy-cy, où j'ay tâché à mon poſſible de garder toute la fidelité que demande vne entrepriſe de cette nature, eſtant d'humeur autant que perſonne du monde à croire que la fauſſeté n'eſt pas vn moindre crime dans vn Liure, que dans vn Contract; Vous y trouuerez enfin vn Traicté general des Termes vſitez au Blaſon des Armoiries aſſez ſuccinct & curieux, recueilly de pluſieurs dignes Autheurs en faueur des Gentils-hommes de Treguier & de Leon, où les perſonnes de tout Sexe deſireuſe de s'acquerir la connoiſſance de cette Science heroïque, pouront jetter les yeux pendant leurs heures perduës & dérobées.

Ie ne fais aucun doute que quelques Efprits naturelle-
ment enclins à reprendre, ne m'objecteront qu'en quelques endroits, ie me fers prefque des mefmes termes que
ceux qui ont écrit en pareille matiere, à cela ie leur ré-
ponds auec le Comique qu'il ne fe peût plus rien dire
qui déja n'ayt efté dit, d'ailleurs ils ne doiuent pas igno-
rer que ceux qui compofent les Bouquets, ne font pas les
Fleurs; c'eft pourquoy ie leur puis dire auec raifon, qu'il
n'eft pas moins difficile de fçauoir bien appliquer que
d'inuenter.

Ie pretens auffi peu eftre exempt de la cenfure de
quelques autres, qui me condamneront d'auoir confondu
quelques Familles annoblies, foit par Lettres du Prince,
ou par les Charges, mefmes quelques-vnes de plus bas
aloy, parmy les Gentils-hommes de race : Mais ie croy
que la feule infcription de ce Liure doit eftre fuffifante
pour les payer de raifon, & de crainte qu'ils ne fe contentent pas, ie me vois encore obligé de leur dire, qu'il y
a peu de Familles en la Prouince, quelques illuftres qu'elles
foient, qui dans ce Siecle de corruption fe puiffent preualoir auec verité de n'auoir pas directement, ou indi-
rectement quelque mélange peu glorieux auec des Familles obfcures ; partant ie n'ay pas creu deuoir exclure
abfolument de ce Ramas les plus confiderables d'entre
Elles (fauf au Lecteur prudent & fage d'en faire le difcer-
nement) & de ne condamner pas trop legerement quelques Gentils-hommes de Marque, qui ne laiffent pas de
porter mefmes Noms que plufieurs Roturiers.

Ce me feroit encore vne temerité & prefomption de
croire qu'vn recueil d'Armoiries de tant de differentes
Maifons deût eftre dés fa premiere Edition accomply au
poinct qu'il ne fe foit gliffé quelques fautes, mefme par
hazard quelques notables omiffions de Maifons & Fa-

milles bien nobles auec leurs Armes & Blafons, notament
de ces deux Eueſchez *de Treguier, & de Leon*, qui merite-
roient ſans contredit d'eſtre admiſes, & de tenir Rang en
ce Catalogue, mais ie les ſupplie de croire, que ie ne merite point qu'on m'impute directement cette faute, mais au
deffaut ſeul d'auoir eſté mieux éclaircy ſur ce ſujet, eſtant
confiné dans vn lieu ſterile, & trop ingrat pour le com-
merce, & la ſocieté des gens capables de m'inſtruire.
Soyez donc bien perſuadé, CHER LECTEVR, que ſi j'auois
peu en vous rendant juſtice me ſatisfaire moy-méme,
j'aurois pris vn ſingulier plaiſir à les inſerer en cette premiere Edition, ſans les reſeruer à vne ſeconde que ie pretens (ſi le Ciel me conſerue la vie) vous donner encore
dans quelques années mieux digerée, & peut-être d'vne
plus longue entrepriſe, ſi ie reconnois que ces premieres
Productions d'vne plûme qui s'eſt voulu diuertir par ce
coup d'Eſſay, reçoiuent l'approbation des gens de merite,
c'eſt à quoy j'auray peut-être peine de reuſſir : Mais quoy
qu'il en ſoit, ie me flatte qu'il y en aura d'aſſez indul-
gens pour excuſer les deffauts de ce petit Ouvrage, quand
ils feront reflexion que c'eſt par où j'ay commencé, &
que l'intereſt, ny la paſſion ne m'ont donné aucun mou-
vement que de tâcher de plaire à tout le Monde, & de
laiſſer vn chacun comme il eſt.

Extrait du Priuilege du Roy.

PAR Grace & Priuilege du ROY, il eſt permis à Iulien Ferré Marchand Libraire à Rennes, d'Imprimer ou faire Imprimer vn Liure intitulé *l'Armorial Breton*, pendant le temps & eſpace de ſix ans entiers, & deffences ſont faites à tous Imprimeurs & Libraires, & toutes perſonnes de quelque qualité & condition qu'elles ſoient d'Imprimer ou faire Imprimer, vendre ny debiter ledit Liure ſans le conſentement de l'expoſant, ou de ceux qui auront droit de luy, à peine de confiſcation des exemplaires, & de l'amende portée dans le Priuilege. Donné le 10. Aouſt l'an de Grace 1667. Signé par le Roy en ſon Conſeil GREFFIER.

SECOND · ADVERTISSEMENT
au Lecteur.

LE Lecteur fera aduerty, que par tout ou il trouuera ces deux Lettres, A. B. jointes enfembles, elles fignifient Ancien Baron, ou hauts Barons de cette Prouince, que la lettre B. feule, fignifie Baron, Banneret, ou Bachelier, que la Lettre C. fignifie Maifon d'ancienne Cheualerie ou Chaftelenie, & que dans l'ordre Alphabetique que ie garde en ce trauail, ie commence toûjours par les Maifons Illuftres, qui ont quelque rapport à cette Prouince, auparauant que de toucher aux Maifons moins confiderables, au regard defquelles ie ne pretens obferuer aucun rang, qu'entre celles qui font comme les fouches des autres, que ie mets pour cette raifon les premieres en tiltre, confondant celles qui en font iffuës pour ne donner lieu à perfonne de s'offenfer, s'il ne fe trouuoit pas au rang qu'il pouroit pretendre, n'eftant pas à moy, ny ne m'eftant pas mefme poffible d'eftablir l'ordre que les vns & les autres croyent deuoir tenir.

TROISIEME ADVERTISSEMENT
au Lecteur.

LEs Gentils-hommes de cette Prouince, qui pour les
raisons cy-deuant deduites sur le premier aduertissement au Lecteur, se trouueront n'estre compris en ce
Recueil, & mesme ceux qui peuuent y estre admis venans à reconnoistre quelques fautes, ou notables omissions, au droit de leurs noms & familles, sont conuiez
chacun en droit soy, de bailler ou faire tenir à leur commodité, des memoires succincts, & garantis de leurs noms,
qualitez, Armes & Blasons, soit au Libraire & Imprimeur
desnommé au frontispice de cet Armorial, faisant sa residence en la ville de Rennes prés le Palais, ou à Maistre Vincent Hamon, l'vn des Procureurs postulans au
Siege Royal de Morlaix, demeurant à ladite Ville : & ils
peuuent s'asseurer que l'Autheur qui à dressé & esbauché
ce petit Ouurage en leur faueur, aura vn soing particulier de les retirer d'eux, pour les inserer en vne seconde
edition, qu'il doit entreprendre & pousser à bout dans
quelques années, si le tout Puissant se rend fauorable à
ses vœux.

A

MBOISE, Maiſon auſſi illuſtre & ancienne qu'il y en ait en France, & qui a
produit vne infinité de Perſonnages de
grand renom , comme vn Admiral de
France, le Cardinal d'Amboiſe tres-grand
Miniſtre d'Eſtat , vn Grand-Maiſtre de
Malthe , vn Archeueſque de Roüen, & vn Eueſque de
Treguier, ils portent pour Armes Pallé d'Or & de gueulle
de ſix pieces.

ANCENIS, A. B. de Gueulle à trois Quintefeilles
d'Hermines. E N.

ANIOV, Appanage ordinaire de l'vn des Enfans puiſnez de France, anciennement Comté, depuis erigé en
Duché & Pairie par le Roy Charles V. l'an 1350. portoit
jadis de gueulle à l'Eſcarboucle pommettée & fleuronnée
d'Or, contreſcartelé d'Or à l'Aigle éployée de ſynople ,
maintenant de France à la bordure de gueulle.

AVAVGOVR, premiere & ancienne Baronnie de Bretagne, portoit d'Argent au Chef de gueulle , maintenant
écartelé au premier & quatriéme de Bretagne, qui eſt d'argent ſemé d'Hermines de Sable, contreſcartelé d'autres é-
cartelez , dont le premier & dernier ſont de France ; au ſecond & troiſiéme de Milan, qui eſt d'argent à vne Guyure
ondée d'azur jettant par la bouche vn enfant de gueulle ,
& ſur le tout d'argent au Chef de gueulle, qui eſt Auaugo

AVSTRICHE , Maiſon des plus Illuſtres de la Chi-
tienté, dont les premiers Seigneurs & Princes ont po

A

pour Armes d'azur à cinq Alloüettes d'Or poſées en Sautoir, mais en l'an 1193. ces Armes furent changées par Leopolde II. Duc d'Auſtriche, qui s'eſtant trouué auec Federic ſon frere en vne bataille fort memorable contre les Saraſins, & ayans tous deux perdu leurs Banieres, il s'auiſa de prendre à la main ſon Eſcharpe blanche, & la ſerrant par le milieu, la trempa dans le ſang des corps morts, au moyen dequoy toute l'Eſcharpe, qu'ils appelloient Volet, fut entierement teinte de rouge fors l'endroit qu'il tenoit dans ſa main, dont il fiſt vne eſpece de Baniere & commença à s'écrier *Auſtriche* ſeruiteur de IESVS-CHRIST, ſes ſoldats là deſſus ayans repris courage, il miſt tous les Saraſins en déroute, apres auoir neantmoins receu ſi grande quantité de playes, que ſa Cotte d'Armes de blanche qu'elle eſtoit, deuint pareillement rouge, à la reſerue de ce qui eſtoit ſous la ceinture de ſon épée, qui fiſt vne eſpece de faſce, auſſi bien que le milieu de ſon Volet, & pour vne ſinguliere marque à la poſterité d'vne victoire ſi glorieuſe, de l'avis vnanime des principaux Officiers de cette Armée, ledit Leopolde II. priſt l'Ecu de gueulle chargé d'vne faſce d'argent, leſquelles Armes ont eſté continuées par les Succeſſeurs Roys, Ducs & Archiducs, d'*Auſtriche*, nos deux Heroînes Illuſtriſſimes Reynes de France, Infantes & Princeſſes d'Eſpagnes, ſont de cette Auguſte Tige.

ABRAHAM, en la Maiſon de l'Hoſtellerie prés Dinan, la ville Angeuin en Pordic, Eveſché de Saint Brieuc & autres au Dioceſe de Treguier, portent d'argent à trois jumelles de ſable accompagnées de dix Eſtoilles de gueulle 4. 3. 2. & 1.

ADAM, jadis au Tourault prés Lantreguier & autres d'Or à vne Tour crenelée de ſable, ſommée d'vn Tourillon de même. E. T.

ADAM Goazhamon, Kermalhuezan en Pleſtin Eveſché de Treguier & autres, vairé d'argent & de gueulle à la bordure de fable befantée d'argent.

AMAT, d'argent à trois teftes arrachées de Cormoran becquées de gueulle & allumées d'argent, 2. & 1. vn Chevalier de ce Nom fignala fa valeur en plufieurs rencontres, commandant le Chafteau de la Roche Derien au temps des Guerres de la Ligue, pendant le cours defquelles il s'habitua en l'Evefché de Treguier & époufa Alife Peillac Dame heritiere de Launay en Langoat.

AMSQVER jadis au Roudoumeur en Cornoüaille d'argent à cinq lofanges de gueulle pofées en fautoir, maintenant Kermabon en furnom.

ſ. D'ANAST, C. d'Or à la Croix engreflée de fable cantonnée de quatre Etoilles de méme l'an 1320. il y auoit vn Evefque de Cornoüaille de cette famille. E

ANCREMEL en Plouygneau Evefché de Treguier pour Armes antiques, voyez le Rouge d'Ancremel, & pour modernes du Rufflay, Corniliere *idem.*

ANDELOT de fable à vn Aigle éployée d'argent couronnée de méme.

ANGER au Pleffix-Anger C. Porte de vair à trois Croiffans de gueulle, il y a eu vn Evefque de St. Brieuc de cette Maifon là.

ANGER, Crapado B. de fable à trois Fleurs de Lys d'Or.

ANGOVLEVENT, C. de fynople à la fafce d'Hermines, Coëtcouuran porte de méme.

ANODE' *alias* au Chaftellier en Brelidy Evefché de Treguier & autres de la méme Maifon portent ecartelé au premier & dernier de gueulle à vne Fleur de Lys d'argent au fecond & troifiéme d'Or.

ANTIGNY d'Or au Lion naiffant de fable.

APCHER, d'Or à vne Tour crennelée de gueulle furmontée de deux Haches d'Armes ou Confulaires de méme.

L'ARMORIAL

APPIGNE' prés Rennes erigée en Chaftellenie & Vicomté par Lettres Patentes de l'vn de nos Roys, dattées de l'an 1575. en faueur de Meffire Iulien Botherel Seigneur dudit lieu, portent d'argent à dix Encolies d'azur fouftenuës de gueulle 3. 2. 3. 2.

APREMONT en Bretagne d'argent à trois Croiffans de gueulle.

APVRIL, Seigneur de Lourmoye & autres de la Maifon portent . . . .

ARADON, prés Vennes C. ancien de fable à fept Macles d'Argent 3. 3. & 1. Modernes voyez Lannion vieux Chaftel. E V

AREL, jadis à Kermarquer Lezardrieu en Plœmeur-Gautier, Evefché de Treguier, C. au Leurmen en Pleumiliau, depuis à Kermerchou en Garlay & autres *idem*, écartelé d'argent & d'azur, Robert Arel Seigneur de cette premiere Maifon fut l'vn des trente Cheualiers Bretons, qui combatirent à la Bataille de trente entre Ploërmel & Ioffelin l'an 1350. & rendift des preuues glorieufes de fon zele au feruice de fon Prince naturel Charles de Bloyes, au Siege de la Roche Derien, & en plufieurs autres importantes occafions.

L'ARGENTAYE, C. ancien porte d'argét à vne bande viurée de gueulle accompagnée de fix Merlettes de méme pofée en Orle, Moderne Rofmadec, *idem*, cette Maifon eft incorporée, il y a quelques années à celle de Keralio Cliffon prés Lantreguier. E

ARGENTON, jadis à Kermoufter en Plougafnou E. de Treguier & autres portent d'Or à trois tourteaux de gueulle 2. & 1. l'Ecu femé de Croix recoifettée d'azur.

ARGENTRE', en l'Evefché de Rennes, C. porte d'argent à la Croix pattée d'azur, cette Maifon a donné à la Prouince plufieurs Perfonnages d'vne finguliere vertu & erudition, comme vn Bertrand d'Argentré qui a commanté la Couftume de Bretagne & qui a dirigé & mis au iour l'Hiftoire de la mefme Prouince.

ARMENEC, en Leon d'Or à la fafce d'azur accompagnée de trois Merlettes de mefme.

L'ARMORIQUE, en Plouian prés Morlaix Evefché de Treguier pour Armes antiques, voyez Foucault, pour modernes, voyez Goëfbriand *idem*.

ARVEZEC, ancien furnom de Pontguennec en Perros-Guirec portoit . . . . . .

V. ASSERAC, *aliàs* C. portoit en Armes gironné d'Or & d'azur de huit pieces, depuis erigée en titre & dignité de Marquifat par Lettres Patentes du Roy de l'an 1575. verifiée en Parlement l'année fuiuante en faueur de Meflire Iean de Rieux Seigneur d'Afferac, la Feillée, Lifle-Dieu, &c. pour les Armes voyez Rieux, les Seigneurs de cette Maifon font à prefent Chefs de Nom & d'Armes de cette Illuftre Soûche. B. N.

I. ASSIGNÉ, anciennement B. iffu en juueignerie des anciens Comtes de Rennes & Barons de Vitré, depuis erigée en Marquifat au mois de Iuillet 1609. verifiée en Parlement au mois de Iuin 1610. en faueur de Charles de Coffé Sire d'Affigné, Baron de Coëtmen, &c. fecond Fils de feu Monfieur le Comte de Briffac Marefchal de France, qui portoit ecartelé au premier & 4. de fables à trois fafces d'enchées d'Or par embas, autrement feilles de fcies, qui eft Coffé, Briffac au fecond & 3. de gueulle à 9. Annelets d'argent 3. 3. & 3. qui eft Coëtmen fur le tout de Bretagne à la fafce de gueulle, chargée de trois Fleurs de Lys d'Or qui eft Affigné, Monfieur le Comte de Grand-Bois, le Baron de la Touche-Carnaualet en l'Evefché de Treguier & autres leurs defcendans ont puifé leur extraction de cette ancienne Maifon & en portent le Nom & les Armes. E. R.

AVALEVC d'azur à la fafce d'Hermines.

L'ARMORIAL

6

L'AVALOT, entaolé Evesché de Leon pour Armes antiques voyez Marrec de Launay en Plougasnou, à present Penchoadic en surnom.

AVBIGNÉ, B. de gueulle à cinq fusées d'argent posées en fasce.

AVBIGNY d'argent à la fasce de gueulle chargée de trois Bezans d'Or.

AVBIN Sieur de Gaincru, d'azur à la fasce d'Or accompagnée de trois Croix, pattées de mesme.

AVBRY, d'argent à trois Fleurs de Lys d'azur.

L'AVDREN, à la Ville-neuve Brenhillieau en Plougastel Evesché de Cornoüaille, d'argent à vn Cocq de sable au naturel.

AVFRET, en St. Brieuc d'argent à trois fasces de sable au Lion d'Or brochant sur le tout armé, lampassé & couronné de gueulle.

D'AVRAY Kermadiou prés Vennes, C. & autres chiqueté d'Or & d'azur de six traits.

AVSSONVILIERS, Baron de Courcy, Chevalier, Conseiller & Chambellan ordinaire du Roy Charles VIII. portoit d'azur au Sautoir d'Or accompagné de quatre Estoilles de mesme.

AVSPRAC, d'azur à trois Croissans d'Or 2. & 1. Villepirault prés Quintin porte les mesmes.

AVTRET, Kerguiabo, Paroisse de Lazret en Bas-Leon, d'argent à quatre fasces ondées d'azur, le Sieur de Missirien prés Kempercorentin, *idem.*

AYRAVLT Sieur de la Boucheticre, d'azur à deux Chevrons d'Or ; il a esté Conseiller au Parlement de ce Pays.

B

OURBON, Maifon Ducalle des plus Auguftes de la Chreftienté, qui a donné origine à la Royalle Branche de nos Roys & Princes de ce Nom, porte de France, autrement d'Azur à trois Fleurs de Lys d'Or, 2. & 1. de toute antiquité cette Illuftriffime Maifon eftoit erigée en Baronie, & portoit lors en Armes d'Or au Lion de gueulle à l'Orle de 10. Coquilles d'azur, mais depuis Elle a efté erigée en Duché & Païrie enuiron l'an 1327. par le Roy Philippes de Valois, dont le premier Duc fut Louys de Clermont.

BEARN Vicomté Souueraine, d'Or à deux Vaches paffantes l'vne fur l'autre de gueulle accornées, accollées & clarinées d'azur.

BEAVFORT Comté, depuis erigé en Duché & Païrie par le Roy Henry IV. d'immortelle Memoire, l'an 1597. porte de France au Bâton de gueulle, pery en bande, chargé de trois Lyonceaux d'argent; Vandôme *idem*.

BERRY, erigé en Duché & Païrie par le Roy Iean I. l'an 1350. porte de France à la bordure engreflée de gueulle.

BLOYS, Comté & Appanage ordinaire de l'vn des Enfans de France, porte femé de France à la bordure de gueulle.

BLOYS Comté, autrement dit de Chaftillon, portoit de gueulle à trois pals de vair.

BOIS-DAVPHIN, dont il y a eu vn Marefchal de France, pour les Armes, voyez de Laual; le dernier

Evefque de Leon & à prefent de la Rochelle , l'vn de Infignes Prelats de noftre temps , eft iffu de cette Illuftre Maifon.

BOüILLON, Duc & Prince de Sedan, pour les Armes voyez la Tour d'Auuergne.

BOVRGOGNE, Duché & Doyen des anciens Pairs de France, portoit pour Armes antiques , bandé d'Or & d'azur de fix pieces à la bordure de gueulle , Modernes femé de France à la bordure componée d'argent & de gueulle auec la deuife, *Tout par Amour & rien par Force.*

BOVTE-VILLE , Montmorency, pour les Armes, voyez Montmorency.

BREST, Ville & Citadelle en bas-Leon des plus renommée de la Prouince , tant pour fa fituation & rare ftructure, que pour eftre decorée d'vne des belles Chambres du Royaume pour receuoir des Armées Naualles de quelque port que fuffent les Vaiffeaux, porte my-party de France & de Bretagne.

BRETAGNE en fa premiere creation , erigée en Royaume, ayant produit, felon l'opinion commune des Hiftoriens, feze Roys confecutifs tous Chreftiens, depuis erigée en Duché par le Roy Philippes le Bel enuiron l'an 1297. pour fes Armes antiques, les Annaliftes ne fe rapportent point, luy attribuans tantoft des Macles pareilles à celles de Rohan , que l'on tient prendre origine de Madianus qui dominoit en cette Prouince du temps du Roy Clouis , tantoft des Gerbes, les plus modernes & recentes , font d'argent femé d'Hermines de fable auec cette deuife, *à ma Vie.* Les anciennes Chroniques attribuent ce changement d'Armes à Artur le Preux Roy de la Grande-Bretagne , lequel ayant leué vne puiffante Armée pour conquerir les Gaulles, du temps que Flolo, l'vn des Tribuns de Rome, en eftoit Gouuerneur, fous le Regne de Leon I. Empereur des Romains, auroit mis le Siege de-

uant

uant Paris, où Flolo s'eſtoit refugié auec ſes Gens d'Armes, lequel ſe deffiant de ſes forces, & jugeant bien ne
ſe voir en eſtat de pouuoir repouſſer ledit Artur, il luy
fiſt faire vn deffy de combattre ſeul à ſeul l'vn contre
l'autre, & celuy des deux qui demeureroit victorieux ſeroit proclamé Souuerain des Gaulles : Ce que Artur con-
ſentit de faire à la veuë des deux Armées, neantmoins
que Flolo fuſt d'vne ſtature toute gigantalle & bien d'vne
autre force que luy, & s'eſtans donc tous deux rendus en
l'Iſle de Noſtre-Dame de Paris, lieu deſtiné pour cet effet,
LA SACRE'E VIERGE MARIE s'apparut au fort du
Combat entre ces deux valleureux Champions, qui de
l'enuers de ſon Manteau fourré d'Hermines couurit le
Bouclier d'Artur, dont Flolo demeura tellement eſtrayé
& interdit, qu'en l'inſtant il perdit la veuë, & au meſme
temps Artur, quoyque griévement bleſſé, luy déchargea
vn coup de ſon épée (appellée Caliburne) ſur la teſte, &
le laiſſa tout roide-mort ſur la place : De laquelle viſion,
Artur ayant eſté averty de circonſtance en autre, fiſt
baſtir vne Egliſe en l'honneur de la Bien-heureuſe Vierge
Marie Mere de DIEV, au lieu où eſt à preſent l'Egliſe
de NOSTRE-DAME de Paris, & delibera auec Hoël
(ſurnommé le Grand) ſon neueu VI. Roy de cette Prouince, de prendre à l'avenir les Hermines pour leurs Armes, qui ont eſté depuis continuées par les Succeſſeurs
Roys & Ducs de Bretagne, laquelle fut vnie & incorporée pour jamais à la Couronne de France au grand contentement des Bretons, ſous le Regne de François I. du
conſentement des Eſtats de cette Prouince, en l'an 1532.

BRIE Comté, porte burellé d'argent & d'azur de 8.
piéces, au Lion de gueulle brochant à dextre ſur le tout.

BRISSAC alias Comte & Mareſchal de France; depuis erigé en Duché & Pairie l'an 1618. par le Roy Louys
XIII. de glorieuſe memoire, en conſideration des grands

B

& fignalez feruices que les Seigneurs de cette Maifon ont rendus dans les principales Charges du Royaume, fous les Regnes de quatre Roys fans intermiffion, elle porte de fable à trois fafces dantelées d'Or par embas, ecartelé d'autres grandes & illuftres Alliances.

DE BROSSE dit de Bretagne, jadis Comte de Penthievre & Duc d'Eftampes, Vicomte de Broffe, &c. portoit d'azur à trois gerbes d'Or liées de gueulle 2. & 1. ecartelé de Bretagne.

DE BADAM, famille à prefent perie, dont vn Seigneur pour fon grand jugement en la conduite des affaires publiques, eut l'honneur d'eftre employé pour affoupir & terminer ce furieux different, tant mantionné dans nos Chroniques, d'entre les Nobles, tiers Eftat & le Clergé de ce pays, qui par forme pluftoft d'exaction, que de Iuftice, vouloit leuer certain tribut fur jceux à raifon des Communitez Matrimonialles, mefme jufqu'au Pact Nuptial, qui fut enfin reduit au droit de Neufme, apres que noftré Duc Artur fecond fils de Iean II. eut deputé fon fils aifné Iean Vicomte de Limoges vers Sa Sainctcté Clement V. originaire de Bordeaux, qui fiegeoit lors en Auignon, & regnant lors en France Louys X. dit Hutin, & fe tranfporterent vers fadite Saincteté Meffieurs Pierre de Baillon & Guillaume de Badam, qui porterent leurs Pouuoirs Generaux & Speciaux pour le Duc, les Nobles & tiers Eftat, & fut donné par fon Pere pour Confeillers audit Prince Vicomte de Limoges, Meffieurs Guillaume de Raix, Guy de Chafteaubriand & Guillaume le Borgne, qualifiez des ce temps du titre de Barons (ainfi qu'il confte par l'Hiftoire du vieux du Bouchard & celle d'Argentré, Liure V. Chap. 35. & pour fes Affiftans audit voyage eftoient auffi Meffieurs Geffroy d'Anaft & Regnault de Montrelaix Cheualiers lors de la Maifon du Duc, lefquels deux Noms font à prefent per-

dus, comme auſſi celuy de Badam, qui portoit d'argent
à deux Merlettes de gueulle, au franc canton de meſme.

BAGAZ en l'Eveſché de Rennes, C. de gueulle à vne
faſce d'argent accompagnée de trois Hures de Saulmon,
ou Carpes de meſme 2. en chef & 1. en pointe.

BAHALY jadis à Kerriuot en bas-Leon.

BAHVLOST *alias* à Kermatheman en Pedernec E.
de Treguier d'azur à trois Ecus d'Or 2. 1. Kerillu en lad.
Paroiſſe, *alias idem.*

BAHVNO en Landeuant, de ſable à vn Loup d'argent ſurmonté d'vn Croiſſant de meſme.

LE BAILLIF jadis à Kerſymon en bas-Leon, pour
les Armes, voyez Kerſymon. *eſcartelé or et guelle*

LA BALLÜE, d'argent à trois Channes de ſable.

LE BAILLIF *alias* au Tourault prés Lantreguier d'a-
zur au Chevron d'Or, accompagné de quatre Bezans de
meſme 3. en chef & 1. en pointe. *prigent*
y le pioegre
canot r. 44

DE BAILLON, C. famille bien ancienne, dont il eſt
cy-deuant parlé au commencement de cette Lettre, portoit . . . . .

BALAVENNE, Kerlen en Camlez, Keruezec le Bal-
lach en Treguier & autres, d'argent à trois fermaillets, ou
Boucles rondes hardillonnées de ſable 2. 1. & vn Annelet
de meſme en abîme, il y a eu vn Procureur du Roy de
Morlaix de cette famille.

BALLINEVC en Treguier, d'argent à vne Fleur de
Lys de gueulle en abîme, accompagnée de quatre Merlettes de ſable 2. en chef & 2. en pointe.

LE BAND en Leon, pour les Armes voyez Guér-
niſac.

BAOVEC, de gueulle à vne Croix annillée d'argent.

BAPTISTE de ſon viuant Sieur de Kermabian, habitué en cet Eveſché, natif du Royaume de Nauarre, Paroiſſe de St. Laurens, & juueigneur d'vne Maiſon noble

BABIN *ſr de la babinaie*　　　　E.T.

appellée la Chaſtaignaye, qui au mois de May l'an 1612.
obtint Lettres de naturalité du Roy, pour eſtre permis de
s'eſtablir en l'Eveſché de Leon, ou ailleurs en ce Royaume
où bon luy ſembleroit, y poſſeder & tenir biens de quelque nature qu'ils fuſſent, auſquels ſes enfans, ſes ſucceſſeurs & cauſe-ayans ou autres, auſquels il pouroit auoir
diſpoſé (pourueu qu'ils ſoient regnicoles) luy puiſſent ſuc-
ceder, ſans que le Roy, ſes Officiers, ny Receueurs y puiſſent pretendre aucune proprieté, poſſeſſion ny jouyſſance
ſous pretexte d'aucun droit d'Aubeine, leſdites Lettres dattées à Paris & ſignées de par le Roy, de la Fon; Leſquelles
ayans eſté preſentées à Monſieur le Chancelier, refuſa de
les paſſer au Seau en la forme, par la raiſon que nos Roys
ſont Souuerains Seigneurs des deux Royaumes de France &
de Nauarre, & ordonna qu'on euſt à reformer leſdites Lettres & à les rediger en ſimple declaration d'eſtre originairement iſſu dudit Royaume & eſtre en intention de vouloir s'habituer en cette Prouince, & par ce moyen eſtre admis au nombre de l'vn de ſes fidels ſujets & ſeruiteurs, ce
qui ſe trouua ſans tarder executé par l'obtention d'autres
Lettres Patentes du Roy données à Paris le 4. Iuin en la
meſme année, ſignées comme deuant de la Fon, & ſcel-
lées du grand Seau de Cire-jaune : Leſquelles ſuiuant Ar-
reſt de la Chambre des Comtes de cette Prouince furent
enregiſtrées en jcelle pour auoir leur effet, & en conſequen-
ce de l'information faite tant par actes que témoins deuant
le Seneſchal lors de Leſneuen du 4. Ianuier 1613. de la naiſſance & extraction noble dudit Baptiſte luy auroit eſté permis & ſes ſucceſſeurs de prendre la qualité de Noble, con-
formément auſdites Lettres & de porter Armes Tymbrées
qui eſtoient d'Or à trois Tours couuertes, crenelées d'azur
jointes enſemble d'vne hauteur.

BARACH en Loüanec Eveſché de Treguier, C. porte écartelé d'Or & d'azur, comme Tournemine : L'aiſné

de cette Maiſon eſt Conſeiller en la Cour de Parlement de ce pays, il eſt heritier des grands biens & vertus de cette Maiſon là.

BARACH Philippes en la meſme Paroiſſe, lors que le ſurnom de Barach y eſtoit, de gueulle à vne faſce d'argent accompagnée de ſix Annelets d'Or, 3. en chef & 3. en pointe 2. & 1. à Launay en Ploubezre *aliàs idem*, auant Mignot.

LE BARBIER Cheualier Seigneur de Kerjan, Tromelin, Kercœnt &c. en Leon, d'argent à deux faſces de ſable, & pour deuiſe *ſur ma Vie*. Kernaou prés Leſneuen, Leſcoat & autres *idem*.

LE BARBV au Quiliou en Cornoüaille, C. & autres de meſme famille en l'Eveſché de Leon, d'Or à vn Sautoir d'azur pery en Treffle. Cette Maiſon du Quiliou a donné vn Chancelier du Duc Iean le Conquerant, & vn Eveſque de Vennes, & puis de Nantes.

BARELLIERE, C. d'Or à vne Croix de gueulle, cantonnée de quatre Lionceaux de meſme.

LA BARRE, de gueulle au Chevron d'argent, accompagné de trois Eſtoilles de meſme, 2. en Chef, & 1. en pointe.

BARILLIERE du Bot, d'argent à trois Merlettes de ſable 2. & 1.

BARRIN Boiſgeffroy Conſeiller en la Cour de Parlement de ce pays, porte d'azur à trois Papillons d'Or 2. & 1. il y a auſſi vn Conſeiller d'Eſtat de cette meſme famille.

BARSCAOV ou Parſcaou à Boteguiry en Leon, porte écart. au premier & quatre de ſable à trois Quintefeilles d'argent, contreſcartelé de ſable à vn Cerf paſſant d'argent auec la deuiſe *Amſery*, c'eſt à dire temporiſer.

BARTAIGE, Bronduzual au Menihy de Saint Paul de Leon, d'argent au Fretté d'azur de ſix pieces, briſé en Chef d'vn Croiſſant de gueulle.

BARVAV en Treguier, de sable à deux branches de Palmes d'argent adocées en Pal.

BASOVGES en Treguier, d'azur à trois Ecussons d'argent 2. & 1.

LE BAS-VEZIN prés Rennes, d'argent à vne Aigle de sable membrée de gueulle.

BAVALLAN en Vennes, d'argent à deux fasces de sable.

BAVDOÜIN, C. d'Or à la Croix pattée de gueulle.

BAVDOÜIN Sieur de Keraudrun en Ruis de gueulle à dix-neuf billettes d'argent au canton de mesme à vne billette de gueulle.

DE BAVLD à la Vigne le Houlle en Vennes, C. d'azur à dix billettes d'Or, 4. 3. 2. & 1. Madame la Presidente de Brie est heritiere des biens & vertus de cette Maison.

BAVLON, de vair au Sautoir de gueulle.

LE BAVLT, d'argent à vne Quintefeille de gueulle.

BAYC au Meryonec prés Guerrande, de gueulle à 3. Huchets d'argent liez en Sautoir de mesme, 2. & 1.

BEAVBOYS à Monsieur le Baron de Neuet, C. portoit pour Armes antiques, de gueulle à 9. fleurettes d'Or, autrement fleurs à 4. feilles en distinction des Quintefeilles 3. 3. & 3. plus modernes, voyez de Treal.

BEAVCE' en Melesse Evesché de Rennes, d'argent à vne Aigle de sable, becquée & membrée de gueulle, au baston d'Or brochant sur le tout.

BEAVFORT, C. issuë en juueignerie de la Baronie de Chasteaubriand, portoit de gueulle à trois Ecus d'Hermines, 2. & 1. comme Coëtlogon. E. D.

BEAVLIEV, C. d'azur à 9. bezans d'Or, 3. 3. & 3. & vn Lion d'argent brochant sur le tout.

BEAVMANOIR Bois de la Motte, B. dont l'Erection est du 11. Juillet 1433. en faueur d'vn Seigneur de cette Maison par le Duc Iean Comte de Montfort, & de Ri-

chemont, portoit d'azur à dix Billettes d'argent, 4. 3. 2. &
1. cette Maison a produit plusieurs braues & vaillants Capitaines & Chambellans ordinaires de nos Ducs, recours
à nos Chroniques.

BEAVMANOIR Vicomte du Besso, d'azur à vnze
Billettes d'argent 4. 3. & 4. il y a eu deux Mareschaux de
Bretagne de cette famille, & feu Monsieur de Lauardin
Mareschal de France, estoit issu d'vn puisné de cette
Maison là.

BEAVMANOIR-EDER prés Quintin, C. pour les
Armes, voyez Eder.

BEAVMONT de Guité, C. d'argent à trois pieds de
Biches de gueulle, 2. & 1. onglez d'Or.

BEAVREGARD Blondeau, d'argent à trois Pommes
de Pin de synople.

BEAVREGARD en Dol, de gueulle à la bande d'Or
acostée d'vne Estoille en Chef & d'vn Croissant à la pointe
de mesme.

BEAVREPAIRE en Plœgat-Chastelaudren Evesché
de Treguier, pour Armes antiques, voyez Treuegant,
modernes du Bourblanc, *idem.*

BEAVVAIS, de gueulle à vne Croix vuidée, clechée
d'Or, pommettée d'argent au franc canton de mesme
chargé d'vn Lion de gueulle.

8 BEAVVAIS Sieur de Lecu, d'azur à six Billettes d'argent au Chef cousu d'azur, chargé de trois Targes d'argent, il est Conseiller en ce Parlement.

BEAVVIS, d'Or au Chevron de sable, accompagné
de trois Choüettes de mesme becquées & membrées de
gueulle, 2. & 1.

DV BEC, lozangé d'argent & de gueulle.

BEC-DE-LIEPVRE en son viuant Sieur du Boëxic
Conseiller en la Cour de Parlement de ce pays, portoit
de sable à deux Croix treflées aux pieds fichez d'argent

BEAVBOIS g. 3 fin dy.b Vair
Beaubois g. 3 Estoily deg.

& vne Coquille de mefme vers la pointe entre lefdites Croix.

BEGAIGNON Sieur du Rumen en Pleftin Evefché de Treguier, d'argent au Fretté de gueulle de fix pieces. Cette Maifon a fourny vn Evefque de ce Diocefe Docteur en la Faculté de Theologie à Paris, qui pour fon rare fçauoir, merita d'eftre appellé en Cour de Rome par le Pape Vrbain V. duquel il fut premierement Pœnitencier, puis Auditeur de Rhotte, & ayant auffi fuiuy le Pape Gregeire XI. fon Succeffeur, fut par luy nommé & defigné pour auoir le Chappeau de Cardinal, fi la Parque ne luy euft prematurément rauy la vie enuiron l'an 1378. Le Sieur de Coëtgourheden, qui eftoit Senefchal de Quintin & fes defcendans font iffus de cette Maifon là : A Kerhuidoné en ladite Paroiffe de Pleftin, *alias idem.*

BEGASSON Sieur de la Villeguehart & de Tremedern en Guymeac Evefché de Treguier, porte de gueulle à vn Heron d'argent.

LE BEGASSOVX Sieur du Bois-Rolland en St. Malo, d'argent à vne Begaffe de gueulle.

LE BEL Sieur de France prés Rhedon, porte d'argent à trois Fleur de Lys de gueulle 2. & 1. il y a eu vn Procureur du Roy au Siege Prefidial de Rennes de cette Maifon là.

BELAIR de Ploudiry en bas-Leon, pour les Armes Kerengar *idem.*

BELAIR lez Saint Paul de Leon, pour les Armes, voyez Kerguz Troflagan.

BELANGER jadis au Rumen en Hengoat Evefché de Treguier, portoit . . . .

BELAVDIERE Baron de Roüet, d'azur à trois Roüës d'Or 2. & 1. le Marquis de Lifle Roüet, le Vicomte de Lefcoat en Leon Lieutenant Colonel du Roy au Regiment de Bretagne & autres *idem.*

LA BE-

LA BELIERE Vicomté, portoit pour Armes antiques celles de Dinan, comme estant issu d'vn puisné de
cette Maison : Modernes voyez Raguenel, Chasteloger,
& la Beliere. Le 22. May 1451. cette terre fut erigée en Banneret par le Duc Pierre en faueur de Messire Iean de Malestroit Seigneur de Largoët, Vicomte de la Beliere, Mareschal de Bretagne.

BELINGANT Kerbabu en Lanilis Evesché de Leon,
de gueulle à trois Quintefeilles d'argent 2. & 1.

BELISAL en Saint Martin, Evesché de Leon, Preuosté de Morlaix, pour Armes antiques . . . .
modernes voyez Brezal.

BELISLE en Vennes Marquisat, porte comme de Gondy Duc de Raix.

BELISLE, prés Guimgamp Evesché de Treguier, C. ancié
de Laual idem. moderne voyez Kergomar, Kerguezay.

BELISLE surnom, ancien de la Maison de Tropont
en Pedernec Evesché de Treguier, C. de gueulle a vn
Croissant d'argent en abîme, accompagné de cinq Coquilles de mesme 3. en chef & 2. en pointe, c'est à Monsieur de Perrien.

BELOSSAC, ou Blossac, B. de vair à vne fasce de gueulle.

BELOÜAN en St. Malo, de sable à vne Aigle d'argent.

BENNERVEN, d'argent à vn Chesne de synople glan-
té d'Or & vn Sanglier de gueulle passant au pied.

BERARD, anciennement à Kermartin Saint Yues
prés Lantreguier portoit . . . . .

BERCLE Cheualier de renom pendant les guerres de
la Ligue, Anglois de Nation, habitué en l'Evesché de Leon,
portoit d'azur à trois Lions Leopardez d'Or, armez &
lampassez de gueulle, posez les vns sur les autres.

BEREZAY en Treguier, famille noble jadis en Pluzunet & à present en Goudelin, porte . . .

BERGIS en Treguier, d'argent à deux Quintefeilles

de gueulle au frac caton de méme chargé d'vn Lion d'argér.

BERIEN *alias* à Keraznou Evesché de Treguier & au Rascoët en Garlan, d'argent à trois jumelles de gueulle au franc canton d'Or chargé d'vn Lion de fable.

BERNARD, Kerbino, Kermagaro & autres en Vennes, d'azur à deux épées d'argent posées en fautoir, les pointes fichées en haut.

BERNARD, Kerouman, Cornangazel en Cleder Evesché de Treguier, & autres . . .

BERNARD, d'argent à la Tour crenelée d'azur, souftenuë de deux Ours rampans de fable.

BERTHELOT, Ville-Hellio en Saint Brieuc & autres de mefme famille en Treguier, d'argent à deux Lions de fable l'vn fur l'autre.

BERTHOV, Launay, Keryaudry, Keruerziou en Treguier & autres, d'Or à vn Oyfeau de fable en abime, camponé d'argent, tenant vn Rameau de synople en main, accompagné de trois Eftoilles auffi de fable, 2. en chef & 1. en pointe. Il y a eu vn Iuge Criminel du Siege Prefidial de Rennes de cette famille.

BERTIER, d'azur à vn Bœuf effarouché d'Or.

BERTRAND, Launay Bertrand & autres, d'Or au Lion de synople.

LE BERVET, de gueulle à la Croix potencée d'argent.

LE BESCOND en Treguier, d'azur à vn Pelican d'Or ayant fes petits en vn Airre de mefme.

LA BENNERAYE en Plemeleuc, d'Or à trois glez de gueulle.

DV BESSO prés Dinan, C. ancien d'Or à trois Chevrons de fable, moderne voyez Beaumanoir.

BETTON prés Rennes, d'azur à fix Fleurs de Lys d'argent 3. 2. & 1.

LE BEVE, Goazfroment en Treguier & autres, de fable à vne tefte de Bœuf d'argent.

BRETON.

BEVVET, pour les Armes voyez Quiſtinit.

LE BEZIC, de gueulle à neuf Bezans d'Or au canton d'argent, chargé d'vne Hermine de ſable.

BEZIT-GOVRVINEC, C. vairé d'Or & de ſable.

LE BEZRE, famille noble jadis à Leingoüez en Guymeac, Eveſché de Treguier l'an 1518. portoit . . .

BIDEGAN en Treguier, d'Or à trois bandes de ſable.

BIENASSIS, C. d'argent à dix Hermines de ſable au chef de gueulle chargé de trois Fleurs de Lys d'Or, comme Quelennec, c'eſt à Monſieur de la Goublaye.

DE BIGNAN, C. de gueule à trois macles d'Or 2. & 1.

LE BIGOT, Kerjegu prés Carhaix, C. & autres, d'argent à vn Ecurieul rampant de Pourpre couronné d'Or.

LE BIGOT en Treguier, Runbezre, Kerezoult en Ploumiliau & autres de meſme famille, porte d'argent à deux faſces de gueulle, accompagnées de ſix Quintefeilles de meſme, 3. 2. & 1.

LE BIGOT, Villeneant & autres, d'argent au Lion morné de gueulle.

LE BIHAN, Pennelé en St Martin prés Morlaix, le Roudour en ladite Paroiſſe Eveſché de Leon, Kerallou en Treguier & autres, d'Or à vn Chevron de gueulle, naiſſant de la pointe ondée d'azur, cette ſeconde Maiſon a donné vn Seneſchal de Morlaix.

LE BIHAN, Kerhelon en Guineuez Eveſché de Leon, porte comme le Vayer Treſſalegan.

BIHANIC, au Kernech en Plouguerneau Eveſché de Leon & autres, porte . . . . or.

DE BINTIN, Baſouges prés Hedé, C. d'Or à vne Croix engreſlée de ſable.

BIZIEN en Treguier, Kerigomar, le Lezeard, Kerheruc & autres, d'azur à vne Croix d'argent.

BLANCHARDAYE, de gueulle à vne Fleur de Lys d'argent.

BLANCHELANDE, C. pour les Armes voyez Budes, c'eſtoit vn Seigneur qui de ſon viuant en toutes nos te- nuës d'Eſtats a parû beaucoup zelé & paſſionné pour la Manutention des Droits & Priuileges de cette Prouince.

BLANCONNYER en Treguier jadis à Kerhoüelquet portoit . . . .

BLEHEBEIN, C. d'Or à la Croix de gueulle canton- née de quatre Molettes de ſable.

LE BLEIZ, aliàs à Kermaluezan en Pleſtin Eveſché de Treguier, portoit . . . .

LE BLONZART, Kerſabiec Eveſché de Leon, Bois- de la Roche en Garlan, Kertanguy, Keruezec & autres en Treguier, argent à vne faſce échiquetée d'argent & de ſable à trois traits. Le dernier Seneſchal de Morlaix eſtoit iſſu de cette penultiéme Maiſon.

DV BOBERIL Sieur dudit lieu, habitué en l'Eveſché de Treguier depuis quelques années, porte d'argent à trois Ancolies d'azur, 2. & 1. les tiges fichées en haut, il eſt iſſu de la Maiſon du Molant prés Rennes.

BOCHIC, jadis à Kerplean en Plourin Eveſché de Leon portoit . . . .

DV BOD, Poulheriguin, C. d'argent à deux Haches d'Armes ou Conſulaires de gueulle adoſſez en Pal, dont il y a eu vn Capitaine de Fontenay le Comte, & Maiſtre d'Hoſtel du Mareſchal de Gyé.

DV BOT, aliàs audit lieu en Kermaria-Sular Runau- dren en Cauan & autres, d'argent à vne faſce de ſable, ac- compagnée de trois Merlettes de meſme 2. & 1.

DV BOD, Kerbod, de l'Iſle, de Rhuys en Vennes, Kerhalué & autres, d'azur au Chevron d'Or, accompagné de trois Quintefeilles d'argent 2. & 1.

DV BOD, Keranfaro au Menihy de Saint Paul de Leon, d'argent à vne faſce de gueulle.

BODEGAT, de gueulle à trois Bezans d'Hermines, 2. & 1.

BODENAN en Treguier, d'argent à vn Ormeau de synople.

DV BODERV Sieur de Lehenuen en son viuant Conseiller en la Cour de Parlement, portoit d'azur au Chevron d'argent accompagné de trois Billettes d'Or, 2. en chef & 1. en pointe.

BODISTER & Plougaznou Evefché de Treguier, C. pour Armes antiques, voyez Montafilant, Modernes du Parc Locmaria *idem.* Ces deux terres sont premieres manantes des Barres, de Morlaix & Lanmeur, & furent vnies & annexées au Marquisat de Locmaria & du Guerrand par Lettres Patentes du Roy au mois de May 1654. verifiées en la Cour de Parlement le 24. Decembre 1655.

BODRAMIERE, C. d'azur au Lion d'argent armé & lampafsé d'Or.

BODRIEC, C. de gueulle au chef d'argent.

BOESSIERE ou Boëxiere, ancien Chafteau prez Lanmeur, Dol és Enclaues de Treguier, que les Seigneurs de Boifcon auoüent auoir eu en partage des anciens Seigneurs dudit Lanmeur, maintenant si ruïné & démoly, qu'à peine peut-on remarquer les veftiges & en peut-on dire comme de la ville de Troye, *nunc seges eft vbi Troja fuit.* Pour Armes antiques, voyez Lanmeur : modernes Boifcon *idem.*

BOESSIERE Kerouchant en Garlan Evefché de Treguier, C. écartelé au 1. & 4. de gueulle à 7. Annelets d'Or, 3.3. & 1. contrefcartelé de gueulle à vne fasce d'Or accompagnée de six Macles de mefme, 3. en chef & 3. en pointe ; & pour deuife, *Tout en Paix.* La Fontaine-Platte prés Guingamp, le Reftolles en Ploüegat, Chaftelaudren, Kerguilly, & autres *idem.*

BOESSIERE, Pontancaftel, Kermoruan prés Penfez Evefché de Leon, la Boëxiere en Plourin Evefché de Treguier & autres de mefme famille, d'argent à vn BOUIX de fynople, *aliàs* accofté d'vn Poiffon de gueulle en Pal au quartier feneftre.

BOESSIÈRE, Kerazroüant, Lannuic, Rofueguen, Evefché de Treguier, & autres de fable à vn fautoir d'Or, il y a eu vn Senefchal Ducal de Guingamp, qui eftoit iffu de cette feconde Maifon.

LA BOESSIERE en Saint Malo, d'argent à deux faf-ces noüées de gueulle.

BOESSIERE en Ploujan Evefché de Treguier, ancien furnom de cette Maifon, d'argent à fix Annelets d'azur, 3. 2. & 1. maintenant de Kerfulguen. Vn Seigneur de cette Maifon fe rendit fi agreable à la Ducheffe Anne, en qualité de l'vn de fes Gentils-hommes ordinaires, qu'elle ne dédaigna de prendre fon logement en ladite Maifon faifant vne tournée par le pays.

BOESSIERE Perrien en Treguier, pour armes anti-ques . . .   Modernes Perrien *idem*.

BOESSIERE en Ploüegat-Guerrand Evefché de Tre-guier, des dépendances de Treleuer, Treleuer *idem*.

BOESSIERE Cleuz, pour Armes antiques, voyez Cleuz.

BOESSIERE en Garlan Evefché de Treguier, Ker-prigent prés Lannion *idem*.

BOESSIERE de Pleiben en Cornoüaille, portoit de gueulle à trois bandes d'Or, maintenant fonduë en la Mai-fon de Coëtcaric le Sparler en Treguier.

BOESSIERE, Paroiffe du Treffuou en Leon, Lehec *idem*.

BOGAT, d'azur à trois Croiffans d'argent, 2. & 1.

BOHIER, Kerferez, Pratanloüet en Leon & autres, porte . . . .

DV BOIS, jadis au Kerhuël, Kerberiou prés Saint Michel en Greve, C. Keropars en ladite Paroiffe & autres en l'Evefché de Treguier, d'azur au bafton d'argent brochant à dextre fur le tout, accofté d'vne Eftoille d'Or en chef, & d'vne Quintefeille de mefme en pointe.

D v B o i s, dernier furnom de Dourdu en Plœcolm Evefché de Leon, pour les Armes voyez Dourdu.

D v B o i s *aliàs* au Cozlen en Leon d'Or à deux faf-ces ondées d'azur furmontées d'vn arbre de mefme.

D v B o i s, jadis audit lieu en Saint Goüeznou, Kerlof-quet au Menihy de Saint Paul de Leon & autres d'argent à vn Cyprez de fynople.

D v B o i s, Brenignan, Goazuennou en bas-Leon, d'argent à vn Rameau de Palme de fynople en abîme, ac-còmpagné de trois Quintefeilles de gueulle, 2. en chef & 1. en pointe.

B o i s - B e l i n, d'argent à vne épée de fable fichée en bande. *brenc*

D v B o i s, écartelé d'argent & d'azur à trois teftes de Levrier de gueulle fur le tout 2. & 1. l'vn fur l'autre, il y a eu vn Evefque de Dol de cette famille fous le Pontificat de Clement V. & le Regne du Duc Iean III.

B o i s - A d a m en Rennes, de gueulle à la bande d'Her-mines accompagnée de fix Molettes d'Or en Orle.

B o i s - B a v d r y, Baron de Trants, de Langan & au-tres, C. d'argent à deux fafces de fable, chargées de cinq bezans d'Or, 3. & 2. ce dernier remplift tres-dignement la charge d'Avocat General au Parlement de Bretagne.

B o i s - B i l l y Sieur de la Villcheruè & de Fornebuló prés Chaftelaudren & autres de fable à neuf Eftoilles d'Or, 3. 3. & 3.

B o i s - B i n t i n, C. d'argent à neuf fers de cheual de gueulle, rangez trois à trois.

B o i s - B o e s s e l *aliàs* audit lieu, C. à prefent au Fofle-raffié prés Chaftelaudren & autres en l'Evefché de Tre-guier, d'argent à dix Hermines de fable, 4. 3. 2. & 1. au chef de gueulle, chargé de trois Macles d'Or, cette fa-

Bois, aliàs a coetsaliou en lopreualaere E De Leon de gueulles a larbre de sinople accoste de croisetes dargent

mille a produit vn Marefchal de Logis de la Duchefle Anne
& vn Evefque de Treguier, transferé à celuy de Cornoüaille
& puis Evefque de Saint Malo fous le Regne du Duc Iean
IV. l'an 1340.

BOIS DE LA MOTTE en Dol, C. ancien de Beaumanoir, moderne de Cahideuc qui porte en Armes celles
que vous troüuerez fur Cahideuc.

BOIS DE LA ROCHE *aliàs* Vicomté, depuis érigé
en Comté, en faueur de Meffire Henry de Voluire Seigneur
du BOIS de la Roche, au mois de Fevrier 1607. verifié en
Parlement au mois de Iuin 1609. portoit écartelé au 1. & 4.
burellé d'Or & de gueulle de dix pieces, qui eft Voluire, au
2. & 3. pallé d'Or & de gueulle de fix pieces, qui eft Saint
Brice, fur le tout de gueulle à neuf Macles d'Or 3. 3. & 3. au
Lambeau à quatre pendans d'argent, qui eft Montauban.

BOIS DE LA ROCHE en Bourbriac Evefché de
Treguier, C. pour les Armes voyez Lifcoët.

BOIS DE LA ROCHE Boüuan en Commenna Evef-
ché de Leon & autres d'azur à vne Croix dantelée d'argent.

BOIS DE LA ROCHE en Garlan Evefché de Tregüier, pour les Armes prefentes, voyez Blonzart, anciennes Foucault *idem.*

BOIS DE LA SALLE en Vennes, vairé d'Or &
d'azur, au chef de gueulle chargé de trois Bezans d'argent.

BOIS DVLIE', de fable au chef d'argent denché de
gueulle, chargé de trois coquilles de mefme.

BOIS-EON en Lanmeur *aliàs* C. Dol és enclaues de
Treguier, erigée en Comté au mois de Mars 1617. verifiée
en la Cour de Parlement au mois de Iuin 1619. en faueur
de Meffire Pierre de Boif-eon, Seigneur de Coëtnizan,
Vicomte de Dinan & de la Beliere, Baron de Kerouzere &c.
Gouuerneur pour Sa Majefté des ville & Chafteau de Morlaix, qui portoit d'afur au chevron d'argent, accompagné
de trois teftes de Leopards d'or 2. & 1. & pour deuife *Talbia.*

On

On peut affez juger de l'antiquité de cette maifon par fes aliances auec celles de Rohan, Rieux, la Hunaudaye, Coët- *kerimel*-quen & autres laquelle à fourny vn Guillaume de BOIS-eon, Cheualier & Chambellan d'vn de nos Ducs, plufieurs Capitaines du ban & ariere-ban & Gardes coftes de l'Euefché de Leon, & encore de plus vn Alain de BOIS-eon Cheualier de Rhodes, de l'Ordre de S. Iean de Ierufalem, beaucoup renommé pour fa valeur, qui mourut Commandeur de la Fuëillée, du Palacret Pontmeluen, Sainte Catherine & St. Iean de Nantes en l'an 1469.

BOISEON en Penguenan Euefché de Treguier, d'argent au chef endanché de gueulle.

BOIS-FEILLET, C. de la Villeon *idem.*

BOIS-FEVRIER B. pour les Armes, voyez de Langan.

BOIS-GARDON, d'argent à vn fautoir de fable cantonné d'vn Croiffant de gueulle & trois Eftoilles de mefme, le chef de fable chargé de trois Annelets d'Or.

BOIS-GARIN prés Carhaix, C. pour Armes antiques Trogoff *idem*, modernes voyez du Mefné-Perrier.

DV BOIS-GELIN Sieur dudit lieu prés Lanuoulon, *E S B* le Vicomte de Meneuf, la Garefne & autres, écartelé au premier & dernier de gueulle à vne Molette d'argent contrefcartelé d'azur plain. La Maifon de Kerfaliou prés Lantreguier & celle du feu Sieur de la Toüeze Grand Preuoft de Noffeigneurs les Marefchaux de France en cette Prouince, portent ce nom là toutefois auec differentes Armes.

BOIS-GLE' en Queffoüaye, de gueulle à trois Fleurs de Lys d'argent, 2. & 1. Cornilliere *idem.* *E S B*

BOIS-GLE' Kerjegu, pour les Armes, voyez le Bigot Kerjegu.

GAVLAI-BOIS-GVY, d'azur à vne fafce d'argent chargée de trois rofes de gueulle.

BOIS-GVEZENEC en Loüanec Euefché de Treguier, C. pour Armes anciennes Coëtmen *idem*, modernes voyez

BOISIAGV E argent a 3 aigles de gueules membres afur D

BOISTRAVERS gueules 3 cheurons de gueules. E S M

Boitel 7 *losenges* 3.3.1

Trogoff, auec la deuife, *Tout du Tout.*

BOISHALBRAN, de fable à vne épée d'argent pofée en bande.

BOIS-HAMON en Saint Méen Evefché de St. Malo, d'argent au Leopard lionné de fable, armé & lampaffé de gueulle.

BOIS-HAMON, C, d'argent au Cerf de gueulle, fommé d'Or. E. P.   C

BOIS-IEAN, de gueulle au Chevron d'argent chargé de trois Tourteaux de fable.

BOIS-MORON, d'azur à deux Chevrons d'Hermines.

BOIS-ORHANT, C. ancien d'argent au fautoir de fable, moderne voyez Talhoët.

BOIS DE PACE' prés Rennes, d'azur au Lion d'argent chappé de gueulle. *chef coupé a...*   C

BOIS-RIOV, prez Lantreguier, C. furnom ancien de cette Maifon, portoit d'argent à trois fafces de fable, accompagnées de dix Merlettes de mefme, 4. 3. 2. & 1. maintenant Ploëfquellec en furnom.

BOIS-RIOV en Cauan Evefché de Treguier, du temps que le furnom du Reft eftoit en cette maifon, d'argent à trois fafces de fable, brifé en chef d'vn Lion naiffant de gueulle, & vn bafton de mefme brochant à dextre fur lefdites fafces.

BOIS-RIOV Bois-gerbot prés Dinan, d'azur au Freté d'argent de fix pieces.

LE BOIS-ROBIN, d'Or à trois bandes de gueulle.

LE BOIS-ROVZAVLT en Treguier, pour les Armes Coëtrouzault *idem.*

BOIS-YVON Kerbijc en Landouzan Evefché de Leon, ancien d'Or à vn arbre d'azur, moderne voyez Keroüarz

BOIS-YVON Bois-Riou en Treguier, pour Armes préfentes, voyez Ploëfquellec.

BOIV Sieur de la Mefholiere & de la Iouë, d'azur à

trois quintefueilles d'argent 2. & 1. il a esté Prefident aux Enqueftes en ce Parlement.

Du BOLLAN fieur de la Villean d'argent à trois fafces d'azur.

BOLANDE en Bazouge la Perrouze, d'Or à la fafce ondée de gueulle accompagnee de trois Annelets de mefme.

BONDART, de gueulle à trois Bezans d'argent, 2. & 1. chacun chargé de trois hermines de Sable.

BONNIER Seigneur de la Coquerie, Prefident au Mortier en la Cour de Parlement de ce pays, porte d'argent à trois Treffles de fynople 2. & 1.

BONNIER Brenolou, d'argent à trois merlettes de fable, 2. 1.

BONOR en Treguier, jadis à Kerperiou en la Paroiffa de Coëttreuan portoit.

BORDAGE, *alias* C. depuis erigé en Marquifat le... pour les armes de cette maifon, voyez Mon-bourcher.

LE BORGNE, Lefquiffyou en pleiber-crift, C. Keruzo- ret en Plouuorn, Keraöuel, en Guineuez, Lhoennec, Quelennec, Goazuen pres Lannion, Villeneffue en Lan- meur & autres de mefme famille, d'azur à trois huchets d'Or, 2. & 1. liez en fautoir de mefme. Le mefme furnom eftoit jadis à Keruidou prez Lanmeur, Parçanpreuoft en Plougaz- nou, Kerfraual en Plouian, Keriualan en Plouezoch, le Franfic en Taolé, Goazdannou, Kermoufter en Lanmeur, & autres auec differentes marques de juueignerie en la pluf- part de ces maifons-là.

LE BORGNE jadis à la Ville-ballin en Ploelo Evef- ché de Saint Brieuc, & au Rumeur en Pommerit, le Vicom- te Evefché de Treguier Carnier. & autres C. aprefent à Ker- falays & à Coëtneuenay, en Pommerit Iaudv, Saint Hiliuay prez Lannion, Quilialan en Pedernec, Maebrouffe en Plerin, Evefché de Saint Brieuc, & autres de mefme, famille au Comté Nantois, portent d'argent au Chef En-

D 2

danché de gueulles à cinq pointes

CES deux familles quoy que de differentes armes, par l'vnique fort des alliances qu'elles ont prifes en diuers lieux de cette Prouince, prennent leur origine d'vne mefme fource, & comme il eft expedient de trouuer (fi faire ce peut) vn principe à toute Generation, elle tiennent à honneur de s'aduoüer iffuës en jueignerie, de ce Guillaume le BORGNE en fon temps Vicomte de Plourhan & Seigneur de la Roche-Suhart, dont il eft cy-deuant parlé, & de tirer fans exageration de ce centre, la circonference de leur origine.

DV BOT Keryno Entredarzec Evefché de Treguier, oyez le Du.

BOTEREL, C. d'argent au Lion de Synople couronné, armé, & lampaffé de gueule. E R

BOTGLAZEC jadis à Rocerff, en Treguier d'argent à vn arbre de fynople fommée d'vne merlette de fable.

BOTGLAZREC, alias à Keriegu prez Carhaix, portoit

BOTGVENAL prez Landerneau Evefché de Leon, d'argent à deux cheurons de fable.

BOTQVIGNEN, Paroiffe de Treffuou Euefché de Leon, Efcartelé au 1. & 4. d'argent à trois merlettes de fable, au 2. & 3. d'argent à trois fafces ondées d'azur.

BOTHEREL Vicomte d'Apigné, prés Rennes, d'argent à 10. ancolies d'azur fouftenüës de gueule, les tiges en hault, 3 2. 3. & 2.

BOTHEREL Villegeffroy, en Ploüegat, Chaftelaudren. C. Beauuair, & autres de gueule à vne Croix pattée, clechée, vidée & Pommetée d'Or : en la Comté de Quintin, alias idem.

BOTHEREL, fieur de Montellon Evefché de Rennes, d'azur au cheuron d'argent accompagné de trois croifettes de mefme. DRONIOV

BOTIGNEAV prés Quimpercorentin à Monfieur le

BOVESTARD a la bouestardaie.

Marquis de Rofmadec, C. de fable à vne Aigle efployée
d'argent becquée & membrée de gueulle.

BOTILIO en Plougounuer Evefché de Treguier, C.
d'argent à fept feilles de Lierre de fynople, 3. 3. & 1. c'eft
au Baron de Quimerch.

BOTLAVAN en Ploudiry Evefché de Leon, d'argent
à vne Aigle efployée de fable fupportant trois cœurs d'azur
pofez en bande, fçauoir l'vn du bec, l'autre fur la poictrine
& le troifiéme du pied feneftre.

BOTLORE' Kerualanec en Ploüenan Evefché de Leon,
de gueulle à vn dextrochere d'argent mouuant du cofté feneftre & tenant vn rameau de Laurier de fynople.

BOTLOY Lefardré à Monfieur le Comte de Grand-Bois
C. Launay-Botloy, Kerdeoufer prés Lantreguier, le Bizlo,
Kerguiftin, Coëthalec, & autres, écartelé d'Or & d'azur
comme Tournemine.

BOTMEVR en Cornoüaille, C. écartelé au 1. & 4. d'Or
au Lion de gueulle couronné, armé & lampaffé d'azur,
contrefcartelé d'argent au Lion de gueulle.

BOTMILIEAV, d'azur à trois Cloches d'Or baiftaillées
de fable 2. & 1.

BOTTILY, d'Or à trois bandes de gueulle.

BOÜAN, jadis en la maifon de Tizé, à prefent au Cha-
longe-boüan & autres, de gueulle à la bande d'Hermines.

DV BOVCHET, de fable à vne Croix engreflée d'argent. Cette famille a produit vn Confeiller du Duc François II. Vichancelier de BRETAGNE, qui enfuite fut éleu
Evefque de Cornoüaille.

BOÜEDRIER audit lieu, d'argent au chevron de fable accompagné de trois Tourteaux de gueulle.

LE BOÜESSAY en Sens, d'Hermines au chef de gueulle
brifé d'vn Lambeau d'Or.

DV BOÜEXIC Sieur de la ChappelleConfeiller en ce Parlement, d'argent à trois boüix de fynople, 2. & 1.

DV BOÜILLY aux Portes prés Lamballe, d'azur à vne bande d'argent accoftée de deux Croiffans de mefme.

BOVLANS, d'argent à trois Croiffans addoffez de gueulle, fçauoir celuy du cartier dextre couché, celuy du cartier fenestre montant & celuy de la pointe renuerfé.

LA BOVLAYE Sieur de Kerliuio en Saint Brieuc, de fable à trois teftes de Levrier d'argent accollée de gueulle garnie d'vn Anneau d'Or.

LA BOVLAYE Guernanchanay en Treguier, de fable au Cygne d'argent becqué & membré de gueulle.

LA BOVLAYE, d'azur au Chevron d'Or.

LA BOVLAYE-BAVD prez Rennes, de fynople à trois fafces d'argent.

LE BOVLOIGN Crechcariou en Plœmeur-Bodou Evefché de Treguier, Kerfos de Lannion & autres d'Or à neuf Billettes de fable 3. 3. 2. & 1. le canton dextre chargé d'vne Coquille de gueulle.

LE BOVRBLANC jadis audit lieu, maintenant à Grand-Pré prez la Rochederien Guermel en Penuenan Evefché de Treguier & autres, de gueulle à vne Tour crenelée d'Or, fommée d'vn Tourillon de mefme.

BOVRDON, de fable à trois Bourdons, ou Baftons de Pelerin d'Or en Pal, 2. & 1.

LA BOVRDONNAYE Coetteon, pour les Armes voyez Coetteon.

LE BOVRGEOIS aliàs au Kerplat en Ploumilicau, portoit . . . .

LE BOVRGEREL en Plougonuer Evefché de Treguier pour les Armes voyez de Leon.

DE BOVRGNEVF, Marquis de Cucé, Baron d'Orgeres &c. porte d'argent au fautoir de fable au canton de gueulle chargé de deux Poiffons d'argent, ceux de cette Maifon ont donné de grands Perfonnages à la Prouince & deuant l'inftitution du Parlement vn Iulien de Bourgneuf tenoit la Iuſtice dans la Prouince & s'appelloit le Preſident de Bretagne, & depuis l'inſtitution du Parlement, ils ont toûjours poſſedé la Charge de premier Preſident de coſté de Pere ou de Mere, à la reſerue de Monſieur de Faucon: l'on conte dans ces illuſtres familles huit Premiers Preſidens tant au Parlement de Paris, qu'en celuy de Bretagne, ſix Preſidens à Mortier, cinq Maiſtres des Requeſtes Intendans de Iuſtice dans les Prouinces & les Aimée: Cette Maiſon a eu de grandes Aliances auec des Chanceliers de France, des Ducs, Pairs & Mareſchaux de France: Charles de Bourgneuf Eveſque de Nantes qui au jugement de tout le monde a eſté vn des plus grands Prelats de ſon Siecle en pieté & en doctrine, le nom de cette Maiſon eſt finy en la perſonne de Henry de Bourgneuf Premier Preſident de cette Prouince tres-illuſtre par ſa Naiſſance & par toutes les grandes qualitez qu'il a poſſedé, qui le font reuerer comme vn Saint & regretter comme le Pere de la Patrie. Ce grand ſeruiteur de Dieu & du Roy mourut à Paris le 27. d'Aouſt 1660. âgé de ſoixante-dix ans moins vn mois trois iours, deputé du Parlement vers ſa Majeſte. *en 1498.*

BOVRGON, de ſable à trois Ecus d'Or 2. & 1.

DV BOVRNE Kerdounart prés Lanuolon & autres.

BOVRROVGVEL en Plouigneau Eveſché de Treguier ancien voyez le Rouge-Bourrouguel: Morderne Penmarh *idem.*

BOVTE-VILLE jadis au Fauoët en Cornoüaille, C. d'argent à cinq fuſées de gueule poſées en faſce.

BOVTEILLIER à la Cheſnaye prés Dol, C. d'argent à cinq fuſée de ſable poſées en bande.

LE BOVTEILLIER à la Gaultraye prés Rennes, C. d'argent ſemé de Coquilles d'azur ſans nombre.

BOVTIER Chaſteaudacy, C. gironné d'Hermines & de gueule de ſix pieces. *en meillac E. D*

BOVTOüILLIER jadis à Keromnes en Taoulé Eveſché

BOVTOILLIER.

de Leon, Kerochiou en Ploüian & à Preſent au Keroüez
en Ploüeſcat & autres, loſangé d'argent & de ſable en Pal
& vne Couppe couuerte d'Or en abîme.

LA BOVVAIS en Piré Eveſché de Rennes, d'argent au
Lion de ſable couronné d'Or, armé & lampaſſé de gueulle.

BOVVEREL, de gueulle à trois Molettes d'argent
2. & 1.

LE BOZEC, Languenan en Plougreſcant Eveſché de
Treguier & autres de ſable à l'Aigle éployé d'argent au baſton de guelle brochant à dextre ſur le tout.

LE BOZEC jadis à Tredillac en Guerliſquin, d'argent
à vne Tour crenelée de gueule.

BOZIEZ ou Baudiez Sieur du Reſt en bas-Leon &
autres, échiquetté d'argent & de ſable à ſix traits, au Lion
d'Or brochant ſur le tout.

BRAGELONNE en Cornoüaille, d'azur à vne faſce
d'Or accompagnée de trois Molettes de meſme, 2. & 1.
briſé en chef d'vn cœur de gueulle.

BRANBVAN Riou prez Montauban Eveſché de Saint
Malo, de ſynople à vne Croix d'argent chargée en cœur
d'vne Eſtoille d'azur.

BRANGOLO, de gueulle à vne faſce de vair.

BREFFEILLAC, C. d'argent au Lion de gueulle, couronné, & lampaſſé d'Or.

DE BREHAND Sieur de Galinée l'vn des anciens
Conſeillers en la Cour de Parlement, C porte de gueulle au
Leopard d'argent. Le Vicomte de Liſle, la Roche-Brehand
& autres de meſme famille idem.

BREHONIC en Guineuez Eveſché de Leon, portant
Kergoüal en ſurnom prend pour Armes, comme le Vayer
Treffalegan.

LE BREIGNOV en Ployen Eveſché de Leon, C. pour
les Armes voyez Saint Goüeznou, ou Langoüeznou.
DV BREIL

Dv Breil Seigneur de Raix Mallerie prez Dinan, C. Plefleix de Raix & Plefleix-baliflon, Chalonge-Treueron, Pontbriand, la Gaudinaye & autres, d'azur au Lion d'argent: Cette Famille a produit tant en France qu'en cette Prouince plufieurs grands & infignes Perfonnages de valeur & de grand fçauoir, ainfi qu'il confte par leur Genealogie amplement décrite en l'Hiftoire Geneaologique du Pere du Paz.

Le Breil en Erodoiz, d'argent à trois Grefliers d'azur enguifchez de gueulle.

Brelidy en Treguier, C. ancien voyez Roftrenen: Moderne d'argent à trois Chevrons de gueulle, comme Ploëfquellec.

Brenolov prés Carhaix, pour les Armes voyez Bonnier, Kerampuil *idem.*

Les Brebottieres, de gueulle à vne tefte de Loup arrachée & lampaflée d'Or.

Breqvart en Tregüier jadis à Brehat portoit

Breqvigny prés Rennes, C. c'eft l'vn des Prefidens au Mortier en ce Parlement, pour les Armes voyez le Meneuft.

La Bretesche en Saint Gregoire Evefché de Rennes, d'azur à vne tefte de Levrier d'argent accompagnée de trois Molettes d'Or.

Le Breton en Tregüier, d'argent à cinq fufées de fable pofées en fafce, accompagnées de trois Toufteaux de mefme 2. & 1.

Le Breton, d'azur à vn cor de chafle d'argent enguifché de mefme en fautoir.

Le Breton, d'argent au Lion Leopardé de fable, chargé en l'Efpaulle d'vne Molette d'Or.

Brezal en Plouneuenter Evefché de Leon, C. de gueulle à fix Bezans d'Or, 3. 2. & 1.

E.

BREZCANVEL en Brelez Evesché de Leon, ancien
le Roux Kerninon *idem*, moderne . . .

BRICQVEVILLE Coulombiere habitué en cet Evesché de Treguier, C. d'argent à trois Hermines de fable,
& 1. Il eſt Originaire de Normandie.

DES BRIEVX en Vennes, C. d'argent à trois Tourteaux de ſable 2. & 1.

BRIGNAC, C. ancien de gueulle au ſautoir d'argent
plus moderne Carpont Kerguezec en Treguier *idem*.

BRIGNEN au Menihy de Saint Paul de Leon, pour les
Armes voyez Lanriuinen, & Saint-Denys.

BRISTOV *alias* à Kericu en Plouzal Evesché de Treguier, portoit .

BROON B. d'azur à vne Croix
d'argent frettée de gueulle, contreſcartelé d'argent à vn
Aigle éployé de ſable, becqué & membré de gueulle.

BRONDINEVC C. autrement appellé Broon-dit-neuf,
portoit anciennement meſmes Armes que la precedente,
comme ayant eſté cette Maiſon baſtie de neuf tout ſemblable à l'ancien Chaſteau par commandement du Duc lors
regnant ſur vne moitié du total de ladite Terre auant l'aſſiſe
du Comte Geffroy, afin d'aſſeoir & deſigner vn partage
égal au ſort entre deux freres jumeaux de cette Maiſon qui
aſpiroient tous deux au droit d'Aineſſe & pretendoient
l'emporter par les armes l'vn à l'excluſion de l'autre, ſi le
Duc ne ſe fuſt aviſé d'vn tel expedient pour aſſoupir & terminer leur different.

DE BROSSE, écartelé au 1. & 4. de gueulle à vne Croix
alaiſée d'argent au 2. & 3. faſcé d'argent & de ſynople de
ſix pieces.

LA BROSSE burellé d'argent & de ſable de dix pieces
au baſton de ſable, brochant à dextre ſur le tout.

DE BROüEL, de gueulle à vn Leopard d'argent ſemé d'Hermines. E V

en Briant jadis en Vannes puis à Quimperlé Ref 1426. 1497. 1448. 1513
Montres du noble des années 1477. 1481. 1562 &c

BRETON.

BROVSTAL jadis à Kerozern en Ploubezre Evesché
de Treguier, au Modest en Breleuenez prés Lannion &
autres, de gueulle à vne Croix d'argent chargée de cinq
Merlettes de sable.

Treguier reste 1453

DE BRVC Sieur dudit lieu, d'argent à vne Rose double de gueulle boutonnée d'Or, il est Conseiller en la
Cour de Parlement. E· *de Nantes*

BRVILLAC en Plounerin Evesché de Treguier C. pour
Armes antiques Ploësquellec *idem*, Modernes voyez du
Chastel Coëtangarz.

LE BRVN Kermoruen en Vennes, d'azur au Chasteau
d'argent massonné de sable, dont il y a eu vn Evesque de
Treguier Conseiller & Aumosnier du Duc Iean le Conquerant, Docteur és Droits & Avocat en Cour de Rome.

LE BRVN jadis à Kerfueillen en Buhulien Evesche de
Treguier & autres, d'argent à vne Quintefeille percée de
synople.

BRVSLE' en Vennes, C. ancien écartelé au 1. & 4. d'a-
zur à vn Eperuier d'argent grillette d'Or, au 2. & 3. d'argent au Lion de gueulle, moderne voyez du Bois-Dourdu.

BRVLON Baron de la Musse en Rennes & autres,
d'argent au Griffon de sable, cette famille a donné vn President au Mortier & vn Conseiller en ce Parlement.

DV BRVTAY, *he qu'vault* d'azur à l'Aigle éployé d'Or, becqué
& membre de gueulle. E· S M

BVDES jadis en la Vicomté d'Vzel & au Hirel *idem*, à
present au Tertrejoüan, Sacé en Normandie, Blanchelande, le Plessix au Noir, Villedoré prés Saint Brieuc & autres, porte d'argent à vn Pin de synople chargé de trois
Pommes d'Or & vn Airé d'Eperuier de méme, le tronc ac-
costé de deux Fleurs de Lys de gueulle vers la pointe, qui
anciennement estoient d'Or, mais l'vn de nos Papes ayant
fait mettre à mort dans Macon ce grand Capitaine Syluestre
Budes tant renommé dans nos Histoires sur le moindre

Brunet /· duplessu nes gregoir dat· az Espees dans enfant.
les peintres nelas.

E 2

rapport de fes ennemis & enuieux, apres auoir enfin reconnû qu'à tort & precipitáment il auroit fait mourir ce grand Perfonnage, voulut qu'à l'avenir fa pofterité les portaft de gueulle en memoire eternelle de ce fang iniuftement répendu, & par Lettres Patentes & Authentiques declara auffi toutes les Terres, dont il mourut poffeffeur, exemptes de dixme : quel droit, priuilege & immunité eft encore aujourd'h uy continué par les Seigneurs iffus de la mefme famille, de laquelle on a veu fortir par fucceffion de temps plufieurs Perfonnages illuftres de valeur & de grand feruice, mefme de nos iours feu Monfieur le Marefchal de Guebriant, qui pour les grands & fignalez feruices par luy rendus à l'Eftat, fut éleué à ce fouuerain degré d'honneur par le Roy Louys le Iufte d'heureufe Memoire en l'an 1642. & enfuite honoré du Generalat de fes Armées en Allemagne & Franche-Comté. La Traditiue ancienne tient que les Seigneurs de cette famille prennent leur tige primitiue & origine de la Maifon de Saint Luc d'Efpinay, qui puis lóngues années a auffi produit vn Marefchal de France.

DV BVEIL, d'azur femé de Fleurs de Lys d'argent au Lion de gueulle brochant à dextre fur le tout.

BVISSON, d'argent à vne fafce de gueulle, chargée de trois Eftoilles d'argent.

DES BVRONS Sieur de la Cheuronniere, d'argent party d'azur au Croiffant de l'vn en l'autre.

BVOR en Plougaznou Evefché de Treguier, ancien d'argent à deux Coquilles de gueulle, au franc canton d'azur, moderne voyez Kerret.

BVSLAT, C. Cleuzdon Guergorlay *idem.*

BVSSON C. d'argent au Lion de fable armé & lampaffé d'Or, dont il y a eu vn Capitaine & Gouuerneur de Rennes & Chambellan ordinaire de l'vn de nos Ducs.

BVSNEL Evefché de Rennes, d'argent à vn Epernier au naturel, les Longes & Grillets d'Or, pofé fur vn Ecot de fable, de cette Maifon il y a eu vn Avocat General au Parlement de Bretagne.

LA BVSNELAYE le Duc, de gueulle à trois Treffles d'Or au chef d'argent.

BVSSIERE Kermeluen prés Guingamp Evefché de Treguier & autres d'argent à vn Aigle efployé de fable.

BVZIC Kerdaoulas en Direnon, de gueulle à fix Bezans d'argent 3. 2. & 1.

BVZIC jadis à Porziezegou Evefché de Treguier prez Saint Michel en Greve, d'Or à vn Chafteau d'azur maffonné de fable.

C.

E DE S. B.

E CAMBOVT Duc de Coazlin Lieutenant pour le Roy en la haute Bretagne, porte de gueulle à trois fafces efchiquettées d'argent & d'azur à deux traits.

CARHAIX Ville & Barre Royalle en Cornoüaille d'vne bonne eftenduë, porte . . . .

CHABOT, Maifon bien ancienne & fignalée en Bourgogne, dont il y a eu vn Admiral de France, grand Fauory du Roy François I. l'Alliance qu'elle a prife depuis quelques années en l'illuftre Maifon de Rohan n'eft pas auffi contée entre les moindres Ornemens qui decorent cette Maifon, laquelle porte d'Or à trois Chabots de gueulle pofez en Pal, 2. & 1.

CHAMPAGNE Comté, d'azur à la bande d'argent accompagnée de deux doubles Cottices d'Or potencées

& contrepotencées de mesme de treze pieces.

CHASTEAVBRIAND Ancienne Baronie portoit de gueulle femé de pommes de Pin d'Or fans nombre, depuis parfemé de Fleurs de Lys d'Or par conceſſion expreſſe du Roy Saint Louys en reconnoiſſance des grands & aſſidus ſeruices rendus à ce Prince par vn Seigneur de cette Maiſon au voyage de la Terre-Sainte, & notamment en la bataille de la Maſſore le 8. Fevrier l'an 1250. en laquelle ledit Roy Saint Louys: Pierre de Mauclerc Duc de Bretagne & ce Seigneur de Chaſteaubriand furent pris priſonniers par les Sarrazins.

CHASTEAVGIRON Baronie, d'O..au chef d'azur, auec cette deuiſe, Penſez-y ce que vous voudrez.

CHASTEAVLIN Barre Royalle en Cornoüaille, d'azur à vn Chaſteau d'argent couuert de meſme, & giroüetté d'Or.

CHASTELAVDREN jadis bonne Ville & Siege ordinaire des anciens Comtes de Goüelo, pour les Armes voyez Auaugour, elle a eſté baſtie par vn Roy de Bretagne appellé Audren.

CHASTILLON ſur Marne autrement dit de Bloys, Maiſon auſſi illuſtre qu'il y en ait en France erigée en Duché par le Roy Charles IV. l'an 1566. porte pour Armes antiques de gueulle a trois Pals de vair au chef d'Or, modernes Bretagne idem.

CLISSON B. dont il y a eu vn Conneſtable de France, portoit de gueulle au Lion d'argent couronné, armé & lampaſſé d'Or.

CONDE' Prince: par Lettres Patentes du Roy Henry IV. d'immortelle Memoire verifiées en toutes les Cours Souueraines l'an 1599. il fut declaré Premier Prince du Sang & Premier Pair de France, il porte de France au baſton de gueulle pery en bande. C'eſt vn Prince dont les Genereux exploits & actions heroïques ſont ſi notoires à toute l'Europe que tout ce que i'en pourois dire feroit infiniement au deſſous de ſes merites.

CORNOÜAILLE Comté & ancien Appanage de Bretagne, portoit d'argent à trois Hermines de ſable 2. & 1.

COSSE' Duc de Briſſac, Pair & grand Pannetier de France, pour les Armes voyez Briſſac, il eſt hors de doute que cette Maiſon ne ſoit vne des plus illuſtres & anciennes du Royaume, dont il a ſorty des Gouuerneurs de Prouinces & Generaux d'Armées, vn Mareſchal de France & vn grand Maiſtre de l'Artillerie ſous Henry II.

CABATOVX en Loüanec Eveſché de Treguier, Barach, Roſambo *idem.*

CADE' en Treguier jadis à Saint-Drenou & autres, d'argent à vne Croix anillée de ſable.

DE CADELAC, d'azur à la bande d'Or chargée de trois Roſes de gueulle.

CADIER au Coëtdon en Plouguyel Eveſché de Treguier & autres, d'azur au maſſacre de Cerf d'Or.

CADIER, d'argent à vne faſce de ſable ſurmontée d'vne Merlette de gueulle & ſouſtenuë d'vne Molette d'Eſperon auſſi de meſme.

CADOËLAN prés Guingamp, pour les Armes voyez Piñart, le dernier Seigneur de cette Maiſon eſtoit l'vn des Maiſtres de la Chambre des Comtes de cette Prouince.

CADORE' en Plouuara Eveſché de Saint Brieuc & autres, d'azur à vn Ours bridé d'argent.

CADORET jadis à Traoüanrun en Plougaznou Eveſché de Treguier, d'azur à vne bande d'argent chargée en chef d'vn Croiſſant de ſable.

CADOVDAL C. vn Cheualier de ce nom fut Partiſan du Comte de Montfort en la pluſpart des Exploits de guerre qu'il eut contre Charles de Bloys & fut Capitaine de Hennebond, il portoit d'argent à vne Croix engreſlée de ſable; Il y a eu autrefois vn Gentil-homme de la meſme famille en la Paroiſſe de Ploulech Eveſché de Treguier, portant meſme Nom & meſmes Armes.

CADOVZAN prés Guerrande au Comté Nantois, pour les Armes voyez de Quelo.

LE CADRE, de gueulle à trois Billettes d'Or 2. & 1.

CAHIDEVC C. écartelé de gueulle à trois teſtes de Leopard d'Or 2. & 1. contreſcartelé, de Beaumanoir, Bois-delaMotte que vous trouuerez ſur la lettrine B. il eſt Conſeiller en la Cour de Parlement. *E. ſM Parouſe de.*

CALLOET Sieur de Lanidy en Plouigneau prés Morlaix, Loſtanuern & autres, d'Or à vne faſce d'azur ſurmontée d'vne Merlette de meſme & pour deuiſe *aduiſe-toy*. Cette premiere Maiſon à fourny vn Eveſque de Treguier & vn Aduocat General en la Chambre des Comtes de cette Prouince.

CAMAREC, de gueulle à cinq Bezans d'Or en ſautoir au chef d'Hermines.

CAM Kernaſquiriec prés Beliſle Eveſché de Treguier, d'argent au chevron de ſable accompagné de trois Annelets de meſme.

CAMBRAY, party d'Or & d'azur.

CAMERV Trogoüazrat en Lanmaudez, Roſſalic & autres, écartelé au premier & dernier d'azur à vn Vanet ou Coquille d'argent contreſcartelé d'argent à quatre Billettes de gueulle poſées en Croix & vn petit Croiſſant de meſme en abime & pour deuiſe *En quichen reyhé ma Conmeret*, c'eſt à dire, qui ſe meſle de donner, ſe doit diſpoſer à receuoir.

CAMERV Kerouſpy en Caüan Eveſché de Treguier, d'argent à vn Aigle éployé de ſable becqué & membre de gueulle, chargé ſur la poiectrine d'vn Ecuſſon portant les precedentes Armes.

CAMPILIR jadis à Kerozal en bas-Leon, d'Or à trois faſces de ſable & vn Lion de gueulle brochant ſur le tout.

LE CAMPION

LE CAMPION Pontlofquet en Coëtreüan Eveſché de Treguier, Kerrez & autres, de ſableà vn Leopard d'Or au chef d'argent.

CAMPION Porzlazou en Treguier & autres, de ſynople à vn Sautoir d'argent cantonné de quatre Coquilles de meſme.

CAMPOSTAL prés Roſtrenen, C. d'argent à vn Aigle de ſable, becquée & membrée de gueulle.

LE CAMVS à Keſiſtern en Cornoüaille . . . .

CANABER aliàs au Cleuzmeur en Plœmeur-Bodou Eveſché de Treguier Reſtaruez prés Lannion & autres, à preſent à Kerloüet prés Carhaix & autres, d'argent à trois Merlettes de ſable 2. & 1. & vn Cornet lié en ſautoir de meſme en abîme au chef de gueulle chargé de trois Quintefeilles d'argent.

DE CANCOET en Mezuillac Eveſché de Vennes, C. d'argent au Sanglier de ſable en furie.

CANLOVP Villeoger, d'azur à vne Roſe d'argent accompagnée de trois Molettes de meſme.

CANTISAC, d'argent à vne bande de gueulle chargée de trois Allerions d'Or.

CAOVREM jadis à Keranbellec prés Runan Eveſché de Treguier, Kermarquer en Penguenan & autres, d'argent à vne teſte de Negre tortillée d'argent.

CARANTEZ jadis à Crechleac Eveſché de Treguier & autres, de gueulle à trois Eperuiers d'argent grillettez d'Or 2. & 1. Loz idem.

CARCADO C. pour les Armes, voyez le Seneſchal Carcado: le dernier Seigneur de cette Maiſon eſtoit Conſeiller en la Cour de Parlement.

CARCARADEC en Ploulech prés Lannion Eveſché de Treguier, voyez Rogon.

LE CARDINAL Sieur de Carmer & autres, d'argent au chef endanché de gueulle à cinq pointes.

DE CARCOVËT, furnom ancien de cette Maifon, portoit bandé d'Or & de gueulle de fix pieces, maintenant de la Mouffaye.

CARGREE' Confeiller du Roy en fes Confeils, Maiftre des Requeftes ordinaire de fon Hoftel, pour les Armes du Halgoët. *idem.*

DE CARION, Rofangauèt en Plouëzoch & autres, de gueulle à vne main feneftre apaumée d'argent en Pal, naiffante de la pointe, ondée d'azur, qui eft de Carion, écartelé d'argent à vne fafce d'azur, qui eft Cazin Rofangauet, & pour deuife *nihil virtute pulcbrius.* Vn Iuueigneur de la Guignardaye en l'Evefché de Rennes a porté ce premier nom en cette Maifon là, & l'on tient ceux de cette Famille originairement iffus d'vne ancienne Maifon d'Efpagne.

CARIOU jadis à Guerguiniou en Ploubezre, à prefent au Goazuen en Ploumillieau, Rocerf & autres, d'azur à trois Eftoilles d'Or 2. & 1.

CARMAN en Lannilis *aliàs* Kermauan B. depuis érigée en titre de Marquifat au mois d'Aouft 1612. verifié en Parlement le 12. Decembre en ladite année en faueur de Meffire Charles de Maillé Seigneur de Carman, Seixploc, la Marche, Liflette, la Foreft &c. qui portoit au 1. & 4. d'Or à trois fafces antées de gueulle qui eft maillé de Brezé au 2. & 3. encore écartelé au 1. & 4. d'azur à vne Tour fommée de trois Tourillons d'argent, le tout porté fur vne Rouë de mefme, contrefcartelé d'Or au Lion d'azur qui eft Carman, & pour deuife *Dieux auant.* on ne peut pas douter de l'antiquité de cetteMaifon, puis qu'elle a prisAlliance en celles de Rohan & de Luxembourg & en plufieurs autres illuftres Maifons.

E CARME jadis aux Salles prés Guingáp E. de Treguier, chiquetté d'argent & de gueulle à fix traits au chef d'Or.

CARMENE' ancien, de gueulle au fautoir d'Or : mône voyez le Mintier.

CARMOY. d'azur à un chevron d'or accompagné de 3 croiffants de mefme 2 et 1.

CARN Rannelin en Kerloüan prés Lesneuen Evesché de Leon, d'Or à deux chevrons de gueulle l'vn sur l'autre.

CARNAVALET prés Pontrieu Evesché de Treguier, C. ancien vairé d'Or & de gueulle au franc canton d'Hermines, moderne Assigné *idem*, il est l'vn des quatre Lieutenants des Gardes du Corps de sa Majesté Louys XIV. heureusement Regnant.

CARNE' C. d'Or à deux fasces de gueulles, cette Maison est asfez conneüe pour estre vne Pepiniere feconde de Seigneurs aussi braues, galands & genereux qu'il y en ait en la Prouince. Le Vicomte de Trouzilit en Leon & ses defcendans font iffus en juueignerie de cette Maison-là.

— CARPONT prés Lantreguier C. pour les Armes voyez Kerguezec.

— CARPONT Kerbije en Ploüenan Evesché de Leon, d'argent à deux Haches d'Armes ou Confulaires de gueulle en Pal, brifé en chef d'vn Croiffant de mefme.

— CARPONT en ladite Paroiffe de Ploüenan Evesché de Leon, d'argent à vne fafce d'azur, furmontée d'vn Cerf pallant d'Or.

— CARPONT Kerliuer en Leon, d'Or à trois Rofes doubles de gueulle 2. & 1.

— CARPONT Guerbileau, de fable au Lion d'argent l'Ecu femé de Billettes de mefme.

— CARPONT en Loüanec Evesché de Treguier, furnom ancien de cette Maison, d'azur au maffacre de Cerf d'Or.

CARPONT Kerouzien en Leon . . . .

CARPONT en Scruel Evesché de Treguier, pour les Armes voyez le Borgne du Goazuen.

CARPONT Kerret en Treguier, Kerret *idem*.

CARPONT en Lampaoul Evesché de Leon, pour les Armes voyez Mocazre

— CARRAGE jadis à Kerguiniou en Ploubezre Evesché de Treguier, d'argent à vn fautoir engreflé de fable.

F 2

E. de vennef du Carher Ecartele auy Ecar af fl. Dlyf Dlun dxlaube

LE CARRER *aliàs* à Bringolo en Goudelin Eveſché
de Treguier, d'Or à vn chevron de gueulle accompagné
de trois Allerions de ſable 2. & 1. à preſent le ſurnom de
Geſlin poſſede cette Maiſon.

DV CASSO, de gueulle à vne bande de vair. E D.

LE CAT, d'argent à vn Freſne de ſynople.

CAVAN en Treguier, C. iſſuë en juueignerie des anciens Barons d'Auaugour, portoit d'Or à trois Merlettes
ſable 2. & 1. cette Terre fut confiſquée en la main du Du
ſur les heritiers de Hemery Cauan Seigneur de Cauan &
Caouhennec à raiſon de leurs démerites, & depuis baill
à viage par vn Duc de Bretagne à Iean de Kerſaliou Se
gneur dudit lieu pour ſes agreables ſeruices, apres la mon
duquel ladite Terre & Seigneurie fut reünie & incorporée
au Duché.

CAZIN anciennement audit lieu en Plouigneau Eveſché de Treguier, Roſangauet en Ploüezoch, Leſmoualch,
Kermeur en Plougaznou, maintenant en Quenquiſou &
autres, d'argent à vne faſce d'azur.

CAZLEN jadis à Kerhellou en Plouegat-Guerrand,
Eveſché de Treguier, écartelé au 1. & dernier d'argent à
vne Hermine de ſable contreſcartelé d'argent à vn Annelet auſſi de ſable.

CEINGOT, de gueulle à vne eſpée d'argent en Pal, la
pointe fichée en bas.

DE CENESMES, d'Or au Lion de gueulle.

DV CHATEAULT, de ſynople au Lion d'Or, armé
& lampaſſé de gueulle.

CHAINILIAC, écartelé au 1. & 4. d'azur au Levrier
paſſant d'Or au 2. & 3. d'Or à vne bande d'azur, accompagnee de ſix Quintefeilles de gueulle en Orle.

CHAMBELLE d'Hermines au chef de gueulle à la
cettice d'azur brochant ſur le tout.

CHAMBIRE pres Rennes, C. à Monſieur le Preſi-

CELLIER ſr du Cellier
d'azur à la face nattee argent et gueulles accompagnee
de 3 quintefeilles argent

BRETON.

Champagne ... dent de Brie, porte d'azur au chevron d'Or accompagné de trois Pommes de Pin de mesme 2. & 1.

CHAMPCOVRT Difamber, de fable à trois Poiſſons d'argent mis en Pal 2. & 1.

CHAMPEAVX, bandé d'Or & d'azur de fix pieces.

CHAMPEIGNE, d'Hermines au chef de gueule.

CHAMPION Baron de Cicé Conſeiller en la Cour de Parlement & à preſent Doyen de Meſſieurs de la Grande-Chambre de la Sceance de Fevrier, porte écartelé au 1. & 4. d'azur à trois Ecus d'argent chargez chacun de trois bandes de gueule, contreſcartelé de gueule à vne bande d'Hermines, il y a eu vn Eveſque de Treguier de cette Maiſon-là.

CHANDOS Gentil-homme Anglois de Nation beaucoup renommé pour ſa valeur pendant les Guerres de la Ligue, qui enſuite s'habitua en l'Eveſche de Leon, il portoit . . . .

LA CHAPPELLE à Monſieur le Marquis de Roſmadec, *alias* B. depuis erigé en Comté, porte de gueule à vne faſce d'Hermines, il y a eu vn Chambellan du Duc François II. de cette Maiſon-là.

LA CHAPPELLE à la Roche-Giffart, C. & autres de meſme famille, d'argent à ſix Annelets d'azur 3. 2. & 1.

CHAPPELAIN *alias* au Kerezoult en Ploumillieau Eveſché de Treguier, d'argent à trois bandes de gueule, au franc canton de meſme chargé d'vne Eſtoille d'argent, à preſent le Bigot.

CHAPITRE de Treguier, d'azur à vn Bouc d'argent.

CHAPITRE de Leon, d'azur à vn Mouton paſſant d'argent tenant vne Croix de gueule à la Banderolle d'argent.

CHAPITRE de Cornoüaille, d'azur à vne Chevre d'argent, au chef d'argent ſemé d'Hermines.

LE CHAPPONIER Keruezec en Tredarzec Eveſché de Treguier & autres, porte de fable au Loup d'argent.

CHARLET alias à Kerynou Du Bot prez Lantreguier, portoit . . .

CHARNATIES en Treguier, d'azur à trois Croix pattées d'Or 2. & 1.

CHASANT en Treguier, de gueulle au Lion d'argent.

CHASTAIGNER d'Or au Leopard de synople.

CHASTEAVCROC C. de gueulle à vn Croissant d'Or
en abîme, accompagné de cinq Estoilles de mesme, 2. en
chef & 3. en pointe, 2. & 1.

CHASTEAVFVR en Guineuez Evesché de Leon, C. c
d'azur au Chasteau d'argent flanqué de deux Tours plus
basses de mesme, le tout joint ensemble.

CHASTEAVGAL C. ancien voyez Kermellec Cha-
steaugal: moderne du Chastel idem.

CHASTEAVMEN en Taolé Evesché de Leon, ancien
Kergroades idem, moderne voyez Kergadiou de bas-Leon.

CHASTEAVMVR C. écartelé au 1. & 4. de gueulle au
Lion d'Or au 2. & 3. d'argent à dix Hermines de sable à la
bordure de gueulle.

CHASTEAVNEVF B. pour les Armes voyez Rieux.

CHASTEAVPIEC en Leon, pour Armes presentes,
voyez Quelen du Dresnay & Chasteaufur antiques . . . .

CHASTEAVTRO, d'argent à trois testes de Renards
arrachez de gueulle 2. & 1.

DV CHASTEL en Plourin Evesché de Leon B. erigé
aux Estats Generaux du Duc Pierre l'an 1455. porte fascé
d'Or & de gueulle de six pieces, & pour devise D. vat
è teu), tu n'as qu'à venir, de cette Maison estoient issus
ces Tanguys du Chastel Heros de leur Siecle tant renommez dans nos Chroniques pour leur grande Proüesse, &
qui ont esté honorez de si belles charges tant sous nos
anciens Ducs, que Roys de France : Et encore vn Guillaume du Chastel Pannetier du Roy Charles le Quint, qui
luy rendit des services si considerables en plusieurs impor-

r dvenuf Chastres dur alepuffor dor a lored 7 oquilly d'arg.

o chaslos s de lachalousaie d'arg. a la croix paté d
guelles accomp de 4 lions de sable.

CHASTAIGNER f. d'vr à chastaigndraye d'or à 3 escorces de chastaig
de sinople
CHASTELLIER en d'vrone pulle or e sinople Nb p.
BRETON.   47

tantes occasions, notamment en la defense de Saint Denys
contre le Siege des Anglois, qu'il merita l'honneur de sa
Sepulture en ladite Abaye de Saint Denys, Mausolée ordinaire des Sacrées Cendres de nos Roys: Et encore pour
vne singuliere marque de la gloire de cette Maison, elle se
vante aussi auec verité d'auoir produit deux Saints & vertueux Personnages sous le nom de Saint Tanguy & Sainte
Haude, qui selon la commune approbation de l'Eglise
Leonnoise jouyssent de la gloire des Bien-heureux.

CHASTELENEC en Taolé Evesché de Leon, pour les
Armes voyez Launay Coëtmeret.

DV CHASTELIER jadis Vicomte de Pommerit Evesché de Treguier, d'Or à neuf Roses ou Quintefeuilles de
gueule 3. 3. & 3.

LE CHASTELIER d'Ereac B. d'Or au chef de sable,
chargé d'vn Lambeau de trois pieces d'argent.

DV CHASTELIER C. de gueule à vn bras d'argent
tenant vne Fleur de Lys aussi d'argent, accompagnée de
quatre Bezans de mesme 1. 2. & 1. il est Conseiller en la
Cour de Parlement. E. D. R. p. de. corps nus

CHASTELOGER près Fougeres Evesché de Rennes,
d'azur à trois rencontres de Cerf d'Or.

LE CHAT, d'azur à trois testes de Leopard d'Or 2. & 1.
il est Conseiller en la Cour.

LE CHAT Kersaint en Poïdic Evesché de Saint Brieuc
& autres, de sable à vn Chat essrayé d'argent, & pour deuise mauuais Chat, mauuais Rat.

LE CHAVF Kerhuelguen en Goëlo, d'azur à trois
Glands d'Or aux Cocques d'argent 2. & 1.

CHAVVIGNE' C. d'argent à cinq sufées de gueule
posées en fasce.

CHEF-DV-BOYS Boiseon en Treguier, de
gueule au sautoir d'Or, accompagné de quatre Coquilles
d'argent.

CHASTEL.   E. L.
au chasteau

CHauigné de coroë auy. 7 medeley d'sat.   E de videres
CHauny nbcal. à de vnes air becter dany a3 tober dry. Def dary.
a3 th. d'ys d'azur

CHEF-DV-BOYS, *aliàs* à Bruſlé en Vennes, écartelé
au 1. & 4. d'argent au Lion de gueulle, contreſcartelé d'a-
zur à vn Epernier d'argent.

CHEF-DV-BOYS Kerouazle en Leon, d'Or au Lion
de gueulle couronné, armé & lampaſſé d'azur.

CHEF-DV-BOYS Troniolys prés Saint Renan, ancien
moderne Kérgoët Troniolys *idem*.

CHEF-DV-BOYS Kerlozrec en Ploudiry Eveſché de
Leon, écartelé au 1. & 4. pallé d'Or & d'azur, contreſcartelé d'azur à trois teſtes d'Aigles d'argent 2. & 1.

CHEF DV-BOYS Saliou Eveſché de Treguier, Conſeiller en la Cour de Parlement de ce pays, d'argent au chevron de gueulle accompagné de trois Quintefeuilles de meſme 2. & 1.

CHEF-DV-BOYS en Plouëdern Eveſché de Leon,
pour les Armes voyez le Iar Penancoët.

CHEF-DV-PONT prés la Rochederien Eveſché de
Treguier, C. ancien . . . . . moderne du Halgoët
Cargré *idem*.

CHEMILLÉ Comte, d'Or papeloné ou Diapré de
papillons de gueulle, d'autres blaſonnent ſemé de Chauſſe-
Trappes de gueulle.

DES CHEMINS, d'azur à vne Croix d'Or.

CHERVEL Vicomte en Treguier de gueulle à vne faſce d'argent, vn Seigneur de cette Maiſon fut l'vn des trente
Cheualiers Bretons, qui s'acquiſt vne glorieuſe reputation
en la bataille de trente & encore en la defence de la Ville
de Rennes contre le Siege du Duc de Lanclaſtre l'an 1356.

CHESDANNE, de gueulle à la Croix engreſlée d'Or
au chef de meſme chargé de trois Coquilles de gueulle.

LE CHESNAY-PIGVELAYE en Rennes Vicomté,
porte d'argent à vn Epervier au naturel poſé ſur vn Ecot de
gueulle.

LA CHESNELAYE, d'azur à 2. Leopards d'Or l'vn ſur l'autre.

DV CHESNAY . . . . CHEVALERIE

CHEVIGNÉ au dit lieu . E D R.

CHEVALERIE, d'azur à trois Molettes d'Or 2. & 1.

CHEVALIER, d'azur à vn Heron d'argent.

LE CHEVOIR Coëtezlan en la Paroisse de Prat, C. Kerantourpet en Lanmelin, Kerahou en ladite Paroisse &autres, de gueulle à vn grand Croissant d'argent surmonté de trois Macles de mesme.

CHERDEL-TROSTANG, en Camlez Euesché de Treguier, d'argent à deux Guiures tortillées d'azur, affrontées en pal.

CHOHAN Coëtcandé, d'argent au Cerf passant de gueulle.

CHOLET, d'argent à vne Croix de gueulle cantonnée de quatre clefs de mesme.

CHOVSANT, de synople au Lion d'Or couronné de mesme.

CILLART Villeneſve en Lanmaudez, Coazuen & autres, d'argent à vn Cor de Chasse de sable, enguisché de mesme en sautoir.

CLAPLES en Treguier, écartelé au 1. & 4. losangé d'Or & de gueulle sans nombre en Pal au 2. & 3. d'argent à vne Croix pattée de sable.

CLEAVROVX ancien surnom de Keraufret en Bourbriac Euesché de Treguier C. d'argent à vne bande engreslée d'azur, accompagnée de six Tourteaux de gueulle en orle.

CLECH en Treguier, jadis à Kerdonuallé en Cauan, de gueulle à vn Aigle esployé d'argent.

CIECVNAN en Leon, de sable à trois Oyseaux d'argent qui ont Houppes sur la teste 2. & 1.

LE CLERC jadis Euesque de Leon, Abbé de Montfort & de la Roë en Anjou Aumosnier de la Reyne Claude femme du Roy François I. portoit d'argent à vne Croix engreslée de gueulle cantonnée de quatre Allerions de sable.

LE CLERC anciennement à Keralliou en Treduder

Evesché de Treguier, de gueulle à vne Croix ancrée d'Or
accompagnée de deux Macles de mesme en chef.

LE CLERC *alias* à la Tour Lesquiffiou Evesché de
Leon, d'Or à trois Roses de gueulle 2. & 1.

LE CLERC jadis à Lesuhel en Perros-Guirec, Coëtiezegou en Treguier & autres, d'Or à vne bande de gueulle
chargée de deux Coquilles d'argent aux deux extremitez
& vne Macle d'Or au centre de ladite bande.

LE CLERC en Leon, d'argent à vn Ecurieül rampant
de gueulle rongeant vne Pomme d'Or qu'il tient de ses
deux mains.

CLEVEDE' au Porzou Evesché de Treguier, d'argent
à deux Lions affrontez de gueulle tenans vne Lance d'azur
en Pal de leurs pattes de deuant.

CLEVZ au Gage prez Dol C. party endanté d'Or & de
gueulle, le Mirouer Descarein & autres en Treguier *idem*.

CLEVZ en Saillé pres Guerrande, d'argent à trois
Cocqs de sable 2. & 1.

CLEVZDON en Plougounuer Evesché de Treguier C.
pour les Armes voyez Guergorlay.

CLEVZMEVR en Plœmeur-Podou Evesché de Treguier
losangé d'argent & de gueulle en Pal au chef d'Or chargé
d'vn Leopard de gueulle.

CLEVZYAIT en Treguier, d'azur à vne teste de Bœuf
d'Or.

CLEVZYOV en Loüargat Evesché de Treguier, Ramage de Guingamp, d'argent semé d'Hermines & trois
petits Annelets de sable posez en abime 2. & 1. le surnom
de raison est à present en cette Maison-là

CLISSON *alias* à Keranfaut prez Lannion Evesché
de Treguier, Kerazíou en Trebreden, Penastang lez Lannion, Crechbizien & autres, d'azur à trois Molettes d'argent 2. & 1. & vn Croissant de mesme en abime, à present
à Keralliou en Ploüguiel prez Lantreguier, le Menez-

Cliſſon & autres, qui ce me ſemble, ont retenus les anciennes Armes de Kerallio, cette famille a donné du temps de nos Ducs vn Preſident vniuerſel de Bretagne, & vn Seigneur de cette premiere Maiſon fut Maiſtre d'Hoſtel de la Ducheſſe Anne, depuis deux fois Reyne de France, Chambelian & ſon Lieutenant General en ſes Armées en cette baſſe-Bretagne, ainſi qu'il ſe verifie par Lettres Patentes d'Elle ſignées & dattées du 6. Fevrier 1489.

LE CLOISTRE prez Pontrieu Eveſché de Treguier, portoit . . .

COADALLAN jadis à Kergreſcant prez Lantreguier, Coëtiezegou, Kerflaca & autres, à preſent à Kermouſter en Lanmeur & autres, d'azur au ſautoir d'argent accompagné de quatre Coquilles d'Or.

COADIC, Kergoalhezre en Treguier & autres, d'argent à vn Laurier d'azur.

COAIL à preſent au Traouneuez en Ploüezoch Eveſché de Treguier, Kermeur en Plougaznou & autres, d'argent ſemé de Fleurs de Lys de ſable ſans nombre, au franc canton d'argent chargé d'vne Caille au naturel.

LE COC Keranguen en Ploumoguer Eveſché de Treguier, d'azur à vn Cocq d'Or.

COESMES, de gueulle fretté d'Hermines de ſix pieces.

COËTALYO en Treguier, ancien d'argent à vn Pin de ſynople chargé de Pommes d'Or, ſommé de deux Pies au naturel qui ſe regardent, moderne Trogoff, Kerelleau idem.

COËTAMOVR en Plouigneau prez Morlaix Eveſché de Treguier, pour les Armes Quintin, Kerozerch idem: cette Maiſon a fourny vn Seneſchal de Morlaix.

COËTANDOCH en Ploëgat-Chaſtelaudren Eveſché dé Treguier, ancien d'argent à trois faſces de ſable & vn Lion de ſynople brochant à dextre ſur le tout couronné d'Or: Moderne party d'argent & de gueulle à vn Croiſſant en abîme l'vn dans l'autre, accompagné de trois Estoilles de mesme, 2. & 1. *Kerjech*

COETANFAO C. d'azur à vne Fleur de Lys d'Or accostée en pointe de deux Macles de mesme, maintenant escartelé de Kergournadech : C'est vne des signalées maisons de Vennes, dont vn Seigneur acquist dans Rome la reputation du plus vaillant & adroit homme de son siecle, du temps que cette ville estoit tenuë pour la premiere Ecole du monde, & l'Academie la plus florissante de l'Europe.

COETANFROTER en Lanmeur, pour armes plus recentes Quintin Kerozerch, & Coëtamour *idem.*

COETANGARS en Ploëdeueze Evesché de Leon, C. maintenant du Chastel *idem.* Pour armes antiques voyez Cosquer-Coëtangars.

COETANLEM *alias* audit lieu en Cornoüaille, Rodaluez prés Lesneuen Evesché de Leon, Keraudy en Plouezoch Evesché de Treguier, Kerauel prés Saint Paul, & autres : portoit d'argent à vne Fleur de Lys de sable, surmontée d'vne Chouëtte de mesme, becquée & membrée de gueulle, & pour pour deuise, *Germinauit sicut Lilium.*

COETANROVX lez Lannion Evesché de Treguier, de gueulle à vne fasce d'argent, accompagnée de 6. Macles de mesme, 3. en chef & 3. en poiute, 2. & 1.

COETANSCOVRS en Plourin C. d'argent au chef endanché de gueulle, à cinq pointes, auec cette deuise, *ha galon vat,* c'est à dire, de grand cœur. Il est Conseiller en ce Parlement.

COETARMOAL, autrement dit la Roché, *alias* C. depuis erigé en titre de Marquisat, dés l'an 1576. verifié en la Cour de Parlement en Octobre en la mesme année, en faueur de Messire Troilus du Mesconëz, Seigneur de Coëtremoal, la Roche Laz, *&c.* premier Gouuerneur des ville & Chasteau de Morlaix, qui portoit d'azur à vne main gantée d'argent, soustenent vn Esperuier de mesme, ayant les Longes & fonnettes d'Or : Cette maifon eft depuis tombée en quenoüille, & porte maintenant le furnom de Kernezne.

COETAREL en Coëtreuan Evefché de Treguier, d'argent à trois fafces d'azur, Keringlas *idem.*

COETARSANT en Lanmaudez Evefché de Treguier, pour les armes antiques voyez le Saint maintenant Cyllard.

COETAVDON en Guipauaz Evefché de Leon, Iffuë en Iuueignerie des Barons de Pontcroulay, porte d'Or au Lion de gueule, comme Pontcroulay, à la bordeure componée d'argent & de gueulle.

COETBIAN en Treguier, d'argent à 2. Lions de gueulle affrontez, fouftenans vne lance d'azur de leurs pattes de deuant.

COETBLOVCHOV en Taolé, E. de Leon, d'C à vne fafce de fable, chargée de trois arbres d'argent.

COETCOAZER C. ancien, d'argent à dix Hermines de fable, au chef de gueulle, chargé de 3. Fleurs de Lys d'. comme Quelennec Baron du Pont, moderne Gquezbriar *idem.*

COETCODV prés le Faouët, C. d'argent à trois Croi fans de gueulle, 2. & 1.

COETCOEZIEN, de gueulle à 3. Rofes d'argent 2. &

COETCOLVEN porte . . . .

COETCOVVRAN, pour les armes Angouleuent *ide*

COETCREN en Plouuorn, E. de Leon, pour les arm voyez Dourdu.

COETDON, en Leon d'Or à vne Efpée d'azur en pa accoftée de 2. Croiffans de gueulle vers la pointe.

COETELANT en Plourin E. de Treguier ancien de fable à fufées d'argent pofées en bande, accópagnées de 6. Befan de mefme on orle, le Senefchal *idem,* moderne Brezal *idi*

COETELEZ en Landouzan E. de Leon C. pour les mes voyez le Ny Goëtelez, auec la deuife, *humble & loy*

COETENEZ en Plouzané E. de Leon Pemmarch, *ide*

COETEON, de gueulle à trois Bastons bourdonnez d'argent posez en pal d'vne hauteur.

COETEVEZ pres Daoulas, voyez Lanriuinen.

COETEZLAN en Treguier C. ancien surnom de cette maison auant le Cheuoir, de gueulle à 6. Bezans d'Or comme Brezal, 3. 2. & 1.

COETFORN en Cornoüaille pres Rosporden C. porte . . . .

COETFREC en Ploubezre pres Lannion Eveſché de Treguier, le surnom de Coëgourheden a esté en cette maison, puis de Kerrimel, apres de Penchoët, & finalement la Touche Limousiniere, qui portoit d'argent à vne fasce de gueulle. Cette maison a fourny en diuers temps plusieurs Chambellans de nos Ducs, & il y a longues années qu'elle est fonduë en celle de Locmaria.

COETGARIC en Plestin, Evesché de Treguier, pour les armes voyez le Sparler.

COETGONGAR pres Morlaix en Treguier, d'Or à cinq Quintefeilles de gueulle, 2. 2. & 1. au franc canton pallé de gueulle & de vair de quatre pieces.

COETGONIEN en Treguier au Sr. du Mesné-Clisson porte . . . .

COETGONVAZ en Treguier, d'azur à trois massacres de Cerf d'Or, 2. & 1.

COETGOVRHANT en Loüanec, Evesché de Treguier ancien d'Or au Lion de sable brisé d'vne fasce en deuise de gueulle, moderne voyez Loz Kergouanton.

COETGOVRHEDEN C. de gueulle à vne croix engreslé d'argent à Locmaria pres Guingamp, en Treguier Coët-frec, Kerninon en Ploulech, Runuezit & autres, *alias idem.* vn Seigneur de cette premiere maison fut Escuyer ordinaire de l'vne de nos Duchesses: & en outre vn Rolland de Coët-gourheden Seigneur de Locmaria pour ses grandes proüesses fut grand-fauory de Charles de Blois, & posseda si parfa.te-

ment ſes affections qu'il le fiſt de ſon temps ſon Seneſchal
vniuerſel en cette Prouince, enuiron l'an 1346.

COËTGOVZAN en Treguier, d'argent à vne Hure de
Sanglier de ſable poſée en Pal, ayant la lumiere & la defenſe d'argent.

COËTGOVZIEN en Treguier, pour les Armes voyez
Arrel.

O　COËTGVISIOV jadis audit lieu & au Guermoruan en
Loüargat Eveſché de Treguier C· de ſable au Maſſacre de
C rf d'Or.

COETHALLEC en Ploudaniel Eveſché de Treguier,
pour les armes, Botloy idem.

O ſ̄. COETHELOVRY Sieur dudit lieu en Cauan Eveſché
de Treguier, faſcé d'argent & de ſable de 6. pieces, les faſces
d'argent frettées de gueulle.

COETHVON en Plouguiel Eveſché de Treguier porte . . . .

COETIDIEL en Plouguerneau Eveſché de Leon . . .

COETIDVAL en Taolé Eveſché de Leon, pour les armes Kerſulguen idem.

COETIENVAL en Plouedaniel Eveſché de Leon C.
ancien, d'azur à deux Eſtamals d'Or, couronnez de meſme,
moderne voyez du Loüet : c'eſt vne des maiſons du païs
autant conſiderable & puiſſante en biens.

O　COETILES en Loquenole, d'argent à trois bandes de
gueulle à Kerueguen en Guymeac aliàs idem.

COETILIEAV en Ploubezre Eveſché de Treguier,
pour les armes preſentes voyez Kergariou.

COETLNIZAN en Pluzunet Eveſché de Treguier, C·
ancien d'argent au Lion de ſinople, moderne Kerrimel deu..
Cette maiſon eſt à Monſieur le Comte de Boiſeon, & ..
reputée pour l'vne des belles maiſons du païs, où la Duch..
ſe Anne faiſant vne tournée par le païs bas ſejourna quelq..
temps auec ſon train.

E. V.

O　COETDROCH
liairre er et azur a la bordure de guelles cha
rgere de 14 beſans daigent

COETINIZAN en Leon d'argent au Lion de ſynople,
l'Ecu ſemé de Quintefeilles de gueulle.

COBTIVY en Leon *aliàs* B. depuis Comte de taillebourg, Baron de Craon, *&c.* portoit faſcé d'Or & de ſable
de ſix pieces : de cette maiſon eſtoit jſſu ce grand & renommé perſonnage, Prigent de Coëtiuy Mareſchal, & puis Admiral de France, comme auſſi ce fameux & Illuſtre Cardinal de Sainte Praxede, Alain de Coëtiuy, Legat du Saint
Siege Apoſtolique en France & en cette Prouince, pour va-
quer à la Canoniſation du glorieux Saint Vincent Ferrier à
Vennes, le 5. iour de Iuin 1456. cette maiſon eſt à Madame
la Ducheſſe de Briſſac, & eſt des annexes de ſa terre du Chaſtel.

COETIVY en Plouyen, Eueſché de Leon, ſurnommé le
petit Coëtiuy, d'azur au Lion d'argent.

COETLEGVER en Treguier, eſcartelé au 1. & 4. d'vn
eſcartelé d'or & d'azur, chacun chargé d'vne Eſtoille de l'vn
en l'autre, au 2. & 3. vairé d'argent & de gueulle en pal ſans
nombre, ſur le tout faſces ondées d'or & d'azur de 6. pieces.

COETLESTREMEVR en Plouneuenter Eveſché de
Leon C. au Baron de Penmarch, d'argent au Sautoir de
gueulle, accompagné de trois Quintefeilles & vne Eſtoille
de meſme en chef.

———— COETLESTREMEVR en ladite Poroiſſe, ſurnommé
le petit Coëtleſtremeur, Colin Poulraz *idem.*

COETLEVEN en Tregrom Eveſché de Treguier, ancien d'argent au Lion de gueulle, moderne Kerdaniel, Roſ-
mar *idem.*

COETLEZ en Treſlez Eveſché de Leon, maintenant
Boiſeon, pour armes anciennes . . . .

COETLOGON, Marquis dudit lieu, Conſeiller du Roy
en ſes Conſeils d'Eſtat & Priué, Lieutenant de Sa Majeſté,
aux Eveſchez d'Rennes, Vênes, Dol, St. Malo & Gouuerneur
de la ville de Rennes, porte de gueulle à trois Ecuſſons d'argent

O COELOGAT　　　　　　　　E V

gent femé d'Hermines, Mejeuffeaume près Rennes, Ker-
briou en Pleftin Evefché de Treguier Lecrech en Taolé E.
de Leon & autres *idem*. Monfieur le Coadjuteur de Cornoüaille d'aprefent eft de cette maifon là, & la charge de
Confeiller en ce Parlement eft fucceffiue de pere en fils en
la mefme maifon.

COËTLOSQVET en Plouneourmenez Evefché de Leon
C. porte de fable au Lion d'argent l'Ecu femé de Billettes de
mefme, & pour deuife *Franc & Loyal*.

COËTLVZ en Guineuez Evefché de Leon, pour armes
antiques voyez Pean, modernes.

COËTMAEL en Treguier, d'argent à vn Pin d'azur,
chargé de Pommes d'Or, Keruiziou Nicolas prés Lannion
& autres *idem*.

COËTMANACH en Plouzane Evefché de Leon, *alias*
de gueulle au chef endanché d'Or, chargé de trois Eftoilles
de fable à prefent Tourronce, auec la deuife *à bien viendra
par la grace de Dieu*.

COËTMEN en Treguier, Ramage d'Auaugour, anciennement Vicomté, depuis erigé en Baronie par le Duc
Pierre l'an 1485. porte de gueulle à neuf Annelets d'argent
3. 3. & 3. au Boifguezenec en Loüanec Evefché de Treguier
alias idem à prefent à Kergadiou Leingoüez en Guymeac
& autres.

COËTMENECH en Plouyder Evefché de Leon C. fafcé
de vair & de gueulle de fix pieces à Kerromp, & au Rucat
au Menihy de Saint Paul *alias idem*, & à prefent cette Maifon eft annexée à celle de Coetjunual qui porte mefmes
Armes.

COËTMENGVY en Ploüian Evefché de Treguier, pour
Armes antiques voyez Garec, modernes Kerprigent, Kermabon *idem*.

COËTMERET en Lanhoüarneau Evefché de Leon,
ancien d'argent au Lion d'azur armé & lampaffé de gueulle

H

& couronné d'Or, qui est Launay Coetmeret, moderne Kersauson *idem.*

COETMEVR en Guicouruest lez Landiuizieau Eueſ-ché de Leon, C. écartelé au 1. & 4. d'argent à vn Ecu de gueulle en abîme, accompagné de ſix Croix recroiſettées d'azur en orle, contreſcartelé de Tournemine.

COËTMOHAN *alias* audit lieu en la Paroiſſe du Merzer Eveſché de Treguier, & à Guernanchanay en Ploüaret C. portoit . . . . cette famille à preſent perie a donné vn Eveſque de Cornoüaille, enſuite de Dol ſous le Regne du Duc Iean le Conquerant IV. du Nom & en l'an 1321. vn Seigneur de cette ſeconde Maiſon Guillaume de Coëtmo-han Chantre de Treguier, Chanoine de Noſtre-Dame de Paris & Conſeiller en la Cour de Parlement de ladite ville y fonda le College de Treguier, auquel fut annexé la fon-dation du College de Leon faite par les Seigneurs de Ker-groades l'an 1574.

COËTMORVAN en Ploüian Eveſché de Treguier, pour Armes antiques voyez Pezron, moderne . . .

COËTNEMPREN Liſcoët en Leon, d'argent à trois Tours crenelées couuertes de gueulle 2. & 1. briſé en chef d'vn Croiſſant de meſme, Crechengar, Kerdourlan & au-tres *idem.*

COËTNEMPREN Coetclez en Leon, loſangé d'argent & de ſable à vne faſce en deuiſe de gueulle chargée d'vn Oyſeau de ſynople.

COËTNEMPREN Trepompé en Leon, Lomogan & autres, de ſable à vn Cerf paſſant d'Or.

COËTNEMPREN *alias* au Roürzle auant Gourio, d'Or à trois Merlettes de ſable 2. & 1.

COËTNEVENAY en Pommerit-Iaudy Eveſché de Tré-guier, anciennement d'Or à vn Pin de ſynople ſans fruict, le Tronc accoſté de deux Merlettes de ſable vers la pointe, maintenant le Borgne, du Rumeur & la Ville-Ballin *idem.*

COETHVAN

COETNERZZRE p 235

COETQVEAV en Treguier, d'azur à trois Pommes de Pin d'argent 2. & 1.

COETQVELVEN en Guicourues Evefché de Leon C. de fable au Lion d'argent à Kergournadech *alias idem*, & à Brenignant auec vn Lambeau d'argent de trois pieces.

COETQVELVEN en Guimilieau Evefché de Leon, d'argent à vne grande Quintefeille de fable.

COETQVEN *alias* B. depuis erigé en Marquifat l'an 1576. verifié en la Cour de Parlement le 2. Octobre en ladite année en faueur de Meffire Iean Seigneur de Coetquen, Comte de Combour, Baron de Vauruffier &c. Gouuerneur pour le Roy des Ville, Chafteau & Forterefle de Saint Malo qui portoit bandé d'argent & de gueulle de fix pieces. Cette Maifon a fourny vn Seigneur de finguliere remarque en l'Hiftoire grand-Maiftre de Bretagne, qui par fes negociations & fage conduite avança l'heureux Mariage d'entre le Roy Charles VIII. & la Duchefle Anne de Bretagne au grand contentement des Bretons.

COETQVENAN en Plouguerneau Evefché de Leon, d'azur au Chafteau d'Or fommé de trois Tourillons de mefme.

COETQVEVERAN prés Carhaix, C. porte

COETQVIS en Seruel Evefché de Treguier iffuë de la Maifon de Rofmadec-Goüarlot, portoit fafcé d'argent & de gueulle de fix pieces, au chevron d'argent brochant fur le tout, maintenant au Sieur de Carcadec.

COETQVIS en Leon, jadis à Kerneguer prés Morlaix, portoit d'argent au fautoir de gueulle, accompagné de trois Quintefeilles & vn Annelet de mefme en chef, de l'vne de ces deuxMaifons eftoit iffu cét Eminentiffime Cardinal Philippes de Coetquis, premierement Evefque de Leon, depuis Archeuefque d'Auignon, Chef du Confeil du Roy Charles VII. finalement creé Cardinal par le Pape Felix V. il affifta en qualité d'Ambaffadeur pour le mefme Roy au Concile

H 2

de Bazle tenu l'an 1434. & fur le different qui y interuint
entre les Deputez des Ducs de Bretagne & de Bourgogne
pour la Prefceance, il fift de fon authorité retracter ce qui
auoit efté arrefté par leditConcile & donner le premier rang
au Duc de Bretagne, par le Pape Pie II. il eft fouuent appellé
Gallus Gallorum par Anthonomazie : Cette famille a produit en outre vn Evefque de Rennes, enfuite transferé à
l'Evefché de Treguier fur fes vieux ans.

COËTREGAL en Vennes, de gueulle à 6. bezans d'or
au chef denché d'argent.

COËTREVAN en Treguier C. porte efcartelé d'or &
d'azur, à trois Croiflans de gueulle fur le tout 2. & 1. c'eft à
Monfieur le Comte de Boifeon.

COËTREZO en Nuillac, d'argent à 3. cœurs de gueulle.

COËTRIEV en Treguier Sieur dudit lieu, & de Ker-
guilié en Pedernec, d'azur à trois trefles d'or 2. & 1.

COËTRIOV en Treguier, d'or à vn arbre de fynople &
vn Papillon de gueulle en pal au cofté feneftre.

COËTROVZAVLT en Rofpez Evefché de Treguier,
d'argent à trois bandes d'azur.

COËTSABIEC au Comte de Boifeon C. porte . . .

COËTSAOVF en Plouigneau Evefché de Treguier, Portant Colombier en furnom, d'azur à trois gerbes d'or 2. & 1.

COETSAOVF en ladite paroiffe & mefme Evefché, d'argent à vn double Sautoir de gueulle, autrement jumelé de
gueulle.

COËTTEDREZ en Treguier C. efcartelé au 1. & 4 de
gueulle à vne falce d'argent, contrefcartelé d'argent au Lion
de gueulle : de cette maifon ont forty des Seigneurs qui ont
eu des employs confiderables fous nos Ducs en qualité de
chefs dans leurs Armées, capitaines du Ban, Arriere-Ban &
Gardes-coftes de Treguier, & a produit en outre vn Evefque de ce Diocefe de Treguier, qui enfuite fut creé Cardinal fous le Pape Paul fecond : cette maifon appartient à Mr.

BRETON.

le Marquis de Locmaria.

COETTREZ en Ploudaniel Evesché de Leon, ancien d'or & deux fasces de sable, moderne Penancoet Quilimadec, *idem.*

COETTRIDIOV Kerdalaez d'Iruillac pres Daoulas, d'argent à vne teste de Neigre, ou de Morre tortiliée d'argent.

COETTROMARCH en Plestin Evesché de Treguier, ancien, d'azur à vne Tour crenelée d'or : moderne Kerfulguen, *idem.*

COETTVDAVEL en Plouuorn Evesché de Leon, pour armes antiques penchoet *idem*, auec marque de Iuueignerie : modernes voyez le Ny Coetelez, auec cette deuise *Retve*, il seroit à propos.

COETTVDAVEL Coettedrez en ladite paroisse, Evesché de Leon, ancien voyez le Moyne Treuigny, & traougrisson : moderne Roslan Gouezbriand, *idem.*

COETVHAN, de gueulle à trois croissans d'argent 2. & 1.

COETVOVLT en Plouigneau Evesché de Treguier, ancien de gueulle à trois fasces de vair : moderne Kerguz Mesambez, *idem.*

COETVOVLT en Pleiber-Saint-Hegonec, Evesché de Leon, ancien d'argent à vne main dextre apaumée d'argent en pal, comme Kerroignant, plus moderne voyez Guergorlay, le dernier Grand Vicaire de Leon estoit de cette maison là.

COETYSAC en Treguier, pour les armes voyez Kerguezay & Coettreuan.

COEVRET, d'azur à trois cœurs d'or, il y a eu vn Evesque de Dol de cette famille.

COLAS en Treguier, Tertrebaron & autres de mesme famille, porte . . . .

COLET Villesolon, Vilherneau & autres en St. Brieuc.

COLLIN Poulraz en Treguier & autres, d'argent à trois

faſces de gueulle, au Baſton d'azur Brochant à dextre ſur le tout, & vn Lambeau à trois pendans de meſme en chef, le ſurnom de Botras eſtoit jadis en cette maiſon là.

COLOMBIER, jadis à Coetſaoff en Ploüigneau, Eveſ-ché de Treguier, d'azur à trois gerbes liées d'or, 2. & 1.

v de leueigne.
De Dol

COMBOVR, *aliàs* B. depuis erigé en Comté, porte eſ-cartelé d'argent & de gueulle, comme Dol, c'eſt à Monſieur le Marquis de Coetquen.

COMBOVT, C. de gueulle au Lion d'argent.

LA COMME ou Coum, d'Or à vn Pellican ayant ſes petits en vn Airre, le tout d'azur, Coum *infra idem.*

COMENAN prés Rhedon C. de gueulle à trois Molettes d'argent 2. & 1. écartelé de ſable à trois cheurons d'argent.

LE COMTE, écartelé d'Or & d'azur en ſautoir, ac-compagné de quatre Fleurs de Lys de meſme l'vn dans l'autre.

CONCER Runſellic en Plougaznou, Kermebel Eveſ-ché de Treguier & autres, d'argent à vn Aigle éployé de ſable tenant deux couppes couuertes d'Or de ſes mains.

CONDE' au Comté Nantois, d'Or à trois épées de gueulle en Pal d'vne hauteur, les pointes en bas au Lam-beau à trois pendants d'azur en chef.

CONEN Precrean, Ville-baſſe, la Ville-Eveſque, Pre-pian, la Hignonaye & autres, couppé d'Or & d'argent, au Lion de meſme l'vn ſur l'autre couronné, armé & lam-paſſé de gueulle. Cette premiere Maiſon a donné de nos iours vn Grand Preuoſt de Meſſieurs les Mareſchaux de France en cette Prouince, & porte pour deuiſe, *qui eſt ſot à ſon Dam.*

DE CONIGAN Seigneur de Cangez, Gouuerneur pour le Roy, & Baillif d'Amiens, C. porte écartelé au 1. & 4. d'argent à vne Perle de ſable, au 2. & 3. d'azur à trois Boucles ou Fermaillets d'Or.

CONSTANTIN, d'azur à vn Rocher d'Or poſé dans

COMPER
de gueulles a 3 fleurdelis ... et 2 cueaux affrontes
... l'Anhes Combouville ... taſſe dorau ...
COPPEGORGE

vne Mer au naturel, il y a eu plusieurs Conseillers au Parlement de Bretagne de cette famille.

LA CORBIERE Sieur de Iuuigné Conseiller en la Cour de Parlement, porte d'argent au Lion de sable couronné, armé & lampassé de gueulle.

CORNANGASTEL en Leon, losangé d'argent & de sable à vne fasce en deuise de gueulle, chargée d'vn Annelet d'argent.

CORNILIERE ancien, de gueulle à trois Fleurs de Lys d'argent 2. & 1. moderne voyez du Rufflay, il est habitué en l'Evesché de Treguier: les Seigneurs de cette Maison ont commandé le Chasteau de Lehon lez Dinan, sous nos Ducs.

CORNOüAILLE jadis à Lossulien en bas-Leon C. Keruern en Guipauaz & autres, escartelé au 1. & dernier d'azur au fretté d'argent de six pieces, contrescartelé d'azur au Mouton d'argent sur le tout d'argent au Croissant de gueulle.

CORNVLIER Seigneur de la Touche, la Haye, &c. President au Mortier en la Cour de Parlement C. d'azur à la rencontre de Cerf d'or sommée d'vne Hermine d'argent: Il y a eu vn Evesque de Treguier, & ensuitte de Rennes, de cette maison là.

CORPEL en Treguier, jadis à Languilforch d'argent à trois Perroquets de synople becquez & membrez de gueulle 2. & 1.

CORPERET en Treguier, de synople à vne fasce ondée d'argent accompagnée de trois couppes couuertes d'Or 2. & 1.

CORRAN Sieur dudit lieu en Plougaznou Evesché de Treguier, de sable à trois Fleurs de Lys d'argent 2. & 1. & vne Estoille de mesme en abîme.

CORRE alias à Kerbuzic en Loquemeau Evesché de Treguier, de sable au fretté d'Or de six pieces, au chef

de gueulle chargé d'vn Cerf paffant d'Or, maintenant
Coëtanfcourre.

CORRE jadis à Kerlemarec en Plougaznou Evefché
de Treguier, à prefent à Kerouzien & autres, d'argent au
chevron de fable accompagne de trois Quintefeilles percées de mefme 2. & 1.

CORRE Keruzaré en Leon, d'Or à trois Treffles d'azur
2. & 1.

CORRE en Treguier, d'azur à vne Sourie-chauve
éployée d'Or en pal, l'eftomach ouuert ou percé de gueulle.

COSCOAT en Treguier, d'argent au Levrier paffant
de fable.

COSQVER Quelennec en Treguier, C. pour les Armes
voyez Quelennec Baron du Pont.

DV COSQVER ou Coskaër Seigneur de Barach & de
Rofambo C. le Cofquer en Plouneuez, Kerleffrec, Goazrus
en Treguier & autres, d'Or à vn Sanglier de fable à
Guernanchanay alias idem. cette premiere Maifon a donné vn Evefque de ce Diocefe, & a retenu les Armes que
vous trouuerez fur Barach.

COSQVER Coëtangarz en Leon, de fable à vne fafce
viurée d'argent accompagnée de fix Bezans de mefme 3.
en chef & 3. en pointe 2. 1.

COSQVER en Lohannec Evefché de Treguier, pour
les Armes voyez Kerbourys, il y a eu vn Cheualier de Rhodes de cette Maifon, qui enuiron l'an 1518. mourut Commandeur de Moulins en Bourbonnois.

COSQVER en Guymeac Evefché de Treguier, portoit
jadis comme Rofmadec, Goarlot, à prefent des dépendances de la Comté de Boifeon.

COSQVER en Plougounuen Evefché de Treguier,
pour les Armes voyez Gazpern.

COSQVER près la Rochederien Evefché de Treguier,
ancien . . . moderne Bourblanc, Grand-Pré riem.

Cofquer

Cosqver en Plougaznou Evefché de Treguier, Kermerchou *idem*, & de precedent le furnom de Pape eftoit en cette Maifon.

Cosqvermevr en Taolé Evefché de Leon, ancien Crechqueraut *idem*, moderne . . .

Cosqverov en Plouuorn Evefché de Leon, pour les Armes voyez Kerfaintgily : Cette Maifon a donné deux Cheualiers de Rhodes & de Malthe, il y a longues annees.

Cosqverov Keroüffil en Guiclan Evefché de Leon, d'azur à vne fafce d'argent accompagnée de fix Bezans de mefme, 3. en chef & 3. en pointe 2. & 1.

Cosqverov en Plougaznou Evefché de Treguier, pour les Armes voyez Pape dudit lieu.

Cosqverven en Taolé Evefché de Leon, ancien d'argent à vne fafce d'azur, furmontée d'vn Oyfeau de mefme fans pieds ny bec, comme Kerhallic, moderne voyez Fouquet Keruezec.

La Costardaye prés Rennes, C. ancien furnom de cette Maifon, party d'argent & de gueulle à deux Leopards l'vn dans l'autre, moderne voyez Glé.

Cottel jadis à Kerjan en Lohannec Evefché de Treguier, d'azur à vn Poignard aux gardes & poignée d'Or engaifné de gueulle.

Le Coüart, d'argent à trois Rofes de gueulle 2. & 1. & vn Lambeau à trois pendans de mefme en chef.

Coüesbo, de fable à vne fafce d'argent rebordée d'Or des deux coftez.

Coüessin Sieur de Breffean prés Guerrande au Comté Nantois, porte *...*

La Covdraye prés Lannion Evefché de Treguier, pour les Armes Kergoïñar, Kerguezay *idem*.

La Covdraye en Vennes, de gueulle à la Croix engreflée d'Or au chef de mefme chargé de trois Coquilles de gueulle.

Cottes *p. 230*

I

Covlpebovc argent tefte de boue de fable

LA COVDRAYE, vairé d'argent & de sable au baston de gueulle brochant sur le tout.

LA COVDRAYE Pepin, d'argent à vn arbre de synople, & vne bande d'azur sur le tout, chargée de trois Pommes de Pin d'Or.

COVLOMBIER ancien en Leon, d'Or à trois Pigeons d'azur becquez & membrez de gueulle 2. & 1. moderne Penmarch *idem.*

LE COYM en Lannilis Evelché de Leon, d'Or à vn Pelican en son Aire d'azur.

COVPPV à la Coupuaye E. d'argent à vne Croix de sable chargée de cinq Estoilles d'Or.

COVRMAV jadis au Leutmen en Ploumilieau E. de Treguier, de gueulle à 3. Coquilles d'argent 2. & 1. Robert *idem.*

LA COVRBE ancien
moderne Budes Blanchelande *idem.*

COVRSON Lissiac & autres, d'argent à trois Cannettes de sable 2. & 1.

COVRTOIS alias à Kerantraou près Landerneau, Beuzidou en Direnon, Lezeret & autres, d'argent à trois Hures de Sanglier arrachées de sable 2. & 1.

COVSSY, fascé de vair & de gueulle de six pieces.

COVSTVRIE Sieur des Chambrettes, d'azur à vne bande enmanchée d'Or, il est Conseiller au Parlement.

COVVRAN jadis audit lieu près Saint Brieuc, Sacé en Normandie & autres, E. d'Or à sept Macles d'azur 3. & 3.

COZIC alias au Kerhuel en Ploumoguer près Guingamp Evelché de Treguier, E. maintenant à Kerloaguen en Plougounuen & autres, de gueulle au Croissant d'Or en abime accompagné de six Trefles de mesme, 3. en chef & 3. en pointe 2. & 1. cette seconde Maison a donné vn Seneschal de Morlaix & de Lanmeur du temps que les deux Iurisdictions estoient vnies & incorporées ensemble.

CRAFAVLT, d'argent au fautoir d'azur accompagné
d'vne Hermine de fable en chef & d'vne Rofe de gueulle à
la pointe.

CRAON B. portoit lofangé d'Or & de gueulle le Comte
de la Sufe *idem*.

CRECHBIZIEN en Treguier, pour les Armes voyez
Cliffon Keranfault prés Lannion.

CRECHENGAR en Trefflaouenan Evefché de Leon,
pour les Armes voyez Coëtnempren Lifcoët.

CRECHGOVRIFFEN en Seruel Evefché de Treguier,
ancien du Tertre Keruegan & le Henguer *idem*: Moderne
voyez Chef-du-Bois Saliou.

CRECHGRIZIEN en Leon, d'azur à fix Bezans d'argent à la bordure de gueulle 3. 2. & 1.

CRECHMORVAN ancien en Treguier, d'Or au chevron
d'azur accompagné en chef de deux Treffles de gueulle, &
vne rencontre de Cerf de mefme en pointe, moderne Kerret *idem*.

CRECHQVERAVLT en Plouuorn Evefché de Leon,
porte d'argent à trois Tours crenelées de gueulle 2. & 1. &
pour deuife *tu difpône*.

CRECHRIOV prés Lantreguier ancien, écartelé de fable & d'argent au bafton de gueulle brochant à dextre fur
le tout, Guernaullier *aliàs idem*: Moderne voyez du Cofquer Rofambaou & Crechriou.

CREMEVR jadis à Lanneguy prés Morlaix Evefché
de Leon, à prefent au Quiftillic en Taolé & autres, de fable à trois Quintefeilles d'argent 2. & 1. & vne Eftoille de
mefme en abîme.

CREMENEC, d'argent à trois Pommes de Pin d'azur 2. & 1.

CRENAN C. ancien, de gueulle à fix Billettes d'argent
3. 2. & 1. au chef auffi d'argent, moderne voyez Perrien.

CRENARD en Vennes, C. ancien . . .
pour Armes modernes voyez Goüezbriand.

I 2

CRESOLLES à la Ville-nefve en Breleuenez prés Lannion, Keruerault, Boifriou en Cauan, Cleuztreux en Treguier & autres, fafces endantées d'Or & d'azur l'vne dans l'autre de fix pieces, au Reft & au Modeft en ladite Paroiffe de Breleuenez *alias idem*. On tient cette Famille par tradition ancienne originairement iffuë d'Angleterre. F

CRESTIEN Vicomte de Treueneuc & de Pommorio en Goëlo & autres de mefme famille en l'Evefché de Treguier, de fynople à vne fafce d'Or accompagnée de trois Heaumes ou Cafques de mefme tarez de cofté 2. & 1. cette Maifon a fourny vn Chancelier de Bretagne fous François II. le dernier de nos Ducs.

DU CREVX, pour les Armes voyez la Folie prés Dinan.

CRIBINEC prés Landerneau Evefché de Leon, écartelé au 1. & 4. fafcé d'argent & d'azur de fix pieces, qui eft Keroulas, contrefcartelé d'Or à vne fafce de gueulle, accompagnée de trois Eftoilles de mefme 2. & 1. qui eft Kermellec en Guiclan.

CROZON Comté, ancienne tige des Seigneurs de Rofmadec, iffuë des anciens Comtes de Cornoüaille, porte à prefent comme Rofmadec.

CROVY, d'argent à quatre fafces de gueulle.

CRVGOT jadis à Pontanfcoul prés Lantreguier & autres prés Landerneau Evefché de Leon de mefme famille, d'azur au fautoir d'argent accompagné de trois têftes d'Eperuier d'Or & vn Annelet d'argent en chef.

CRVGVIL en Breleuenez prés Lannion Evefché de Treguier, C. ancien, d'argent à vne Fleur de Lys de gueulle en abîme accoftée de quatre Oyfeaux de mefme qui fe regardent 2. en chef & 2. en pointe, moderne voyez Lannion Vieu-chaftel.

CRVMEVR en Guerrande au Comté Nantois, de fable à trois Rofes ou Quintefeilles d'argent. F

LE CVEVN en Plourin Evefché de Treguier, pour

Armes antiques voyez Trogoff, modernes Kerlech *idem.*

LA CVISINNE jadis au Pouloic en Ploubalanec prés Peinpoul Goëlo, portoit . . . .

CVRRV prés Saint Renan Evelché de Leon, au Marquis de la Roche, C. de gueulle à trois Coquilles d'argent 2. & 1. Robert *idem.*

CVZILLAC, d'argent à la Croix de gueulle chargée de cinq Coquilles d'Or.

CYGNY, de gueulle au Cygne d'argent becqué & membré de fable.

DE CYRE, d'Or à la fafce de gueulle accompagnée de trois Eftoilles de mefme 2. & 1. à la bordure engreflée d'azur.

D.

AVPHINE' Prouince & Souueraineté acquife à la Couronne de France & priuatiuement aux Aifnez de nos Roys par donnaifon pure & fimple de l'an 1346. ainfi qu'il confte par le debit de l'Hiftoire cy-apres. Humbert de la Tour Dauphin de Vienois n'auoit qu'vn enfant mafle qu'il faifoit nourir à la Cofte Saint-André, qui eft vne ville de Dauphiné, où l'on nourilloit les enfans des Princes Dauphins, comme on nourift les enfans de France à Saint Germain en Laye : Vn iour comme la nourice tenoit & faifoit joüer ce Fils vnique d'Humbert à la feneftre du Chafteau, l'enfant luy eſchappa des mains & tomba en bas, dont il mourut ſur la place, ſon pere receut vn ſi ſenſible déplaiſir de cet accident, qu'il ſe reſolut de quitter ſon Eſtat & le monde, & ayant pour ce ſujet fait conuoquer ſes Eſtats, il leur fiſt entendre qu'il les auoit congregez & aſſemblez pour aviſer auec eux à quel Prince de l'Europe il remettroit ſa Prouince pour la tenir & gouuerner à meſme titre que luy & ſes predeceſſeurs l'auoient poſſedée au plus grand bien & contentement de tous ſes ſujets, ſur quoy d'vn commun ſuffrage il fut conclud & arreſté de mettre ledit Pays entre les mains de Philippes de Valoys Roy de France aux meſmes conditions qu'il les poſſedoit ſans autre reſtriction, ſinon que le fils aiſné de France en ſeroit toûjours Prince, meſme en porteroit le nom juſqu'à la mort de ſon pere, & deplus que le Dauphiné ne pouroit eſtre allienē ſous quelque pretexte que ce fuſt, ny auſſi reüny à la Couronne de France, juſqu'à ce que l'Empire fuſt vny à la France, & que juſqu'à lors le Dauphiné tiendroit ſon ancien rang & demeureroit Souuraineté à part. Leſquelles conditions ayans eſté acceptées de part & d'autre, ledit Humbert Prince Dauphin priſt l'habit de St. Dominique à Lion, qui enſuite fut Patriarche d'Allexandre. Les Dauphins de France portent ordinairement les Armes plaines de France, contreſcartelé d'Or ou Dauphin vif d'azur aureillé, barbelé & creſté de gueulle, qui eſt Dauphiné.

DESPEAVX famille illuſtre, qui a autre-fois produit de grands & inſignes Perſonnages, comme des Ambaſſadeurs vers l'Empereur & l'Anglererre, vn Colonel d'Armée & vn Mareſchal de France ſous le Regne de Charles IX. du nom de Vieille-ville, qui portoit vairé d'argent & de gueulle. Cette Maiſon eſt aujourd'huy tombée en celle de Raix, à Runfaou & à Kerantraix en Treguier, *aliàs idem*.

DINAN B. ancien, de gueulle à vne Croix ancrée d'argent chargée de cinq Hermines de ſable Keraër *aliàs idem*.

moderne de gueulle à 4. fuſées d'Hermines en faſce accompagnées de ſix Bezans de meſme 3. en chef & 3. en
pointe, chacun Bezan chargé d'vne Hermine.

DOL Comté, porte écartelé d'argent & de gueulle,
Combour *idem.*

DREVX Comté, iſſuë des Roys de France, ſçauoir de Louys
Gros qui regnoit l'an 1030. porte au 1. & 4. eſchiquetté d'Or
& d'azur, à la bordure de gueulle, contreſcartelé de Bretagne, à raiſon de Pierre de Dreux, dit Mauclerc, qui épouſa
l'heritiere de Bretagne, de laquelle lignée ſont ſortis tous
les Ducs de Bretagne qui ont ſuccedé ledit Pierre juſqu'à la
Ducheſſe Anne Reyne de France.

DANDIGNE' Sieur de la Chaſſe Conſeiller en la Cour
de Parlement, porte d'argent à trois Aigles éployées de
gueulle becquées & membrées d'azur 2. & 1.

DANDROV en Ploüegat-Moyſan Eveſché de Treguier,
pour les Armes du Dreſnay *idem.*

DANGLADE Kerhern en Languidic Eveſché de Vennes & autres de meſme famille en l'Eveſché de Treguier,
d'azur à vn Poignard d'argent en Pal aux gardes d'Or, la
pointe fichée en haut, accoſté vers le chef d'vn Eſtoille &
Croiſſant d'argent : ceux de cette famille ſe diſent originairement iſſus de la Maiſon de Pondagre en Gaſcogne.

DANIEL en Treguier, jadis à Launay-Meſanegen en
Treleuern, de gueulle à vne Croix d'Or, au baſton d'argent brochant à dextre ſur le tout, c'eſtoit auant le Guennec.

DANIEL en Leon, anciennement au Hellin en Pleiber-Saint-Hegonec, Kergarret en Plougaznou Eveſché
de Treguier & autres, d'azur à deux couppes couuertes
d'Or. *alias* 3.

DANTEC Tromorgant en Perros-Guyrec, Leshuël &
autres en Treguier, d'argent à trois Croiſſans de ſable 2. & 1.

DANYOV en Treguier, jadis à Kerdanyou, d'argent
à cinq fuſées de ſable poſées en bande.

DAVAIGNON en Treguier, de gueulle au sautoir d'argent accompagné de trois Coquilles & vn Bezan de mesme en chef.

DALAY en Treguier, *alias* à Guernautier en Penguenan, d'argent à vn Aigle de sable becque & membré de gueulle au Lambeau à trois pendans de mesme en chef.

DAUDOYR en Landiuizeau Evesché de Leon C. pour Armes antiques voyez Coëtmeur, maintenant Marquis de Neuf-bourg.

DAVID du pays de Vennes, d'argent au Lion de sable.

DAVY en Treguier, ancien surnom de Trohadlou, d'argent à vn Pin de Synople, chargé de Pommes d'Or, moderne voyez Harscoet Trohadio.

DEINGVE, jadis à Pratgutch lez Saint Paul de Leon, d'Or à l'Aigle eployée de sable.

DELBREST Cheualier Flaman de nation, portoit d'argent à vne bande de gueulle, chargée de trois Coquilles d'Or.

DELRATO, d'azur à onze Bezans d'argent 4. 3. & 4. au baston de mesme brochant à dextre sur le tout.

DENO Sieur de Larlo Paroisse de Saint André Evesché de Nantes, d'Or au sautoir de gueulle, chargé de cinq Fleurs de Lys d'argent.

DENRAN Sieur de la Cochetiere Conseiller en la Cour de gueulle au chevron d'Or accompagné de deux Croissans d'argent en chef & vne teste de Loup à la pointe arrachée & lampassée d'Or.

DENYS *alias* au Colledo en Treguier, Kerannot en Pleiber-Saint-Hegonec en Leon & autres, portoit

DERIAN jadis à Lanharan en Plestin, Kerhelou en Plouigneau Evesché de Treguier & autres, de gueulle à cinq Coquilles d'argent posées en sautoir.

DERIEN *alias* à Pratalan en Plouyder Evesché de Leon, d'argent à vne fasce de gueulle, accompagnée de

                 six Macles

BRETON.

fix Macles d'azur 3. en chef & 3. en pointe 2. & 1.

DERIEN Goazfilau en Plœbian Evefché de Treguier, d'argent à deux Lions de gueule affrontez.

DERIEN, autre famille en Treguier, qui regnoit enuiron l'an 1415. portoit pareilles Armes que Poënces Kermoruan.

DERVAL B. des l'an 1451. fous le Regne du Duc Pierre, portoit écartelé au 1. & 4. d'argent à deux fafces de gueule, contrefcartelé de Bretagne, comme eftant iffu au rapport du Pere du Paz, d'vn Comte de Nantes defcendu en ligne directe & mafculine des anciens Roys, Ducs & Princes de Bretagne.

DERRY, écartelé au 1. & 4. de gueule au Pigeon d'argent au naturel au 2. & 3. d'Or à vn Cerf de gueule.

DESAVBRAY C. ancien de gueule à trois Croffes d'Or pofées en pal 2. & 1. moderne voyez de Lannion Vieu-Chaftel; le dernier Seigneur de cette Maifon eftoit Gouuerneur de la Ville de Lannion, Capitaine du Ban, Arriere-Ban & Garde-Cofte de l'Evefché de Treguier.

DESLANDES Religieux de l'Ordre des Freres Prefcheurs, dits Iacobins, dernier Evefque de Treguier, Docteur en Sorbonne Predicateur ordinaire du Roy Louys le Iufte de glorieufe Memoire, portoit d'argent à la Croix alaifée de fable, & pour deuife *Dei gratia fum id quod fum:* C'eftoit vn perfonnage doüé d'vne eminente vertu & integrité de vie, qui eft mort en opinion de Sainſteté.

DESLEMO à Kerandraou Baraton prés Carhaïx, de fable à trois mains dextres appaumées d'argent en pal 2. & 1.

DESNOS Vaumeloaysel & la Villethebaut, des Foffez & autres, d'argent au Lion de fable, couronné d'Or, armé & lampaffé de gueule.

DESPINOSE, d'argent à vn Chefne de fynople & vn Griffon paffant de gueule, l'Ecu mantelé au 1. d'azur à la Croix fleuronnée d'Or au 2. d'Or au cœur de gueule, il

LE DIABLE a St Gueltas p.

eſt Conſeiller au Parlement de cette Prouince.

DESPORTES Pontriuy en ſon temps Procureur du Roy de Leſneuen, d'azur à vne faſce d'argent accompagnée de trois Quinteteilles de meſme 2. & 1.

DESSEILLONS Baron de Viré & de Beaulieu d'azur au fretté d'argent de ſix pieces, au canton dextre d'azur à trois Fleurs de Lys d'argent au chef de gueulle.

DIARNELES en Cornoüaille prés le Saint, pour les Armes voyez Rouſſaut.

DIGARCHAR jadis à Kerdroniou prés Lannion Eveſ-ché de Treguier, d'argent au Lion Léopardé de ſable, c'eſtoit auant le ſurnom de Glaz.

DISQVAY jadis à Kerazroüan, Eveſché de Treguier, Keruerret & autres, de gueulle à vne Croix d'argent chargée d'vne Hermine de ſable au centre d'icelle : Botilieau Pre-ſident de Quimper eſt auſſi de ce nom.

DISQVEOV en Plougounuen E. de Treguier C. ancien-nement diſtincte & ſeparée de la Seigneurie de Bodiſter & maintenant annexée à la Maiſon de Kerloaguen portoit . . .

LE DIVEZAT à Kerguereon en Plœbezre E. de Treguier, Keralſy en ladite Paroiſſe, Keruœder & autres d'argent à 2. faſces d'azur, accompagnées de ſix Hermines de ſable, 3. en chef & 3. en pointe, auec cette deuiſe *ſpera in Deo*.

DOLOV *aliàs* au Poullou prés Lanuolon, Keruegan en Seruel, Luzaron en Camles, Traouantres prés Lantre-guier, Tronaf & autres, d'argent à dix Billettes forcées de gueulle 4. 3. 2. & 1.

DOMAIGNE', d'argent au chevron de ſable accom-pagné de trois Tourteaux de gueulle.

DONGOAL, *aliàs* à Kerdibeoch en Quimpergue-nec Eveſché de Treguier, portoit . . .

DORNEC jadis Srs. de la Ville-nefve, Coëtreuan & de Kere-berts en Treguier & autres, de ſable au chevron d'argent ac-cōpagné de 3. mains dextres apaumées de méme en pal 2. & 1.

DIMANACH

DOLLIER

LE DOVBIERER *aliàs* au Gliuiry en Lanmeur, d'a=
zur à vne Tour crenelée d'argent accoftée de deux Gruës
de mefme penduës par le bec aux Creneaux de ladite Tour.

DOVRDV jadis audit lieu en Plœcolm, Coëtcren en
Plouuorn Evefché de Leon & autres, d'argent au Lion d'a=
zur armé & lampaffé de gueulle : Cette premiere Maifon a
donné vn Senefchal de Lefneuen de ce nom & eft aujour-
d'huy poffedée par vn Iuueigneur de Keramprat le Iacobin
Senefchal des Reguaires de Leon.

LE DOVRGVY jadis à Lambezre en Plougar Evefché
de Leon & autres, de gueulle à fix bezans d'Or 3. 2. & 1. & vn
Annelet d'argent en abîme, à prefent le Blonzart en furnom.

DV DREISEC au Goluen en Plouzané Evefché de
Leon & autres, de fable à vn Croiffant d'Or en abîme accompagné de trois Molettes d'argent 2. & 1.

LE DRENEC Sieur dudit lieu, Kerourien en Ploumauguer le Mezou Evefché de Leon & autres, d'azur à vn
Barz d'argent pofé en pal.

DREOL, en Priziac Evefché de Vennes, de fable à la
Croix greflée d'argent.

DV DRESNAY C. Evefché de Treguier, Maifon bien
ancienne qui a fourny vn Capitaine & Gouuerneur d'Aft
fous Monfieur le Duc d'Anjou l'an 1447. & encore plufieurs
autres perfonnages de confideration & de valeur qui ont
eu des employs confiderables dans les guerres d'entre nos
Ducs & autres Princes, elle portoit pour Armes antiques,
d'argent à vne Croix anillée de fable en abîme accompagnée de trois Coquilles de gueulle 2. & 1. qui eft Drefnay,
le furnom de Quelen eft à prefent en cette Maifon.

DV DREZIT Lefdu en Loguiuy Plougras Evefché de
Treguier & autres, d'argent à vn Pelican d'azur, ayant fes
petits en vn Airre d'Or.

DRONYOV jadis à Luzuron en Camlez, Kerefep en
Plougrefcant Evefché de Treguier & autres, d'argent à vne

K 2

fafce de fable accompagnée de trois Oyfeaux d'azur becquez & membrez de mefme 2. &. 1. à prefent le furnom du
Halgoët eft en cette premiere Maifon.

DRONYOV *aliàs* à Trorozec prés Lannion Evefché de
Treguier, Kerdaniel en Ploulech, Crechgoüanf en Pleftin
& aurtes, de gueulle à fix Quintefeilles d'Or 3. 2. & 1.

DROÜILLARD jadis Sieur de Kerlen en Lifle de Rhuys
Evefché de Vennes, d'azur à trois Pommes de Pin d'Or 2. & 1.

LE DV ou Duic ancien furnom de la Ville-nefve Crefolles en Treguier, d'azur à vne épée d'argent en Pal, la
pointe fichée en bas, accompagnée de deux croiffans adoffez de mefme vers la pointe.

LE DV jadis à Keraudren en ploüaret Evefché de Treguier, & autres d'afur à trois pommes de Pin d'argent 2. & 1.

LE DV, ou le Noir, jadis à Goazmelquin en Ploegat-
Guerrand, Evefché de Treguier, auant Goudelin, d'afur
au chevron d'or, accompagné de trois molettes de mefme,
2. & 1.

LE DV, ou le Bot Kerino en Tredarzec, Evefché de
Treguier & autres, de fable à vne fafce d'argent accompagnée de trois Coquilles de mefme 2. & 1.

LE DVC Sieur du Petit-Bois, Confeiller en ce Parlement, porte de gueulle à trois molettes d'or, 2. & 1.

DVAVLT, en Cornoüaille C. d'argent au Lion de fynople couronné d'or, armé & lampaffé de gueulle.

LE DVC, Sieur de le Biardays Confeiller en ce Parlement, porte d'afur à trois Eftoilles d'argent à fept raix
2. & 1.

DROVLIN

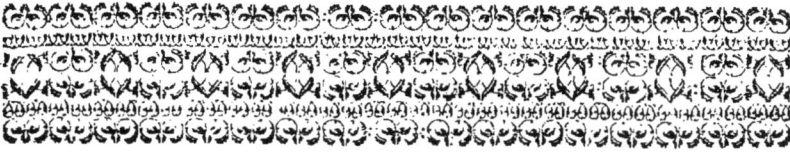

E.

COSSE Royaume, ancien d'or au Lion de gueulle : moderne d'or au mesme Lion enclos dans vn double Trescheur, ou Essonnier floronné & contrefloronné aussi de gueulle, par concession du Roy Charlemagne, qui permist à *Acaius* Roy d'Ecosse d'enfermer ledit Lyon de ses armes pour perpetuer à la posterité la memoire de l'alliance offensiue, & deffensiuë qu'ils contractèrent ensemble vers tous autres Princes & Potentats enuiron l'an 809.

ESPAGNE, Royaume, porte pour grand Escu ou Penon d'alliances, au premier quartier escartelé au premier & quatre de Castille, qui est de gueulle au Chasteau d'Or sommé de trois tourillons de mesme, contrefcartelé de Leon, qui est d'argent au Lion de gueulle. Au second grand quartier party, sçauoir au premier d'Aragon, qui est d'or à trois pals de gueulle : au 2. & 3. d'Arragon-Sicille, qui est d'or à trois pals de gueulle, flanqué d'argent à deux Aigles de sable : ces deux grands quartiers entez en pointe de Grenade, qui est de gueulle à la Genade d'or sur le tout de ces deux grands quartiers, de Portugal, qui est d'argent à cinq Ecussons d'asur posez en soutoir chacun chargé de cinq besans d'argent aussi rangez en sautoir, à la bordure de gueulle chargée de sept Chasteaux d'or. Au troisiesme grand quartier d'Austriche, qui est de gueulle à la fasce d'argent soustenuë de Bourgogne ancien, qui est bandé d'or & d'asur

EDER *p.* 13.

de 6. pieces à la bordure de gueulle. Au quatriefme grand quartier de Bourgogne moderne, qui eft d'azur à trois Fleurs de Lys d'Or, à la bordure componée d'argent & de gueulle, fouftenu de Brabant qui eft de fable au Lion d'Or, fur le tout de ces deux grands quartiers, party au premier de Flandres, qui eft d'Or au Lion de fable armé & lampaffé de gueulle au fecond du Marquifat du Saint Empire, qui eft d'Or à l'Aigle éployée de fable becqué & membré de gueulle.

ESTEMPES Limoges erigé en Duché & Païrie par le Roy François I. l'an 1534. portoit de Bretagne à la bordure engreflée de gueulle.

EDER ancien furnom de la Maifon de Beaumanoir prés Quintin C. de gueulle à vne fafce d'argent accompagnée de trois Quintefeilles de mefme 2. & 1. cette Maifon eft aujourd'huy poffedée par Monfieur de Cargré Maiftre des Requeftes de l'Hoftel de fa Majefté.

ELEVE, de gueulle à vne Efcarboucle florencée d'Or.

ELLEN en Treguier, jadis à Kergadiou Ledinec en Plougaznou, de fable à vn Chafteau d'Or.

ELVART, *alias* à Kereuen en Breleuenez Evefché de Treguier, Muruern en ladite Paroiffe & autres, d'azur à vne fafce d'argent chargée de trois Macles de fable.

L'ENFANT jadis à la Tandourie prés Lamballe, au Louzil & autres, portoit d'argent à quatre fufées de fable pofées en pal & pour deuife *Audacibus Audax.* Cette premiere Maifon a donné vn Efcuyer ordinaire du Duc, qui mourut en Aouft 1466.

D'ERBRE'E, d'argent à trois Molettes à cinq pointes de fable.

ERMAL Kerhuillic en Vennes, d'Or à dix Coquilles d'azur 4. 3. 2. & 1.

L'EPERVIER, d'azur à l'Eperuier d'argent tenant de fes mains vn Rameau de Laurier d'Or.

ESDRIEVC, d'azur à la fasce d'Or accompagnée de trois Glans de mesme à la bordure de sable.

L'EPERVIER, *a le bouuardiere alias*, d'azur au lautoir engreslée d'Or, accompagné de quatre Bezans de mesme.

& de renne?

ESPINAY *alias* C. depuis erigée deux fois en titre de Marquisat, sçauoir la premiere par le Roy Charles IV. l'an 1575. verifiée en Parlement l'année suiuante en Septembre en faueur de Messire Iean d'Espinay, Comte de Durestal, Vicomte de Blaizon, Baron de Mathefelon &c. qui portoit d'argent au Lion couppé de gueulle & de synople, couronné, armé & lampassé d'Or: Et encore au mois de May l'an 1610. cette Terre fut de nouueau erigée en Marquisat en faueur de Messire Charles de Schomberg issu de la Maison de Saxe, depuis Duc d'Halleuin Gouuerneur de Languedoc & Mareschal de France fils de Henry de Schomberg Comte de Nantueil aussi Mareschal de France, qui portoit les susdites Armes. Cette Maison est reputée pour l'vne des plus anciennes de la Prouince, qui a produit vne infinité d'Euesques, d'Abdez, de Cardinaux & Archeuesques, deux grands Maistres & vn grand Chambellan de France, plusieurs Chambellans ordinaires de nos Ducs & Roys de France, plusieurs Capitaines & Chefs d'Armées par succession de temps, la Maison de Vaucouleur possede à present ce Nom.

ESPINEFORT ou Spineforten Vennes, C. losangé d'argent & de gueulle en pal, c'est à Madame la Presidente de Brie.

L'ESTANG en Guicouruest prés Landiuizieau Euesché de Leon, pour les Armes voyez l'Estang sur la Lettrine L.

ESTEMPLE Kerhuëlen en Goëlo, jadis surnommé Etemple Tuë-Larron, gironné d'argent & de gueulle de huit pieces.

ESTIENNE en Treguier, jadis à Kerueguen en Guymeac, Triessuin en Plouëzoch, Keranroux en Plouïan

Evesché de Leon, Launay en ladite Paroisse, Kerhingant en Saint-Quay, Kerarliuin lez Sainr Paul, Cazin en Ploüigneau & autres, à present à Keruiziou en Plestin, Leingoüiez en Guymeac & autres, d'azur à trois Coquilles d'Or, 2. & 1. cette première Maison a donné origine à tous ceux de ce nom & en outre vn Secretaire du Duc Iean en-uiron l'an 1439.

ESTIENNE *aliàs* à Crechmartin prés Lantreguier, qui portoit mesmes Armes que celles de Kermartin Saint Yues.

ESTIENNE en Treguier jadis à Kermais, d'argent au Lion d'azur chargé de trois fasces de sable.

L'ESTOILLE en Langoat ancien . . . . . moderne Gelin Tremergat *idem.*

ESTVEL en Cornoüaille C. d'argent au sautoir de gueulle, comme le Breil Diffendic.

L'EVESQVE jadis à Saint Iean l'Evesque, C. Kermarquer Leshardrieu en Plœmeur-Gautier Evesché de Treguier & autres, d'azur à vne fasce d'Or accompagnée de trois Testes de Leopards de mesme lampassez de gueulle 2. & 1. cette famille a autre-fois produit des Seigneurs pleins de merite & de valeur qui ont possedez des Employs fort considerables sous nos Ducs.

EVEN en Treguier jadis à Kereuen Paroisse de Hengoat portoit

EVIGNAC, d'argent à deux fasces de sable, comme du Garo en Tuomelin.

EVIGNE' en Chauaigne Evesché de Rennes, d'argent à la fasce de gueulle accompagnée de trois molettes de sable

ESMES p. 156

F.

F RANCE, le plus augufte & le plus floriffant des Empires du monde, dont l'Eftat a efté de tout temps Monarchique & gouuerné, il y a plus de douze cens ans, par des Roys Souuerains, qui commandent auec vn pouuoir abfolu & vne authorité independante d'aucune autre puiffance que de leur feule volonté. Les Roys de France font appellez tres Chreftiens, & Fils aifnez de l'Eglife pour les grands & fignalez ferui-ces par eux rendus en diuerfes occafions au Saint Siege Apoftolique, mefme par plufieurs Bulles expreffes des Papes il leur a efté fouuent accordé de ne pouuoir eftre excommu-niez : Tous les autres Royaumes & Principautez font fiefs de l'Empire ou du Saint Siege, & à la creation d'vn nou-ueau Pape le Roy de France ne luy fait aucun hommage, comme les autres Roys & Princes Catholiques, mais feule-ment par fes Ambaffadeurs luy rend vne obeïffance filiale : Pour les Armoiries de France, les Hiftoriens ne fe rappor-tent point jufqu'au Regne de Clouis, car les vns luy ont attribuez tantoft trois Couronnes ou Diadêmes, tantoft trois Croiffans & d'autres vn Lion déchirant vn Aigle, & ratement trois Crappeaux, comme quelques Autheurs ennemys de l'honneur des François l'ont voulu affes mal à propos fouftenir en derifion de ce qu'ils eftoient originairement iffus des Palluds Meotides, où ce falle &

L

infect animal abonde plus qu'en aucun autre lieu, maintenant elle porte d'azur à trois Fleurs de Lys d'Or 2. & 1. auec cette deuise & Simié, *Lilia non nent*, les Lys ne labourent, ny ne filent, & pour Cry de Guerre, *Mon-Ioye Saint Denys*.

FLANDRES Comté & Pairië de France issuë de la premiere lignée des Roys de France, dite des *Merouingiens*, porté pour Armes modernes d'Or au Lion de sable, antiques gironné d'Or & d'azur de huict pieces & vn Ecusson de gueulle en abîme, lesquelles furent continuées par Baudoüin Bras de fer premier Comte de Flandres & ses successeurs jusqu'à Philippes d'Asalce XII. Comte de Flandres, lequel ayant esté deux-fois en Syrie au secours du Roy de Ierusalem son cousin, remporta des son premier voyage, l'Ecu d'Or au Lion de sable, qu'il auoit gagné sur Nobilion Turc Roy d'Albanye, l'ayant occis de ses propres mains enuiron l'an 1160. c'est le mesme Lion que les Roys d'Espagne Comtes d'vne partie de Flandres portent encore aujourd'huy, cette Prouince fut erigée en Comté par le Roy Charles le Chauve en faueur de Baudoüin dit Bras de fer.

FOIX, Maison aussi illustre qu'il y en ait en France, dont estoit issu ce genereux Gaston de Foix, qui a tant fait parler de luy dans les Chroniques, elle porte d'Or à trois Pals de gueulle.

FOVGERES ancienne Baronie, d'Or à vne tige de Fougeres de synople posée en pal.

LE FAOV B. d'azur au Leopard d'Or, le Vieuchastel en Taolé *alias idem* : De cette premiere Maison il y a eu vn Mareschal de Bretagne du temps de nos Ducs.

LE FAOVËT en Vennes, B. jadis d'argent à cinq fusées de gueulle posées en fasce, qui est Bouteville, depuis de Goulaine, maintenant du Fresnay Coëtcodu Conseiller en la Cour de Parlement de ce pays, pour les

n. v fourre p de goucelin E T

BRETON.

83

Armes voyez du Frefnay.

LA FAYETTE Marquis, de gueulle à la bande d'Or à vne bordure de vair : Cette Maison a produit vn Marefchal de France bien marqué en l'Histoire pour la paix qu'il negocia entre l'vn de nos Roys & le Duc de Bourgogne, il y a eu en outre vne Abbesse de Saint Georges de Rennes, & vne Prieure de Saint Georges en Plougaznou Evesché de Treguier de cette Maison là.

LE FEBVRE Sieur de Laubriere Conseiller en la Cour de Parlement, la Sillandaye, l'Espinay & autres de mesme famille, d'azur à vne Levrette rampante d'argent au Collier de gueulle, bouclé & cloûté d'Or : Le grand Archidiacre de Treguier est aussi de cette famille là.

LA FEILLE E B. d'Or à vne Croix engreslée d'azur.

DES FERRIERES, C. d'argent à trois fers de cheual de sable cloûtées d'Or 2. & 1.

FERRON, C. d'azur semé de Billettes d'argent à la bande d'Hermines.

LA FERTE' en Ploüigneau Evesché de Treguier, d'Or à quatorze Billettes de sable 4. 3. 4. & 3. au baston de gueulle brochant à dextre sur le tout : Cette Maison est des dépendances de Keruenniou au Comte de Grand-Boys.

LE FEV Saint Hilaire, d'Or à trois Ancolies d'azur 2. & 1. les pointes en haut.

FEVQVIERES en Picardie du Nom de Paz, Marquis, Gouuerneur & Lieutenant General pour le Roy en la Ville de Verdun & Pays Verdunois, porte de gueulle au Lion d'argent armé & lampassé d'Or : Cette Maison a donné en diuers temps des Generaux d'Armées sous nos Roys & vn Seigneur designé pour auoir le baston de Marefchal de France, si la mort n'eust deuancé ses iours : Monsieur l'Abbé du Relec en Leon est issu en Iuveignerie de cette illustre Soûche.

FAV

L 2

FEVNTENSAINT, d'azur à vne Tour crenelée d'argent accostée de deux épées de mesme en pal, aux gardes d'Or, les pointes fichées en haut.

FEVNTENSPEVR en Taolé Evesché de Leon, pour les Armes voyez le Veyer Kerisnel.

LA FITE, d'argent à vne branche de Mirthe de synople posée en pal, il y a eu vn Lieutenant Royal de Lesneuen de ce nom.

LA FLESCHE, jadis audit lieu en Plouyder Evesché de Leon, Kerliuiry & autres, écartelé au 1. & 4. d'argent à deux fasces de sable, qui est Tromelin prés Lesneuen, contrescartelé d'argent à vne double Roze de gueulle boutonnée d'Or qui est la Flesche, il y a eu vn Evesque de St. Brieuc & vn Seneschal de Lesneuen de ce nom.

FLEVRIOT aliàs à Kernabat & au Roudourou prés Guingamp Evesché de Treguier, Kerlast prés Pontrieu & autres, à present à Kerloüet Kerfichant en Quimperguezenec & autres, d'argent au chevron de gueulle accompagné de trois Fleurs tigées & arrachées d'azur 2. & 1. Tronzon *idem*.

FLIMINC jadis à Kerfiziec prés Saint Paul de Leon & autres, d'azur à trois Pommes de Pin d'Or 2. & 1.

FLOCH jadis à Kergadiou en Plougrescant Evesché de Treguier & autres, d'azur à vn Cerf passant d'argent, Kerbasquiou en Plougaznou *idem*.

olinier p de farleran r 1449

FLOCH du Territoire de Quimpercorentin, d'azur au chevron d'argent accompagné de deux Croissans d'Or en chef & vne molette de mesme en pointe.

FOLENAYS Kersach en Ploubalanec Evesché de Saint Brieuc, d'argent à trois bandes d'azur. Il y a longues années que cette Maison a donné vn Conseiller en la Cour de Parlement de ce pays.

LA FOLIE prés Dinan, de gueulle à trois fasces d'Or à la bande d'Hermines sur le tout.

FOESNANT *de sable a laigle a 2 testes* *daigent bequrs de guelles*

FONTENAY prés Rennes à Monsieur le Duc de Brissac
B. d'argent à trois bandes jumelles de gueulle.

FONTENAY d'Or à l'Ecu en abîme de gueulle à l'Orle
de huict Merlettes de mesme.

LA FONTAINE, d'azur au chevron d'Or, accompagné
de trois Bezans de mesme.

FONTAINE-GARIN, de gueulle à vn Aigle d'Or,
accompagné de six Cartouches d'argent en orle.

FONTENELLES, d'azur à la bande d'argent chargée
de trois Tourteaux de gueulle.

LA FOREST Carman en Languidic Evesché de Vennes, C. d'argent au chef de fable.

LA FOREST *aliàs* à Keruoaziou en Plougaznou Eve∫-
ché de Treguier, Keranroux en Ploüian, Ker∫ent, Kerni∫an,
Goa∫en en ladite Paroi∫∫e de Plougaznou, Porzpo∫en en
Ple∫tin, Kerville-ne∫ve en Trefgondern prés Saint Paul de
Leon & autres, à pre∫ent à Troffentenyou, Guicaznou prés
Morlaix, au Hellez en Lanmeur & autres, d'azur à six Quin-
tefeilles d'Or 3. 2. & 1. cette penultie∫me Mai∫on portoit
pour deui∫e *point ge∫nant, point ge∫né.*

LA FOREST Kerniuinen & autres, d'Or à vn arbre d'azur.

LA FOREST Le∫andeuez en Treguier, d'Or à trois Te-
∫tes de Negre tortillées d'argent 2. & 1.

LE FORESTIC en Ploüedern Evesché de Leon, ancien
de fable au Bar d'argent en Pal, l'Ecu femé de Billettes de
me∫me, moderne Penancoët, Kerlozrec *idem.*

FORRESTIER, Kermoruan en Treguier i∫∫u en Iuueignerie de la Mai∫on de la Hazaye & autres, d'argent à vne
feille de Houx d'azur en pal.

FORRESTIER *aliàs* au Keruaec en Tredarzec Eve∫-
ché de Treguier & autres, de gueulle à vn Aigle d'Or, à
Keruazein prés Landerneau Evesché de Leon jadis *idem.*

FORRESTIER à Kermor∫ur en Treguier & autres, de
fable à trois Barres-ou-Contrebandes fu∫elées d'argent.

DES FORESTS, d'argent à trois Glands de synople, ayans leurs coques de mesme 2. & 1.

FORGET Fontaine-Blanche, Kerlan en Saint Martin Evesché de Leon & autres, de gueulle à trois Croissans d'argent 2. & 1. à la bordure de sable bezantée d'argent.

DE FORSANZ *alias* de Forcez, porte écartele au 1. & 4. d'argent à trois chouëttes de sable becquées & membrées de gueulles 2. en chef & 1. en pointe, qui est Forcez, au 2. & 3. d'Or au Lion de gueulle, qui est Armagnac. L'Antiquité de cette Maison se prouue depuis plus de six cens ans qu'vn Seigneur de Forcez épousa la fille d'vn Comte d'Armagnac Duc de Guyenne l'an 1025. les Puisnez portent d'azur à neuf losanges d'Or posées en sautoir en vertu du Contract de Mariage de Ieanne de la Nuz : Cette Maison est originaire de Gascogne prez Condont, dont ils sont Seigneurs en partie, le premier qui vint en Bretagne commandoit la Compagnie des Gens d'Armes du Sire d'Albret son parent l'an 1487. puis vn puisné de cette Maison s'establit en Bretagne & acquist la Terre & Seigneurie de Gardisseul prés Lamballe l'an 1526. il y en a eu trois Gentils-hommes de la Maison du Roy & Gouuerneurs de Dinan & vn Mestre de Camp d'vn Regiment d'Infanterie, à present à Beaufort prés Dol B. & au Houx prés Monfort *idem.*

LA FOSSE en Lanilis Evesché de Leon, portoit jadis d'Or à vne Roüe de gueulle, Kerdreux en Plouescat & autres à present *idem.*

LA FOSSE au Loup, porte . . .

FOSSELIERE Surgeres, C. de gueulle au fretté de vair de six pieces.

FOSSE'-RAFFLE', pour les Armes voyez Boisboëxel.

DE FOSSEVX, C. de gueulle à trois jumelles d'argent.

LE FOV prés Lannion Evesché de Treguier, pour Armes presentes Hingant, Kerduel *idem,*

FOVCAVLT jadis à Lesquoloüarn en Cornoüaille, C. C

DV FOV *moreac dasura laigle d'or*

BRETON.   87

Coëtreuan prés Lantreguier, l'Armorique en Plouïan, le
Squiriou, Quijac en bas-Leon, Bois de la Roche en Garlan & autres, d'azur à six Fleurs de Lys d'argent 3. 2. & 1.
qui est Foucaut, depuis lesdites Fleurs de Lys ont esté écar-
telées d'Or à vn Lion d'azur. Il y a vn Mareschal de France
de la Maison de Saint Germain Beaupré portant mesme
Nom & mesmes Armes.

FOVGERAY, d'azur au chevron d'Or accompagné de
trois Coquilles de mesme 2. & 1.

FOVCQVET, d'argent à l'Ecurieul rampant de gueulle
à la bordure de mesme semée de Fleurs de Lys d'Or: Cette
famille a esté toûjours illustre en grands hommes, elle a eu
vn Conseiller d'Estat & vn Procureur General au Parlement
de Paris, & encore à present les premieres Charges de ce
Parlement sont possedées par les Seigneurs de la mesme
famille.

FOVCQVET jadis à Keruezec en Taolé Evesché de
Leon, à present au Cozqueruen en ladite Paroisse, Penan-
uoaz & autres, de gueulle à six Fleurs de Lys d'argent 3.
2. & 1.

DV FOVRNEL, d'argent à trois bandes d'azur à la bordure de gueulle chargée de six bezans d'Or.

FOVRNIER, d'argent au Lion de gueulle couronné,
armé & lampassé d'Or à la bordure engreslée de sable chargée de bezans d'Or.

FRANCHEVILLE C. d'argent au chevron d'azur chargé de cinq Billettes d'Or.

FRAVAL, de gueulle à vne Croix engreslée d'argent.
FRESLON la Touche-Trebry Conseiller en Parlement
porte d'argent à vne fasce de gueulle accompagnée de six
Ancolies d'azur 3. en haut & 3. en pointe 2. & 1. E R

DV FRESNAY, de vair au Croissant de gueulle, Coët-
todu *idem*, à l'exception du Croissant.

DV FRESNAY Villesié en Vennes, d'argent à trois

branches de fresne de synople 2. & 1.

Dv Fresne Restrouallan en Cornoüaille, d'argent au fresne de synople.

Dv Fresne la Valée en Treguier & autres ses descendans habituez à Lannion, de synople à vn Chef endanché d'argent à quatre pointe, chargé de trois Tourteaux de gueulle, écartelé d'autres Alliances.

Dv Fretay, d'argent au Cerf passant de gueulle, onglé & ramé d'Or.

Le Frotter en Treguier, d'argent au Chasteau d'azur.

Le Frovt en Taolé Evesché de Leon, pour Armes anciennes écartelé au 1. & 4. d'Or à vne Coquille de gueulle & au 2. & 3. losangé d'argent & de sable en pal, qui est Kermellec Plœmahorn : modernes Gourio *idem*.

Frovtven en Leon, de sable à vne bande ondée d'argent accostée de deux fers de Lance de mesme.

G.

LESQVIN ou Guesclin de son temps Connestable de France & de Castille, l'honneur & la gloire de nostre Prouince, comme l'vn des plus insignes & illustres Guerriers des Siecles passez, qui pour les grands & signalez seruices par luy rendus à l'Estat de l'Ordre & Commandement du Roy Charles Quint, son corps fut inhumé en l'Abbaye de Saint Denys en France, Mauzeolée ordinaire de

naire de nos Roys, & non content de ce pour laiſſer vne memoire illuſtre à la poſterité de ce grand Perſonnage, auroit
fondé au pied de ſa ſepulture vne Lampe ardante à l'inſtal
des Roys, encore aujourd'huy appellée la Lampe du Gueſclin.
Il portoit d'argét à l'Aigle éployée de ſable becquée & membrée de gueulle au baſton de meſme brochant à dextre ſur le
tout, & pour deuiſe *dat virtus quod forma negat*, à la Ro-
berie & à Beaufort en l'Eveſché de Rennes *idem*.

GOëLO Comté, pour les Armes voyez Auaugour,
écartelé de Bretagne.

GONDY, Duc de Retz Païr de France ſous le Regne du
Roy Henry III. Marquis de Bel-Iſle en cette Prouince &c.
d'Or à deux Maſſes de ſable paſſées en ſautoir & liées de
gueulle par embas. Cette Maiſon a donné des Mareſchaux
de France, deux Cardinaux & deux Archeueſques de Paris
conſecutifs, & tire ſa premiere origine de Florence, dont
le premier vint en France auec Catherine de Medicis femme du Roy Henry II.

GVEMENE' Principauté, dont l'Erection eſt des l'an
1570. verifiée en la Cour de Parlement le 3. Avril 1571. en
faueur de haut & puiſſant Meſſire Louys de Rohan Seigneur
de Güemené, Comte de Montbazon, Baron de Montauban &c. qui portoit au 1. & 4. de France, au baſton componé d'argent & de gueulle brochant ſur le tout, qui eſt
Evreux, contreſcartelé de gueulle au Raix d'Eſcarboucle
pommettée & accolée d'Or à la double cheſne en ſautoir de
méme, qui eſt Nauarre au 2. & 3. de gueulle à 9. Macles d'Or 3. 3.
& 3. qui eſt Rohan, ſur le tout d'argent à vne Güivre ou Biſſe
ondée d'azur en pal, deuorant vn enfant de gueulle qui eſt
Milan. Monſieur le Prince du Güemené d'aujourd'huy eſt
grand-Venneur de France.

GVINGAMP en Treguier, Ville Capitalle du Duché
de Penthievre, ſejour ordinaire des anciens Seigneurs d'i-
celle, porte au 1. & 4. de Bretagne, contreſcartelé d'azur
à trois Gerbes d'Or 2. & 1.   M

LA GABETIERE C. pour les Armes voyez Troussier.

LE GAC, jadis à Coëtlespel en Plouneuenter Evesché de Leon, Lansalut en Ploüezoch Evesché de Treguier & autres, maintenant à Kerraoul prés Landerneau, Coëtgestin en Guipauaz, Lannorgar & Kersanton prés Saint Paul Keriaouen & plusieurs autres, d'azur à vn Gantelet ou Main armée d'argent tenant cinq Flesches d'Or en pal, ferrées & empanées d'argent, ladite main mouuante du costé senestre, & pour deuise *Virtus vnita.* Quelques-vns se contentent de mettre seulement vn Dextrochere sans estre armée de son gantelet, c'est vne des grandes & anciennes familles autant bien alliée & apparentée qu'aucune autre du pays.

DV GAGE prés Dol C. pour les Armes voyez Cleuz.

GAGENDE à la Chesnays, d'argent à vn Arbre de synople, surmonté d'vne Corneille de sable.

LA GAILLEVLE, ~~de gueulle à trois Ecus d'Or comme Marselon.~~ dar fasse ...

LE GAL anciennement à Guiffos en Vennes, d'argent à vne Choüette de sable becquée & membrée de gueulle.

LE GAL Coëtgouloüarn en Pleiber-Saint-Hegonec Evesché de Leon, d'azur à trois Poires d'Or, les pointes en haut 2. & 1.

LE GALEER jadis Marchallach en Plestin Evesché de Treguier & autres, d'argent au Lion de sable couronné d'Or, à present le Rouge Penajun *idem.*

GALINEE C. pour les Armes voyez de Brehand.

GALLISSON, d'argent à trois Cannes au naturel membrées de gueulle.

GALLO Treuannec prés Pontlabbé, d'Or au Leopard contourné d'azur.

GALLOVÉDEC Ville-blanche prés Corlay & autres . . .

GALVEN Keranbellec en Plouriuau Evesché de Saint Brieuc . . .

la Gaillardiere ...

LE GAL. p.

BRETON.

GAMENOV en Treguier, d'argent à vne fasce de sable surmontée d'vne Merlette de mesme.

GAMEPIN, d'argent à deux fasces noüées de gueulle accompagnée de huict Merlettes de mesme 3. 2. 2. & 1.

LA GARDE, écartelé au 1. & 4. de gueulle à trois Croix vuidées d'Or 2. & 1. contrescartelé d'Or à la bande d'azur.

LA GARDE Cleuziou ancien en Treguier, gironné d'Hermines & de gueulle de huict pieces moderne voyez Raison.

GARDISEVL prés Lamballe, d'azur à neuf fusées d'Or posées en sautoir, Forsanz idem.

GAREC en Treguier, jadis à Coëtmenguy en Ploüian, de sable au fretté d'Or de six pieces, au franc canton de mesme chargé d'vn Lion de sable armé & lampassé de gueulle.

GARENOV, ou des Garesnes en Treguier, de sable à deux plûmes ou branches de Palmier d'argent.

GARENOV ou des Garesnes en Treguier, d'argent au chevron de gueulle accompagné de trois Testes d'Oyseaux arrachées de sable 2. & 1.

ERRE LA GARAYE en Saint Briac, d'argent à la fasce d'azur accompagnée de trois Molettes de gueulle.

GARES, d'argent à vne Croix de sable cantonnée de quatre Treffles de mesme.

GARGIAN ou Garzian en Plouyen Evesché de Leon, pour Armes anciennes, c'estoit Keraldanet à present Mol.

GARIAN jadis au Rudounou en Camlez Evesché de Treguier, Kermeno & autres, à present à Troguindy en Tonquedec, Keruersault & autres, d'argent au Lion de sable à l'orle de six Merlettes de mesme. *icau reff 14*

GARIC en Treguier, jadis à Trauguern en Trebreden, d'argent à vn cœur de gueulle couronné d'Or, à present Lambert. *oliuior reff 14·*

GARIC en Leon anciennement au Roudour prés Mor-

laix, le Bodoon en Lanmeur & autres, d'Or à vne fasce
de gueulle accompagnée de trois Coquilles de mesme 2. & 1.

GARLAN surnom ancien de Kerlozrec en Guitalmezel
Evesché de Leon, pallé d'Or & d'azur de six pieces, maintenant de Kersulguen.

DE GARMEAVX en Plougounuen Evesché de Tre-
guier & autres, porte de gueulle à trois épées d'argent en
pal 2. & 1.

DV GARO ancien surnom de Kermeno en Vennes, C,
d'argent à deux fasces de sable.

DV GARO Keredec en Plouzané Evesché de Leon,
d'Or à trois sarcelles de sable 2. & 1.

LA GAVDINAYE en l'Evesché de Rennes C. ancien
                        moderne Coëtlogon *idem*:
Il estoit Prieur Commendataire de Kernitroun lez Lanmeur
& Archidiacre de Plougastel à Lantreguier.

GAVTIER jadis à Guernabacon en Loüanec Evesché
de Treguier & autres, d'argent à vn Greslier de sable en abîme, lié en sautoir de mesme, accompagné de trois Quintefeilles aussi de sable 2. & 1.

GAVTIER Sieur du Poüilladou en la Paroisse de Prat
Evesché de Treguier & autres, d'Or à vne Choüette de sable au centre de l'Ecu becquée & membrée de gueulle,
accompagnée de trois Molettes de mesme 2. & 1.

GAVTIER *aliàs* à Kerrel en Tonquedec, au Poüillat
en Prat, Gouraual & autres, depuis à Kerflacca prés Lantreguier & autres, d'argent à deux chevrons entrelassez de
sable accompagnez de deux Croissans en chef & vn Annelet de mesme en pointe.

GAZPERN *aliàs* audit lieu en Plougounuen, à present
au Loiou prés Guingamp Evesché de Treguier, le Cosquer
en ladite Paroisse de Plougounuen & autres, d'argent au
Lion de gueulle, l'Ecu semé de sept Billettes d'azur : la Charge de Seneschal Ducal de Guingamp a esté ces années

GAVLAI·
GAVLTRON
M·

dernieres poſſedée par le Fils aiſné de cette ſeconde Maiſon.

GEDOVYN à la Dobiaye, d'argent à vn Corbeau de ſable, il eſtoit Preſident en la Cour de Parlement de ce pays.

GEFFROY Treoudal prés Morlaix Eveſché de Leon & autres, d'argent à vne faſce d'azur ſurmontée d'vne Merlette de meſme & accompagnée de trois Eſtoilles de gueulle 2. & 1.

GEFFROY Ville-nefve en Plouigneau Eveſché de Treguier & autres, d'Or au Pin de ſynople, le tronc chargé d'vn Cygne d'argent.

GEFFROY la Begaciere, d'azur au ſautoir d'argent , chargé de cinq Coquilles de ſable.

LE GENDRE anciennement à Launay-Langoat en Treguier, rapporté entre les Nobles de ladite Paroiſſe au Cahier de la Reformation des Feuz & Fiefs-Nobles, eſtant à Nantes en datte de l'an 1445. portoit d'azur à quinze larmes d'Or les pointes hautes 5. 4. 3. 2. & 1.

LE GENTIL jadis à Coëtanfrotter en Lanmeur, d'Or à vne faſce de gueulle, accompagnée de trois Roſes de meſme boutonnées d'Or 2. & 1.

GERARD, d'Or à trois chevrons de ſable.

GEROT en Treguier, d'argent à trois chevrons de ſable, le Long Keranroux *idem*.

GEROT, d'argent à la faſce de ſable accompagnée de trois Coquilles de meſme 2. & 1.

GESLIN à Tremergat prés Lanuolon, Pontanyou & autres en Treguier, d'Or à ſix Merlettes de ſable 3. 2. & 1. le dernier Procureur du Roy du Siege Preſidial de Rennes eſtoit de cette premiere Maiſon.

GEZISAC en Vennes, de gueulle au chevron d'Or, chargé de trois Macles d'azur & accompagné de trois Bezans auſſi d'Or 2. & 1.

GIBON au Griſſo prés Vennes, de gueulle à trois Gerbes d'Or 2. & 1.

GENTIL

argent au dragon de sinople

GICQVEL *aliàs* à Rucazre & à Kerguizien en Plouify
Evesché de Treguier & autres, d'azur au chevron d'argent
chargé de cinq Coquilles de fable, accompagné de trois
Rofes d'argent 2. & 1. l'an 1384. vn Seigneur de cette premiere Maifon eftoit Secretaire de l'vne de nos Duchefles.

GICQVEL Beaufemaine, d'argent à vne fafce noüée
de gueulle accompagnée de trois Quintefeilles percées de
mefme.

GIFFART ~~Marquis~~ de la Roche, le Pleffix & autres,
pallé d'Or & de gueulle de fix pieces. Cette famille eft non
feulement bien fignalée en cette Prouince, mais auffi en
Angleterre, qui a produit vn Chambellan ordinaire du
Roy Charles VII. & en outre quantité de vaillans & renommez Perfonnages tant en paix, qu'en guerre fous le Regne
de nos Ducs.

GIGOV Kermen en Ploumoguer prés Guingamp Evefché de Treguier & autres de mefme famille, d'azur à deux
épées d'argent en pal, aux gardes d'Or, les pointes en haut.

GILART Larchantel en bas-Leon, porte . . .

GILOÜART jadis à Kerfraual en Ploüian prés Mor-
laix, d'argent au chevron de gueulle, accompagné de trois
Quintefeilles de mefme 2. & 1. maintenant le Segaller
Mefgoüez *idem*.

GLAHERA en Ploüigneau lez Morlaix Evesché de
Treguier, en l'an 1503. portoit de Goezbriand auec marque
de juueignerie.

LE GLAS, famille noble jadis à Kerdronyou en Loguiuy prés Lannion, portoit . . .

GLAZREN en Leon, d'Or à trois Pommes de Pin
d'azur, 2. & 1. à la bordure engreflée de gueulle.

GLE' à la Coftardaye prés Rennes C. d'Or à cinq GLEZ
de gueulle rangez en fautoir, ce font efpeces de gros Rats.
Il y a longues années qu'il y auoit vn Confeiller en la Cour
de Parlement de cette Maifon-là.

GLECVN Keruelegan en Plouyder Evesché de Leon & autres, d'argent à vn Aigle de sable, brisé d'vn filet de gueulle posé en fasce sur le tout.

GLEGVENNEC Kermorual, de gueulle à trois Croissans d'argent 2. & 1. & vne Estoille de mesme en abîme, brisé en chef d'vne Macle aussi d'argent.

GLEINCVF jadis à Kerdelegan en Leon, losangé d'argent & de sable en chef brisé en cœur d'vne fasce en deuise de gueulle soustenuë d'vne losange de sable.

GLENAY, d'argent à trois fasces de gueulle & vne cottice d'azur sur le tout, chargée de trois Fleurs de Lys d'argent.

GLEVINEC en Treguier, de sable à vne Croix d'Or, cantonnée de quatre Pommes de Pin de mesme.

GLIVIRY en Lanmeur, ancien Doubierer *idem*, moderne voyez Lescorre.

GLIZARHANT en Pluzunet Evesché de Treguier, d'argent à trois bandes d'azur au canton dextre de mesme, chargé d'vne Quintefeille d'argent Kerbihan *idem*.

GLVYDIC en Treguier, *alias* à Troffos en Seruel prés Lannion, d'argent à trois clefs de gueulle posées en pal 2. & 1.

GOAFFVEC en Treguier, jadis à Kersenant en Plestin Rumerrec, Pendoon en Ploüigneau & autres, d'argent à trois Quintefeilles d'azur 2. & 1. & vne Merlette de mesme en abîme.

GOAGVELLER Landebedan, Parisy, Kergouniou en Treguier & autres, d'argent à six Macles d'azur 3. 2. & 1.

GOALLON ancien surnom de Kerhallon en Plouëgat, auant Penchoat & à Kergarec en Plougaznou Evesché de Treguier, moderne voyez du Groesquer.

GOARADVR en Plœmeur-Bodou Eves. de Treguier C. de gueulle à deux Croissans addossez d'argent, à l'excluse en Beaujoulois Evesché de Lion sur le Rhosne *alias idem*.

LE GOARANT Kereſtec de Morlaix Eveſché de Treguier & autres de meſme famille, d'Or à vne faſce de ſable accompagnée de trois Treſſles de meſme.

GOAZFROMENT en Ploüaret Eveſché de Treguier, d'argent à trois faſces jumelles de gueulle, accompagnées de dix Merlettes de ſable 4. 3. 2. & 1.

GOAZIAN en Plouïgneau Eveſché de Treguier, ancien . . . moderne Keïgriſt Kergariou *idem*.

GOAZOVHALLE' en Plougounuen Eveſché de Treguier, de gueulle à vne faſce d'argent briſé en chef d'vn Lambel à quatre pendans d'Or, auec la deuiſe *Ober ha teuel* c'eſt à dire faire & taire.

GOAZMAP en Pommerit le Vicomte Eveſché de Treguier, C. pour les Armes voyez Kermoyſan.

GOAZMELQVIN en Plouëgat Guerrand Eveſché de Treguier, Goudelin *idem*.

GOAZMOVAL en Ploudiry Eveſché de Leon, d'azur au fretté d'argent de ſix pieces briſé en chef d'vn Croiſſant de gueulle.

GOAZQVELEN en Taolé Eveſché de Leon, d'Or à vne faſce de ſable, chargée de trois arbres d'argent, le Noir *idem*.

GOARVS en Lanmellec, pour Armes antiques Coſkaër Roſambaou *idem*, modernes voyez Trolong ou Tuolong.

GOAZVEN en Breleuenez prés Lannion Eveſché de Treguier, porte comme le Borgne Leſquiſſyou & Kernidou, auec la deuiſe *attendant mieux*, de cette Maiſon eſt iſſu en juueignerie l'Autheur de ce Trauail.

GOAZVEN Limeur en Seruel prés Lannion Eveſché de Treguier, ancien voyez le Meur, moderne Trogoff Kerelleau *idem*.

GOAZVEN en Plougaznou Eveſché de Treguier, pour les Armes la Foreſt Kerouaziou *idem*.

GOAZVEN Cyllard en Treguier, voyez Cyllard Ville-neſve.

Goazuen

GOAZVEN en Ploumillieau Evesché de Treguier, pour les Armes voyez Cariou.

GOAZVEN Landoüer en Plouëgat Guerrand Evesché de Treguier, portoit . . .

GOAZVENNOV prés Carhaix, vairé d'argent & de sable en pal sans nombre.

LE GOFF Kergadiou en Goudelin Evesché de Treguier, d'argent à trois Testes de Levrier de sable couppées de gueulle 2. & 1.

LE GOFF en Treguier, jadis à Kernauarec, Lanconnery en Plougrescant, & autres, d'argent à vn Chasteau de sable. *à 1479*

GOFFELLIC en Treguier, pour armes anciennes Hengoët *idem*, moderne voyez Trogoff Boisguezenec.

LE GOLEN en Leon d'argent à deux fasces de sable, & vn annelet en abisme, Brisé en Chef d'vne Estoille, le tout de sable.

LE GOLLOT en Plouneuez Evesché de Treguier, ancien moderne mesedern Lagadec *idem*.

GONIDEC Kerbizien en Treguier Keruiziou en Ploüegat, Chastelaudren, Toulborzou en Plesidy, & autres d'argent à trois bandes d'azur, en la maison des Aulnays prés Rennes *idem*. *guillaume ref 1454*

GOVARLOT en Cornoüaille prés Rosporden C. pour les armes voyez Rosmadec Gouarlot.

GOVDELIN en Treguier C. Escartelé au 1. & 4. d'argent à trois fasces de sable, surmontées d'vn Lyon naissant de mesme, contr'escartelé d'azur à vne épée d'argent en pal aux gardes d'Or, la pointe fichée en bas qui est Goudelin, à Kerloaguen en Plougounuen, & à Guergue en Plestin *alias idem* & à present à Goasmelquin en Plouëgat Guerrand. *ean ref. 1427*

LE GOVELLO sieur de Tremeur Conseiller en la Cour de Parlement de ce pays, porte d'argent à vn fer de

N

GOMELON p plouerech . . .

gouardet . . .
accomp 4 estoil . . .

de gueulle accompagné de trois Molettes de méme 2. & 1. le feu Sieur de Keriolet en son viuant aussi Conseiller en ce Parlement assés conneu en cette Prouince pour les saintes & vertueuses actions qu'il a exerceés pendant sa vie estoit de la mesme famille.

G O V E O N ou Gohion à la Bouëtardaye & autres de méme famille, d'Or à deux fasces noüées de gueulle accompagnées de huict Merlettes de mesme 3. 2. 2. & 1.

G O Ü E Z B R I A N D en Ploüigneau Evesché de Treguier C. porte d'azur à la fasce d'Or, & pour deuise *Dieu y pour-voira*, le Seigneur d'apresent de cette Maison est Gouuerneur pour le Roy au Fort & Chasteau du Thorreau, sur la Riuiere de morlaix, & par succession de temps les Seigneurs de cette maison, ses deuanciers, ont eu des employs bien considerables sous nos Ducs en qualité de Capitaines en leurs Regimens.

G O Ü E Z E C Brepaffuec prés le Pont-labbé, d'azur au Soleil d'Or à 16. Raiz

G O Ü E Z E L, en Treguier, de gueulle à six quintefeilles d'Or 3. 2. & 1.

G O Ü E Z O V, en la paroisse de Taoulé Evesché de Leon, d'argent à trois Marcassins de sable 2. & 1.

G O Ü E Z O V, lez Saint Paul de Leon, le Gac Coëtgestin *idem*.

G O Ü I C Q V E T, d'argent à vne Croix pattée, my-partie de gueulle & d'azur, cantonnée de 4. macles de gueulle.

G O V L A I N E, anciennement C. depuis erigée en titre de Marquisat en Octobre 1621. verifiée en Iuillet l'année suiuante en faueur de Messire Gabriel Seigneur de Goulaine, du Faoüet, Saint Nazaire &c. qui portoit my-party d'Angleterre & de France, qui est de gueulle à trois demys Leopards d'Or l'vn sur l'autre, party d'azur à vne Fleur de Lys & demie d'Or, par concession expresse de ces deux Monarques en faueur d'vn Seigneur de cette Maison qui par fes foins , negociations & fage conduite ménagea vne bonne paix & alliance entre ces deux Couronnes.

LE GOVLEN en Leon, pour les Armes voyez Kerfaufon.

GOVLHEZRE jadis à Leftremeral en Sifun Evefché de Leon & autres, de fable à vne bande fufelée d'argent accoftée de fix Bezans de mefme en orle.

GOVPIL en Treguier, jadis à Keregren portoit

DV GOVRAY Baron de la Cofte-Baudramiere en Saint Brieuc, de gueulle à quatre fafces d'Or accompagnées de dix Billettes d'argent 4. 3. 2. & 1. il eft depuis n'a gueres Lieutenant pour le Roy aux quatre Evefchez de Baffe-Bretagne.

GOVRCVN Sieur de Tremenec prés Chafteau-neuf en Cornoüaille & autres, d'azur à vne Croix pattée d'argent chargée d'vn Croiffant de gueulle en abîme.

GOVREQVER en Plabennec Evefché de Leon, lofangé d'argent & de fable en pal, & vne Cottice de gueulle fur le tout, chargée de trois Treffles d'argent.

GOVRIO aliàs au Roüazle en Lannilis, à prefent à Lezireur en Taolé Evefché de Leon, Lamnofter, le Frout, le Bourg & autres, d'argent à deux Haches d'Armes ou Confulaires de gueulle en pal, au chef d'Or.

GOVRVAOV en Leon, de fable à deux branches de palme addoffées d'argent.

GOVRVINEC Crechennic & autres, pour les Armes voyez du Bezit-Gouruinec.

LE GOVVERNEVR, d'azur à la Croix d'argent cantonnée de deux Eftoilles en chef & deux Croiffans de méme en pointe, il y a eu vn Evefque de Saint Malo de cette famille, quelques-vns fe font habituez à Morlaix puis quelques années.

LE GOVX Sieur de la Biardaye & Doffac prés Rennes & autres, d'Or à trois fafces de fable au franc canton d'azur

N 2

chargé de trois Quintefeilles d'argent 2. & 1.

GOVYON Matignon *al. à* B. depuis Comte de Torigny, dont il y a eu vn Marefchal de France Gouuerneur de Normandie, portoit d'argent au Lion de gueulle couronné, armé & lampaffé d'Or, le Marquis de la Mouffaye eft auffi de ce Nom, & les Sieurs de Vauroüaud, Launay-Comats, Ville-aux-Oyfeaux, Beaucorps & autres, on tient par tradition ancienne, cette famille tirer fa premiere origine de la Maifon de Broëlo en Saint Potan Evefché de Saint Malo.

GOVZABATZ pour les Armes voyez Keroparts en bas-Leon.

GOVZILLON jadis à Kernaou prés Lefneuen Evefché de Leon, Kergroas en Goüeznou, Kergouniou, le Gamer & autres, d'Or à vne fifce d'azur accompagnée de trois Pigeons de mefine becquez & membrez de gueulle 2. & 1. quelques-vns fe contentent de les mettre fans pieds, ny becs.

LE GRAND Kerigonual en Leon, Kerfcaou & autres, d'azur à trois Treffles d'argent 2. & 1. cette premiere Maifon a donné vn Aumofnier du Duc François II. & vn Senefchal de Carhaix.

LE GRAND Kerantraon au Menihy de Saint Paul de Leon, d'argent au Croiffant de gueulle en abîme accompagné de trois Macles de mefine 2. & 1.

GRAND-PRE' en Saint Brieuc, ancien d'argent à trois Merlettes de fable 2. & 1. au chef d'Or à prefent du Bour-Blanc.

LE GRANEC en Leon, de fable à vne Bande engreflée d'argent.

LA GRANGE, d'azur au chevron d'Or accompagné de trois Lozanges d'argent 2. & 1.

DES GRANGES en Ploüedern E. de Leon, vnie & incorporée à la Maifon de Carman, porte à prefent comme Carman.

GRATH

GRANTVGEN

iean ref. 14 *p de ploueignan*

GRANGIER à prefent Evefque & Comte de Treguier, qui par fes foins & labeurs acquiert iournellement l'eftime de veiller autant bien fon Troupeau, qu'aucun autre Pafteur, il porte d'azur au chevron d'Or, accompagné de trois Gerbes de mefme 2. & 1. au chef vairé d'argent & de gueulle.

DV GRATZ, Bois de la Rive en Lanmeur, Keramez de Quimperlay & autres, d'argent au chefne de fynople englanté d'Or, naiffant de la pointe ondée d'azur, le dernier Archidiacre de Treguier & depuis Recteur de la Paroiffe de Taolé en Leon eftoit de cette famille.

DV GRENGVEN *aliàs* au Foreftic en Plouëdern Evefché de Leon, portoit de gueulle à vne bande fuzelée d'argét.

GRIGNART, Sieur de Chamfauoy, de fable à la Croix d'argent cantonnée de quatre Croiffans de mefme.

GRIMAVDET Sieur de la Croiferie d'Or à trois Lions de gueulle, il y en a eu quantité de Confeillers au Parlement de Bretagne.

GREZILLONNAYE prés Rennes C. de vair ou bafton componé d'argent & de gueulle brochant fur le tout.

GROESQVER en la Parroiffe de Pedernec Evefché de Treguier, C. d'Hermines à trois fafces de fable.

GRVEL, d'argent à trois fafces de fable.

LE GVALLES jadis à Kerfueillen en Buhulien, Carcaradec & à Keryuon prés Lannion, Keruerfault & autres, à prefent à Mezaubran prés Guingamp, le Benuoaz, Kerfon prés Lantreguier & autres, de gueulle au Croiffant d'argent en abîme accompagné de fix Coquilles de mefme 3. en chef & 3. en pointe.

DV GVE' jadis Vicomte de Mejuffeaume Capitaine & Gouuerneur des Ville & Evefché de Rennes, portoit d'argent à la Croix engreflée de fable.

LE GVE', d'Or au Lion de fable, au chef d'azur chargé de deux Eftoilles d'argent.

GRVEL la bodinaie

GVEGVEN furnom ancien de la Maifon d'Eftuel, C. d'azur au Lion d'argent, l'Ecu femé de Fleurs de Lys de mefme.

GVEHO jadis à la Grand-Ville d'Aradon, d'argent à trois Tourteaux de fable 2. & 1.

GVEMADEVC C. de fable au Leopard d'argent accompagné de fix Coquilles de mefme 3. en chef & 3. en pointe 2. & 1. les Seigneurs de cette Maifon fe difent de tout temps immemorial fondez à fe qualifier du titre de grand Efcuyer hereditaire de Bretagne.

GVENAN lez Saint Paul de Leon, pour les Armes voyez Kerfaufon, c'eft vn Gentil-homme bien experimenté au fait du Blafon, qui a auffi contribué de quelque chofe à l'acheuement de ce trauail.

GVENGAT C. d'azur à trois mains dextres appaumées d'argent en pal 2. & 1. vn Seigneur de cette Maifon fut Vice-Admiral de Bretagne Capitaine de Breft & Maiftre d'Hoftel du Roy François I. qui l'eut en finguliere eftime cette Maifon eft fonduë de nos iours en celle du Cleuzdon en Treguier.

LE GVENNEC en Treguier, furnom ancien de Launay Mefanegen en Treleuern, d'Or au Chaftau de fable & vn bafton d'argent brochant à dextre fur le tout.

DE GVER en Vennes C. d'azur à fept Macles dOr 3. 2. & 1. & pour deuife *fine maculis*, le Seigneur de la Portenefve, le Marquis de Pontcallec, le Baron de Henan & autres font iffus de ce nom là.

GVERBIAN en bas-Leon C. depuis quelques années annexée à la Maifon de Kergroades portoit

GVERBILEAV en Sizun Evefché de Leon, d'azur à vne main gantée d'argent mouuante du cofté feneftre & fuportant vn Eperuier de mefme auec les longes & fonnettes d'Or.

GVERDEROGON en Pommerit-Iaudy Evefché de

GVERAVT ｐ · 48

Treguier, pour les armes presentes voyez Trogoff.

GVERGORLAY, ou Kergorlay, B. vairé d'Or & de gueulle, & pour deuise *ayde toy Guergorlay & Dieu t'aydera* Vn Seigneur de cette Maison fut Partizan de Charles de Bloys en la plus part de ses exploits de guerre, & tellement attaché à ses interests, qu'il reputa à honneur de perdre la vie ensemble auec ce Prince, pres de sa personne à la funeste Iournée de la Bataille d'Auray, l'an 1364. le Seigneur du Gleuzdon en Treguier & autres de mesme famille sont aussi de ce nom.

GVERGOZ, en Cornoüaille prés Bennaudet, d'argent à vne fasce d'azur surmontée d'vne Merlette de mesme.

GVERGVEZENGOR en Vennes C. de gueulle à la Croix pattée d'argent Kerroüault SaintGeorges en Leon & autres *idem.* Voy Karguerangor

GVERIAN en Ploëfur Evesché de Treguier, pour les Armes modernes voyez de Quelen, anciennes . . .

GVERLISQVIN en Treguier C. anciennement c'estoit Rohan, moderne voyez du Parc Locmaria.

GVERLOSQVET, de sable à vne Croix engreslée d'argent.

GVERMEL en Penvenan, ancien du Halgoët *idem,* moderne voyez du Bourblanc, il a esté Alloüé Royal de Lannion, où il a acquis l'estime d'vn excellent Iusticier & continuë encore iournellement la fonction d'vn des plus suiuys & meilleurs Consultans de ce pays-bas.

GVERMENGVY au Comté Nantois, d'Or à vn Houx arraché de synople sans feilles.

GVERMEVR en Treguier, jadis au Ponthou, C. portoit comme le Ponthou.

GVERMEVR en Penguenan, de gueulle à dix Annelets d'Or 4. 3. 2. & 1. aucuns n'en mettent que sept 3. 3. & 1.

GVERMGVR en Ploudiry Evesché de Leon, écartelé au 1. & 4. d'argent à vn Croissant de gueulle, contrescartelé d'azur au fretté d'argent de fix pieces.

GVERMORVAN, en Loüargat Evefché de Treguier C. ancien voyez Coetguiziou, moderne Kergomar, Kerguezay *idem*,

GVERNACHAM en Ploüaret Evefché de Treguier...

GVERNALIO en Langoat Evefché de Treguier, *alias* Fleuriot maintenant Millon Villetanet *idem*.

GVERNARPIN furnom ancien de la maifon du Liffcuit en Cornoüaille C. d'argent à trois Cheurons de gueulle, comme Plufquellec.

GVERNAVLTIER en Penguenan Evefché de Treguier, ancien Crechriou *idem* moderne, voyez Rofmar Keroüalan.

GVERNELEZ Parroiffe du Treffuou Evefché de Leon, d'azur à vn Faifant d'Or.

GVERNENCHANAY en Ploüaret Evefché de Treguier C. ancien de fable au Cygne d'argent, moderne Coskaër, Rofambaou *idem*.

GVERNEVEN en Lohuec Evefché de Treguier, du Parc Leluerfault *idem*.

GVERNISAC en Taolé, Ramage de Penchoat Evefché de Leon, d'Or à la fafce de gueulle, chargée de trois molettes d'argent, & pour deuife, *Ped Bebret* prie fans ceffe : le Band, Kercham, Kernifac, & autres *idem*.

GVERNOTIER en Penuenan Evefché de Treguier, ancien, d'argent à l'Aigle efployée de fable bequée & membrée de gueulle, à Kerbeluen *alias*. *idem* moderne voyez Rofmar Keroüalan.

GVERRAND en Ploüegat Evefché de Treguier *alias* C. depuis erigée en titre de Marquifat, par lettres patentes, du Roy Louis XIII. de glorieufe memoire dattées du mois de Mars 1637. verifiées en la Cour de Parlement le 15. Ianuier 1639. en faueur de Meflire Vincent du Parc, Seigneur de Locmaria, & du Guerrand, Baron de Coëtfrec,

frec, Guerlifquin &c. en reconnoiffance de bons & recommendables feruices par luy rendus à fadite Majefté en qualité d'Enfeigne en la Compagnie des Gens d'Armes de feu
Monfieur le Cardinal de Richelieu, tant au Siege de la
Rochelle, qu'en la reduction de la Loraine, haute & baffe
Alface, Treuves, Mayence, Corbie & autres lieux, portoit pour Armes antiques, de gueulle à vne fafce d'argent,
comme Cheruel, Lefenor prés Lannion *aliàs idem.*

GVEZENEC Runanbleiz Evefché de Treguier & Ker-
ret prés Guerlifquin, le Reft & autres, d'argent à trois fafces de gueulle à la bordure d'Or.

LA GVEZLE, d'Or au Chevron de gueulle accompagné de trois Huchets d'azur, liez en fautoir de mefme
2. & 1.

GVIBE' jadis Evefque de Treguier enuiron l'an 1502.
qui portoit d'argent à trois jumelles de gueulle accompagnées de fix Coquilles d'azur 3. 2. & 1. au chef d'Or, il y a
auffi eu vn Cardinal de cette famille.

GVICAZNOV jadis à Lefireur en Taolé Evefché de
Leon, Coëtgral & Troffenteunyon en Plouïan Evefché
de Treguier, à prefent à Kernotter, Keromnes en Plougaznou, Keranduluen en Lanmeur & autres, d'argent au
fretté d'azur de fix pieces : Cette premiere Maifon a fourny
vn Maiftre d'Hoftel de la Ducheffe Anne Reyne de France
& Capitaine des Ville & Chafteau de Morlaix.

GVICQVELLEAV en Saint Fregan Evefché de Leon
d'azur à trois Quintefeilles d'Or 2. & 1.

GVIGNEN en Saint Malo C. d'azur au Lion d'argent
l'Ecu femé de Fleurs de Lys de mefme.

GVISCHART Martigné Confeiller au Parlement,
d'Hermines à cinq fufées de gueulle, celle du milieu chargée d'vn bezan d'argent.

GVILLART Kerhuelen en Rofpez Evefché de Treguier
d'Or à vn Cocq de fable au naturel.

O

GVILLART Guerfaufic en Leon, d'azur à trois fafces d'argent.

GVILLAVME, jadis à Kerjeffroy en Treguier, Ville-nefve Corbin pres Lannion, Kerdeno & autres, d'argent à vne Tour crenelée de gueule.

herné p. de ploygneau réfa [marginal handwritten note]

GVILLEGVIVIN en Cornoüaille C. de gueule à trois Ecuſſons à l'antique d'argent couronnez d'Or 2. & 1.

GVILLEMIN Kercado, d'azur à trois Coquilles d'Or 2. & 1.

GVILLER de la Ville-nefve prés Gœrec Paroiſſe de Pelan Eveſché de Vennes, porte de fable à vne Salamandre d'argent vomiſſant des flâmes de gueule, cette Maiſon a fourny deux Abbez de Beaurepos, jadis du Glageolet.

gueule au mc. p. de ploeſal ref. 14 [marginal handwritten note]

GVILLOV jadis au Chaſtelier en Brelidy Eveſché de Treguier & autres, d'argent au chef de gueule, chargé d'vn Lambeau à trois pendans d'argent.

GVILLOVSOV à prefent à Kerhuidonay en Pleſtin Eveſché de Treguier, Lefuern, Kergueuarec, Goazrus, & autres, d'azur au chevron d'Or accompagné de trois Roües de Sainte Catherine de meſme 2. & 1. briſé en chef d'vn Croiſſant auſſi d'Or, le dernier Lieutenant Royal de Morlaix eſtoit de cette famille-là.

DV GVILLY C. pour les Armes Kergoët prés Carhaix *idem.* Il eſt Prefident au Siege Prefidial de Quimperco-rentin, & s'eſt démis depuis quelques temps de la Charge de Seneſchal audit Siege.

GVINGAMP en Treguier, *aliàs* à Lanidy prés Morlaix maintenant à Penannern, Saint Seuo en Leon & autres, d'argent au Croiſſant de gueule en abîme accompagné de ſix Coquilles de meſme 3. en chef & 3. en pointe 2. & 1.

DV GVINY Bonnabon, d'azur au Croiſſant d'Or.

GVIGNARDAYE en l'Eveſché de Rennes C. porte à prefent de gueule à la bande d'Hermines.

GVISCHOVX Kerangoaguet en Taolé Eveſché de Leon, Kerjan & autres, d'argent à trois Eſtoilles de gueulle 2. & 1. & vn Huchet d'azur en abîme lié de gueulle en ſautoir.

DE GVITE' *aliàs* à Vaucouleur C. d'azur à vne Croix d'argét à preſent le ſurnom d'Eſpinay eſt en cette maiſon-là.

GVYMARCH Keryergon Eveſché de Vennes, pour les Armes voyez Kerſalou Guymarch.

GVYMARCH Saint Laurens en Goudelin Eveſ. de Tréguier, à preſent Lieutenant Royal de Leſneuen & autres.

GVYNAMENT Lanunec en Cornoüaille & autres, de ſable à trois Maſſacres de Cerf d'argent, il y a eu vn Seneſchal de Carhaix de cette Maiſon-là.

GVYNAN en Lanmelin Arriere-Fief des Reguaires de Treguier aſſez conſiderable, portoit anciennement d'argent au Lion de ſynople armé & lampaſſé de gueulle, maintenant Goazuen le Borgne *idem*.

GVYOMAR jadis à Kerualanec en Plouënan Eveſché de Leon & autres, d'Or à vn arbre de ſynople au haut duquel eſt perchée vne Pye au naturel, à preſent Botloré.

GVYRIEC, d'azur à vne faſce d'Or accompagnée de trois Eſtoilles d'argent 2. & 1.

GYRY bandé d'Or & de gueulle de ſix pieces, briſé en chef d'vn Lambel à trois pendans d'azur.

H.

ES Eftats de Holande, d'Or au Lion de gueulle.

HONGRIE Roy, porte burellé d'argent & de gueulle de fix pieces.

HABASQVE en Treguier, jadis à Tregoadalan en Plougaznou, d'Or à deux Lions de gueulle l'vn fur l'autre.

DV HAC C. pour les Armes voyez Hingant du Hac.

DV HALLAY en l'Evefché de Rennes C. porte fretté d'argent & de gueulle, Montbrault audit Evefché *idem.*

DV HALLEGOËT anciennement audit lieu en Plouzane Evefché de Leon, maintenant à Cargrée en Plougrefcant prés Lantreguier, Lezuron en Camlez, Loftang, Kerbeuluen & autres, d'azur au Lion morné d'Or, il y a longues années que cette Maifon de Cargrée a fourny des Confeillers en ce Parlement, outre plufieurs autres Officiers & encore à prefent il y a vn Maiftre des Requeftes ordinaire de l'Hoftel de fa Majefté & Confeiller en fes Confeils.

DV HALLEGOËT Gouraua en Leon, d'azur au Lion d'argent accompagné de trois Coquilles de mefme 2. & 1.

HAMON en Treguier, jadis au Bouuet Evefché de Rennes, la Haye en Pleftin, Penaru lez Saint Paul de Leon & autres, d'argent à vne fafce d'azur, accompagnée de trois Macles de gueulle 2. & 1. cette premiere Maifon a donné deux Evefques à cette Prouince fçauoir l'vn de Nantes & l'autre de Vennes.

guidle ref 14   ic habasque E T p de plougaznou

HAMON Locrenan en Pleſtin, Kermouden, Barrach Philippes en Treguier & autres, d'azur au chevron d'argent accompagné de trois Roſes ou Quintefeilles de meſme 2. & 1. à Kerbourdon en ladite Paroiſſe de Pleſtin, Kerſenant en Plouëgat-Moyſan *alias idem*.

HAMON anciennement à Lauallot en Taolé Eveſché de Leon auant Marrec, de ſable fretté d'Or de ſix pieces au canton dextre d'argent chargé d'vne Tour crenelée de gueulle.

HAMON Keranbellec en Cornoüaille, d'azur à trois Annelets d'Or 2. & 1.

HAMONOV Kerhernyou en Ploumoguer Eveſché de Treguier, portoit

HAMONOV jadis à Trehenuel en Plougaznou Eveſché de Treguier Trogof *idem*, & vne bordure componée d'argent & de gueulle en outre.

DV HAN Seigneur du Bertry C. d'argent à vne bande fuſelée de ſable, ſurmontée d'vn Lyon de gueulle: Launay du Han *idem*, la charge de Conſeiller en ce Parlement eſt ſucceſſiue de pere en fils en cette famille.

LA HARDOÜINAYE C. d'argent à nœuf billettes d'azur. 3. 3. & 3.

DE HARLAY C. d'argent à deux pals de ſable. Cette maiſon eſt des mieux marquées en l'hiſtoire, pour auoir produit de grands & Inſignes Perſonnages, entr'autre vn Sur-intendant des finances, ſoubz le *Roy Henry le Grand* qui fut Ambaſſadeur de ſadite Maieſté vers les Suiſſes, & en outre vn Eveſque de Saint Malo, qui auant ſa promotion audit Eveſché auoit eſte auſſi Ambaſſadeur du Roy *Louis le iuſte*, vers le grand Seigneur

LA HARMOYE, d'Or à la Croix engrellée d'azur

HARQVIN Kerourien en Ploumauguer Eveſché de Leon, & autres, d'argent à deux Cheurons entrelaſſés de gueulle, accompagnés de trois roſes de meſme. 2. & 1.

HENNEBONT

HARSCOËT Trohadiou en Treguier, Keruerziou en Plouha, Keramborgne, Keralbin & autres *aliàs idem*, d'azur à trois Coquilles d'argent 2. & 1.

DV HAVT-BOYS C. d'azur à trois Testes de Leopards d'Or allumez & lampassez de gueule.

HAY Netumieres en Rennes, Coallan & autres C. de sable au Lion morné d'argent de toute antiquité, cette famille a donné de pere en fils des Conseillers en ce Parlement.

LA HAYE en Plouäret Evesché de Treguier C. d'argent à trois bandes d'azur, au franc canton aussi d'azur.

LA HAYE jadis à Penuern en Plougaznou Evesché de Treguier, auant la Lande, bandé d'Hermines & de gueulle de six pieces, Treleuer *idem*.

LA HAYE Gondart en Miniac, d'argent à la fasce de gueulle accompagnée de trois Tresfles de synople.

LA HAYE Kergomar en Seruel prés Lannion Evesché de Treguier & autres, d'azur au Leopard d'Or, au baston de gueulle brochant à dextre sur le tout.

LA HAYE en Plestin Evesché de Treguier, des Roches Kerlaudy prés Saint Paul de Leon, bandé d'Or & d'azur de six pieces au franc canton de gueule chargé d'vne Fleur de Lys d'argent, l'Isle en Plougaznou *aliàs idem*.

LA HAYE Hamon en Treguier, pour les Armes voyez Hamon du Bouuet.

LA HAYE le Rouge en Plouëgat Moysan, le Rouge Guerdauid *idem*.

LA HAYE Lesuersault ancien . . . . moderne du Parc Locmaria *idem*.

LA HAYE Hirel, d'argent à trois Merlettes de sable comme Loysel.

LA HAYE en la Paroisse de Larré Diocese de Vennes, de gueule à trois Coquilles d'argent 2. & 1.

LA HAYE Saint Hilaire, d'argent au Leopard de sable.

BRETON.

LA HAYE, d'azur à vn Arbre d'argent & vn Cerf d'Or paſſant ſur le Tronc d'iceluy.

LA HAYE du Reu, d'argent à deux épées en ſautoir de ſable ſurmontée d'vn Croiſſant de meſme. *G. de velnel*

HELLEAV en Leon, pour les Armes voyez Pourappa.

HELLES Montafilant en Cornoüaille C. Boiſſon *idem.*

HELLEZ en Lanmeur, ancien ſurnom de cette Maiſon, d'argent au chef de ſable, briſé d'vn Lambeau à trois pendans d'argent, maintenant la Foreſt.

HELLES tout en outre en Cornoüaille, d'argent à trois Hures de Saumon d'azur 2. & 1. poſées en faſce & pour deuiſe voyez Tout en outre.

HELLEZ Mocazre, pour les Armes voyez Mocazre.

HELIAS, autrefois à Kerallic en Pleſtin Eveſché de Treguier, Kerouriou & autres, d'argent à trois Eſtoilles de ſable 2. & 1. & vne Quintefeille de gueulle en abîme.

HELIDIC en Treguier, d'Or à vne faſce de ſable.

HELOVRY Kergaric en Quemper-Gueznec Eveſché de Treguier & autres, pour les Armes Kermartin *idem.* Il *guillaume ref 14.* y a eu vn Eveſque de ce Dioceſe de ce nom ſous le Regne du Duc Iean III. & eſt toutefois à remarquer que ce nom n'eſtoit pas le propre ſurnom de Saint Yues, ains celuy de Kermartin.

HEMERY en Treguier *alias* à Kerurien prés Guingamp C. Kermerault en Cauan, Kergadiou Leingoüez en Guymeac, Leſeüen, Rocheleuz, Kerplat & autres, d'Or à trois Merlettes de ſable 2. & 1. en quelques endroits on voit des Choüettes, cette premiere Maiſon a donné vn Seigneur Garde-Coſte de cet Eveſché, Capitaine de Brehat & en *charle p de* outre vn Capitaine de cent Piſtoliers ſous le Seigneur de *hengoat ref 14.* Martigues Lieutenant General du Roy en cette Prouince.

HENGOËT en Treguier, ancien ſurnom de Kermouſter en la Paroiſſe de Langoat, auant le ſurnom de Loz, *marice p de hengoat ref* de ſable à vn Aigle d'argent. *1427*

faſce HESNANT C. or, à 3 fuſées de guelles en

HEAVME

HENNEBAVLT C. ancien surnom de la Huñaudaye
dont il y a eu vn Admiral, puis Mareschal de France, qui
selon la traditiue ancienne, faisant bastir cette maison, la
fist nommer *Hune-an-days*, d'autant que la hune de l'vn
de ses Vaisseaux estoit faite en forme de Daix, & portoit
lors de gueulle à la Croix de vair : moderne voyez Tournemine.

HENNEQVIN, vairé d'or & d'azur, au chef de gueulle,
chargé d'vn Lion Leopardé d'or. Il y a eu vn Evesque de
Rennes de la mesme fammille.

*Alain ref p
de — 1427* HENRIOT en Treguier, jadis à Trorozec prés Lannion
Auant-Droniou, Kerezep en Plougrescant & autres, portoit . . . .

HENRY jadis à Keryuen en Taolé Evesché de Leon &
autres, d'argent au Sanglier de sable en furie, accompagné de trois Estoilles de mesme 2. & 1.

HENRY, la Motte en Goëlo, Vieuville, & autres, de
sable à vn Aigle d'argent.

HENRY Kerpras en Treguier, party d'argent & de
gueulle, à deux Roses de l'vn en l'autre.

HENRY, *aliàs* à Ponthuet prés Lanmeur, d'or à trois
quintefeilles de gueulle percées d'or 2. & 1.

HERISSON, d'argent à trois Herissons de sable 2. & 1.

HERVE' Kergoff en Leon & autres, d'argent à trois
Treffles de sable 2. & 1.

DV HIL en Piré Evesché de Rennes, d'azur av Chevron d'argent accompagné de deux Estoilles de mesme en
chef & vne teste de Taureau d'or en pointe.

*ou sab pp besans
arg 4 3 2 1 chason
arg lioug* HILLARY ancien surnom de Quinipilly en Vennes,
C. portoit pareilles Armes que celles que voyez sur Languenocz.

DV HINDRAY, prés Saint Malo, d'azur à trois Heaumes d'argent pennachez de gueulle.

HINGANT, Seigneur du Hac C. de gueulle à sept Billettes

HENRI *jadis au vau vm* sr du guenga
de gueulles a espees d'argent la pointe en bas

lettes d'Or 4. 2. & 1. vn Seigneur de cette maiſon fut Chambellan ordinaire du Duc François I. qui l'avantagea de pluſieurs beaux Employs & Ambaſſades honorables.

HINGANT Seigneur de Keryſac & de Kerdüel C. de
ſable à trois épées d'argent également hautes en pal, aux
gardes d'Or les pointes fichées en haut, au Rochou, Penlan, Villemario & autres *idem*. Le dernier Seigneur de ces
deux premieres Maiſons a eſté de nos iours Conſeiller en
la Cour de Parlement de ce pays.

HIRGARS en Crozon, d'Or à trois Pommes de Pin
d'azur 2. & 1.

LA HIRLAYE, d'azur à trois Fleurs de Lys d'argent
briſé en chef d'vn Lambeau de gueule.

L'HOENNEC, en Pleiber-Saint-Hegonec, Eveſché
de Leon, pour les Armes le Borgne Leſquiffiou, *idem*.

L'HONNORE' en Leon, pour les Armes voyez la Lettre L.

DE L'HOSPITAL, d'argent à la bande de gueule, ac-
coſtée d'vne Merlette de ſable vers le chef.

HOSMAN, d'argent au Cheuron de gueule, accompagné de trois Treffles de meſme 2. & 1.

LA HOVSSAYE en Saint Malo C. eſchiqueté d'argent &
d'azur, à ſix traits.

LA HOVSSAYE en Gaël, de ſable à trois Iumelles d'argent, eſcartellé d'or à vn Cocq de ſable. Il a eſté Prieur
du Ponthou prés Morlaix, & eſt habitué en l'Eveſché de
Treguier.

HVART Sieur de la Grand-Riviere & autres, d'argent
à vn Gerfault de ſable becqué & membré d'azur, la Charge
de Conſeiller au Parlement eſt hereditaire de pere en fils.

HVBERT, d'argent à vn Chien de Saint Hubert de
ſable.

HVBY, d'azur au Cheuron d'argent accompagné de
trois Roſes de meſme, 2. & 1.

P.

HVCHET, Vicomte de Loyat, Conseiller du Roy & Procureur General en ce Parlement, porte escartelé au premier & quatre d'azur à 6. Billettes forcés d'argent 3. 2. & 1. qui est la Bedoyere. Contrecartelé d'argent à trois bandes jumelles de gueule, sur le tout d'argent à trois Cornets ou Huchets de sable sans ligature 2. & 1. ladite Charge de Procureur General en ce Parlement est par succession de temps continuée de pere en fils, en cette maison-là. E

HVET en Treguier, jadis à Kerlan en seruel, d'azur à l'Aigle Esployée d'argent, becquée & menbrée de gueulle.

HVLDRIERE, d'azur à trois bandes d'Or.

HVNAVDAYE B. pour les armes voyez Tournemine.

HVON en Leon jadis à herlan en Pleiber Saint Hegonec, d'Or au Lion de sable, brisé d'vne fasce en deuise de guelle.

HVON *aliis* à Kerauffret, Mezle prés Carhaix C. & à Kergadou prés Calac Evesché de Treguier, à present à Kermedan, Kersanton, Rescourel en Guineuez Evesché de Leon & autres d'argent à trois Cheurons de gueulle, brisez d'vne fasce en devise d'azur.

HVON Kermadec en Ploudiry Evesché de Leon & autres, d'Or à trois Croix & Annelets d'azur entremeslez sçauoir en chef, vn Annelet entre deux Croix & plus bas vne Croix entre deux Annelets,

HVON en Treguier, jadis à Lanomnes en Plogoüuuer, d'argent à deux fasces d'azur.

HVON en Kerezelec, au Treffuou Evesché de Leon & autres de gueulle à cinq Croix recroisetées d'argent, posées en Croix.

HVON, Kerliezec, en Direnon prés Landernau Evesché de Cornoüaille, & autres d'Or au Cheuron de gueulle, accompagné d'vne Corneille de sable en pointe.

HVDELOR

HOVE   E.S.M. guelles a 3 espees la poin
en haut d'argent

I.

OSSELIN Ville & Chastelenie, d'azur au Cocq d'Or.

IRLANDE vn des Royaumes de la grande Bretagne, portoit pour Armes antiques de sable à vn Roy assis sur vn Thrône, les jambes passées en sautoir tenant de sa main droite vn Sceptre, le tout d'Or : modernes d'azur à la Harpe d'Or cordée de mesme.

LE IACOBIN Sieur de Ketamprat au Menihy de Saint Paul de Leon & autres, d'argent à vn Escu en abîme d'azur & six Annelets de gueulle posez en Orle, il est Conseiller & l'vn des Gardes-Sceaux en la Cour de Parlement, le dernier Chantre de Leon estoit de cette Maison-là.

IAGV en Treguier, *aliàs* à Trobescond en Saint Laurens, portoit . . .

IAGV jadis à Mesauldren en Lanmeur, Pratmeur prés Lantreguier & autres, de sable au Lion d'argent accompagné de trois Estoilles de mesme 2. & 1.

LA IAILLE B. Maison tres-ancienne d'Anjou issuë des Ducs de Bretagne, sçauoir des anciens Comtes de Penthievre de Gouëlo & Barons d'Auaugour, porte d'Or au Lion leopardé de gueulle, à l'Orle de 6. Coquilles d'azur.

IAMES Ville-care en St. Brieuc de son viuant grand Preuost de Nosseigneurs lés Maréchaux de France en cette Prouince & autres de méme famille, d'argét à 7. Macles d'azur 3. 3. & 1.

IAMES prés Saint Aubin du Cormier, d'Or au chef d'azur, chargé d'vne Rose d'Or.

IAMONIERE en Nantes, d'azur à deux Estoilles d'Or & vn Croissant à la pointe de mesme.

LA IANDIERE en Montreuil le Gast, d'azur à 2. épées d'argét en sautoir garnies d'Or, cantonnée de 4. Coquilles d'argét.

IARET a troccé . . .

P 2

IOSSE a la iosseliniere

IVSEL a boishurel

IANEGAN or aig 2 testes sable
IARNOVARN au Caner en
L'ARMORIAL
116

LA IANDIERE, d'Hermines à la fasce d'azur accompagnée de trois Chaunes de gueulle.

IAN, ou Iehan en Treguier, jadis à Lesleinou en Trebreden, Penprat & autres, d'azur à trois Pigeons d'argent parez de gueulle 2. & 1.

IANDO, de gueulle au pal d'or, chargé de cinq Chevrons de sable.

IANSON Pont-glan, C. d'argent à deux fasces de sable, à la bordure aussi de mesme.

IAOÜEN en Treguier, de gueulle au Lion d'or, accompagné de trois Bezans d'argent 2. & 1.

IAOVEN Kerochic, en Iloüien Evesché de Leon & autres, d'argent à vn Cor de Chasse de gueulle lié en sautoir de mesme.

LE IAR Penancoët en Plöuedern Evesché de Leon, Cleuzmeur, & autres, d'argent à vne Poulle de de sable crestée de gueulle, bequée & menbrée d'Or.

LE IAR, d'azur à l'Aigle Essorant d'Or.

IARNAGE, Landiguiach en Guineuez Evesché de Leon, la Planche, & autres, d'azur à vne fasce d'Or, surmontée d'vne main d'argent mouuante du costé senextre, & supportant vn Oyseau de méme, becqué & membré de gueulle.

IASCOB Keriegu, & Pontguennec en Perros-Guirec, & autres de gueulle au Cheuron d'argent, accompagné de trois Coquilles de méme 2. & 1. le dernier Procureur du Roy de Morlaix, estoit de cette maison, qui à produit en outre vn Senechal de Lannion.

IEGADO jadis sieur de Kerollain, portoit de gueulle au Lion d'argent, armé & lampassé de sable.

IEGO, jadis à la Pradoüaye Evesché de Vennes C. . .

IEGOV Kervilliou prés Carhaix C. d'argent au Greslier de sable, cantonné de quatre tablettes d'azur chacune chargée d'vne Croix pommetée d'or. Il y à vn President au

BRETON.

Parlement de cette maison, & deux Cheualiers de Malthe de nos iours.

IEGOV Rumarquer en Plouisi prés Guingamp, Euesché de Treguier, Kermorual, Kerdibeoch & autres, au Meidic *roland n.H 14.* en Plesidy, Tourbrunot en Cornoüaille & autres, *alias idem*, d'argent au Chevron de sable.

IEGOV En Treguier, dernier surnom du Rochou en Lannehec & autres d'azur, à trois males d'Or 2. & 1.

LA IENNIERE, de gueulle à trois Gresliers d'Hermines, embouchez d'Or & enguichez d'argent.

IENVILLE d'azur à 6. Rats, ou Glez d'Or 3. 2. & 1. au Chef d'argent chargé d'vn Lion nayssant de gueulle, armé, Lampassé & Couroné d'Or.

LE IEVNE, de synople à trois Grillets, ou Sonnettes d'or, 2. & 1.

LE IEVNE, *alias* à Botteguiry, Keruaronou en Plouda- *de sable au* niel Euesché de Leon & autres, d'or à deux jumelles de sa- *cerf argent* ble, & vn Croissant de méme en abisme entre les deux *passant regar-* fasces. *dant*

IFFER C. d'argent à trois Boucles, ou Fermeaux de sable 2. & 1.

IOBART Saint Georges, en Ploüescat Euesché de Leon, Escartelé au premier & dernier d'argent à vne Croix de gueulle, contrescartelé d'asur à deux haches d'armes, ou Consulaires d'Or. en Pal, l'Escu semé de sept Quinte-feuilles de méme 3. 3. & 1. *il y a eu des iobert en plougour-neau*

IOCET, d'azur à vn Escutieuil d'Or.

IOLIF En Treguier jadis à Keruillart.

IOLY, d'azur à trois Fleurs de Lys de jardin d'argent *S.r de Bospraud* au naturel, 2. & 1. *origine Bourguye*

IOSON, jadis à Kerbrigent en Taoülé Euesché de Leon, d'azur à la Fleur de Lys d'or, surmontée d'vn Oyseau de mesme, à present de l'Estang en surnom.

IOSSO, *alias* au Plessix Iosso en Vennes C. d'azur à trois

LE IEVNE *a boteguiry*
de sable au cerft dont on voit les 2 ioeux dardé   *E de leon*

LE IEVNE *p.211.*
le jeune jo plougasnou E.j.   *meriadec rel*
14.

Coquilles d'or, 2. & 1. à prefent Rofmadec.

LA Ioüanniere, d'azur au Saulmon en bande d'argent.

Iovhan prés Saint Renan en Leon, de guelle au Lion d'Or armé & lempaffé d'argent, accompagné des trois Anelets de méme.

Iovhan Carcaffier prés Guerrande, evefché de Nantes, d'azur à trois Eftoilles d'Or 2. & 1. au Cheuron de guelle chargé de trois Eftoilles d'argent.

Iovrdrain jadis à Keruerzic en Pleftin Evefché de Treguier & autres d'azur au Croiffant d'argent auec la deuife, *feruire Deo Regnare eft*. Cette maifon eft fonduë en celle de Lifle-Goazanharan.

Iovrdrain fieur du Pellem en Cornoüaille, C. d'Or à vne bande de gueulle, chargée de trois macles d'Or.

Iovrdren en Leon, jadis à Meflean en Saint Goueznou, Froutuen en Guipauaz & autres. . .

Iovyno jadis au Quiftillic en Quimper-Guezenec, Evefché de Treguier, auant-Riot, d'argent à vn fautoir d'azur, chargé de cinq Anelets d'argent.

L'Isle-Guicaznou prés Belifle Evefché de Treguier, ancien. . . . moderne la Foreft Guicaznou *idem*.

Lisle-en-gal Evefché de Leon, de gueulle à vne Tour Crenelée d'argent accoftée de deux épée de méme, aux gardes d'Or les pointes fichées en haut.

Lilsle-mevdec en Ploüyen E. de Leon, d'azur à deux fafces ondées d'Or, & trois Anelets de mefme 2. & 1.

Le Ivc prés doüarnenez en Cornoüaille B. d'azur au Lyon d'argent armé & lampaffé de gueulle. Cette terre eft au Marquis de Molac.

Ivette au Bois-Hamon prés Rennes d'azur au Cheurõ d'argent accompagné de 3. Quintefeuilles de mefme 2. & 1.

Ivhel Keralfy en Ploubezre E. de Treguier & autres.

La Ivlliennays, de fable à 3. Quintefeuilles d'arg.' 2. & 1.

La Ivmelaye fieur dudit Lieu Porte.

IVLLIEN

K.

AER en Vennes prés Auray B. portoit pour armes antiques de gueulle, à vne Croix Ancrée d'Hermines, qui est Kaër, depuis de Malestroit.

KERABRET en Cleder Evesché de Leon, pour les Armes voyez l'Estang.

KERAHEL Loquirec Kergariou *idem.*

KERAHEL en Botlorher prés Guerisquin, Evesché de Treguier ancien, voyez Cheruel comme estant ramage de cette maison moderne Callouet Lanidy *idem.*

KERAHEL Keruerzic Evesché de Treguier pour les armes voyez Iourdrain.

KERALLAIN, en Vennes, de gueulle au Lion d'Or armé & lampassé d'argent.

KERALBAVD sieur de Cardelan prés Vennes, de gueulle à trois Croix pattées d'Or 2. & 1.

KERALBIN prés Pontrieu Evesché de Treguier, ancien voyez Harscoët, moderne.

KERALDANET ancien surnom du Rascor en Lanilis Evesché de Leon C. de gueulle au Chef endenché d'Or à cinq pointes.

KERALLIES en la Parroisse de Kersent, Evesché de Leon Porte comme Leslem.

KERALLYO en Plouguiel prés Lantreguier C. ancien surnom de cette maison, portoit d'Or à vn Leopard de sable. Cette maison à produit des personnes de cœur la pluspart desquels sont morts ayants charges & commandements dans les armées de nos Ducs & notamment vn Guillaume de Kerallyo vaillant & experimenté Capitaine qui fut tué l'an 1423. à la Prise de l'Isle de Rhodes, aprés auoir donné des preuues bien remarquables de sa valeur pendant le temps de huict mois que dura ce Siege.

KERALLYOV Lesquiffiou, en Cornüaille issuë en Iuseignerie des anciens Vicontes du Faou, d'argent à cinq Hermines de sable posées, en fasce au chef endanté ausi de sable.

KERALLIOV Prat en Treguier, pour les armes voyez le Cheuoir.

KERALYOV en Ploüguerneau Euesché de Leon portoit jadis comme Kerouzeré.

KERALLYOV en Treduder Evesché de Treguier, pour armes antiques, voyez le Clerc Kerallyou, moderne voyez Roscoët Gouezbriand.

KERALYOV en Ploüyen Evesché de Leon d'argent au Cheuron de sable accompagné de trois Coquilles de gueulle 2. & 1.

DE KERALY autrefois Kergaly, en l'Evesché de Vennes, porte d'azur à vne Fleur de Lys, d'Or accompagnée de trois Coquilles d'argent, deux en Chef & vne en pointe. Il y à eu des Conseillers au Parlement de Rennes de cette maison.

KERALSY en Ploubezre Evesché de Treguier, pour les armes Larmor *idem.*

KERALSY en Lanmeur, voyez Launay Coëtmeret.

KERAMBARS au Menitry de Saint Paul de Leon, pour les armes voyez Kerret.

KERAMBELLEC au sieur du Parc Ploëdaniel en Treguier, de sable à vne fleur de Lys d'argent accostée de deux épées de mesme, les pointes fichées en haut.

KERAMBELLEC

KERAMBELLEC en Guimeac Evesché de Treguier, autrefois c'estoit keruerder, maintenant Paftour.

KERAMBORGNE en Ploüaret Evesché de Treguier *merien ref*
C. ancien de gueulle à vn Heaume, ou Casque d'or *14*
en abifme Tarc de costé fans Lambrequins accompagné de trois Coquilles d'argent 2. & 1. moderne voyez Perrien.

KERAMBORGNE en Ploüencuez Evesché de Treguier.

KERAMEZRE en Plouëgat Guerrand Evesché des Treguier pour les armes, voyez du Drefnay.

KERAMOROCH en Plouneuez Evesché de Treguier, fafce d'Or & de gueulle, de 6. pieces, à la bordure engreflée de gueulle.

KERAMPVIL en Cornoüaille dont il y a eu vn Senechal de Charhaix, Porte d'Or à trois merlette de fable 2. & 1.

KERANAVOËT en Leon pour les armes voyez Poulpry. Il eft Senefchal de Lefneuen.

KERAMBASTARD en Cornoüaille C. pour les armes voyez le Prouoft keranbaftard.

KERANCOÜAT en Cornoüaille C. ancien voyez Rofneuinen, & pour deuife *deffena toy*, moderne du Louët Coëtienual.

KERANDRAON en bas Leon C. jadis kerouzeré, maintenant kercoënt, Coëtanfaou *idem*.

De KERANDRAON, Baraton prés Carhaix, voyez Deffemo.

KERANDRAON, Douget en Ploüarzel Evesché de Leon, d'azur au cheuron d'Or accompagné de trois cœurs de mefme. 2. & 1.

KERANDVLVEN en Lanmeur Guicafnou keromnes *idem*.

KERANFLECH en Milizac Evesché de Leon, ancien d'Or à trois fafces d'azur, furmontée de deux Coquilles de gueulle, moderne voyez le ny Coëtelez.

Q

KERAMBARTS
à 9 coquilles et un lion en cheft

KERANFOREST en Treguier, de gueulle à six Annelets d'argent 3. 2. & 1. au chef d'Or chargé de trois Roses ou Quintefeilles de gueulle.

KERANFORS en Plougounuen Evesché de Treguier, le Leuyer *idem*.

KERANGLAS en Ploubezre Evesché de Treguier, d'argent à trois fasces d'azur.

KERANGOFF en Kermaria Sular Evesché de Treguier, Trogoff Kelleau & Coëtalliou *idem*.

KERANGOVMAR en Taolé Evesché de Leon, de Pourpre à vne main gantée d'argent tenant vn Oyseau de mesme campané ou grilletté d'Or.

KERANGOVMAR en Ploudiry Evesché de Leon, d'argent à trois chesnes de synople 2. & 1. brisé en chef d'vn Croissant de gueulle.

KERANGOüEZ prés Saint Paul de Leon, pour Armes anciennes voyez Riou : Cette Maison est tombée il y a longues années en celle du Cleuzdon.

KERANGOüEZ en Plouïgneau Evesché de Treguier, ancien d'argent à vn Arbre de synople sommé d'vn Oyseau de sable, moderne voyez Coëtmen Kerangoüez.

KERANGREON en Treguier, d'Or à deux fasces noüées de gueulle accompagnées de huict Merlettes de mesme 3. 2. 2. & 1.

KERANGVEN jadis audit lieu en Ploüenan Evesché de Leon, d'argent à trois Tourteaux de gueulle 2. & 1. auec cette deuise *Laca euez*, prends garde ; à Trogurun prés Lesneuen E. de Leon, Tredillac en Plougounuen E. de Treguier, le Fransic en Taolé, Penanech en Plougaznou, Kerlosquet prés St. Paul de Leon, & autres à present *idem*.

KERANGVEN en Borsorcher Evesché de Treguier, d'Or au Lion morné de gueulle.

KERANGVEN en Ploemeur-Gaultier Evesché de Treguier . . .

KERANMANACH ou Keramanach prés Pontrieu Evefché de Treguier, pour Armes prefentes voyez Boutblanc Guermel, antiques . . .

KERANMANACH Poulpry en Leon, portoit d'Or au Cormoran de fable, maintenant Poulpry.

KERANMEAL en Kerloüan prés Lefneuen E. de Leon, d'argent à trois chevrons d'azur, écartelé d'argent au Croiffant de gueulle, furmonté de trois Fleurs de Lys de mefme.

KERANMELIN & Guermorguen C. de fable à trois teftes de Cerf d'argent 2. & 1.

KERANNOT en Pleiber-Saint-Hegonec E. de Leon pour les armes voyez Simon Tromenec &pour deuife _c'eft mon plaifir._

KERANNOU audit lieu en Plœbennec Evefché de Leon Corhaër & autres, échiquetté d'argent & de fable & vne bande en deuife de gueulle fur le tout chargée de trois Treffles d'argent.

KERANPREVOST en Plourin Evefché de Treguier, voyez Kergariou.

KERANRAIX en Ploüaret Evefché de Treguier C. vairé d'argent & de gueulle, comme Runfaou. Vn Seigneur de cette Maifon fignala fa valeur en la bataille de Trente, pour auoir terracé d'vn coup de Lance le Capitaine Bembro tant renommé parmy les Anglois.

KERANROUX en Plœffur Evefché de Treguier C. pour Armes antiques voyez le Long. Cette Maifon eft fonduë en celle du Chaftel Coëtangars.

KERANROUX Lefuerzault en Ploüian Evefché de Treguier, porte à prefent comme du Parc Locmaria, Penanech Kerdanet, Breuara & autres de mefme famille _idem._

KERANROUX en Ploüaret Evefché de Treguier, portoit anciennement comme Coëtgourheden.

KERANROUX en Ploubezre Evefché de Treguier, ancien voyez Quemper, moderne Keriec du Treuou _idem._

KERANROY en Plœbian Evefché de Treguier, Rechou Pontnazen _idem._

Q 2

KERANTOVR en Plouian Evesché de Treguier, portoit d'Or à vne fleur de Lys, d'azur en abisme, accompagnée de trois Coquilles de gueulle 2. & 1. à present Gouezbriand.

KERANTOVRPET en Lanmelin Evesché de Treguier, pour les armes voyez le Cheuoir Coëtezlan.

KERANTRAON en Lannœuuret Evesché de Leon,
le veyer *idem*

KERANTRAON en Treffgondern prés Saint Paul
de Leon, voyez le Grand Kerantraon.

KERANTREZ en Tredarzec Evesché de Treguier,
ancien Cyllard Villeneffue moderne. . . .

KERARDY en Goëlo, Porte comme Carneuanay.

KERARET Keranguriec en Lanœuffret Evesché de
Leon, vairé d'agent & de geulle.

KERARLIVIN, lés Saint Paul de Leon, dont y a eu vn
Capitaine de ladite Ville puis longues années portoit
comme Estienne Kerueguen, maintenant Coëtosquet.

KERASCOËT en Bas-Leon, de gueulle à deux billettes d'argent en chef, & vne Gourde d'Or en pointe.

KERASCOËT, pour les armes voyez Hingant Ker-
duël, & Kerizac.

KERASNOV en Plestin Evesché de Treguier, Lesormel *idem.*

KERASQVER jadis à Quilimadec, en Ploüdaniel Evesché de Leon, d'argent à deux haches d'armes, ou Consulaires de gueulle en Pal.

KERASSEL en Taolé Evesché de Leon, voyez Kerlean.

KERASTAN Caloët en Treguier, voyez Caloët.

KERATRY d'azur à vn Cor de Chasse d'argent lié en
sautoir, surmonté d'vne lance de mesme en fasce auec
la deuise, *gens de bien passent par tout.*

KERAVDREN en Treguier, d'azur à trois Pommes de

Pin, d'argent 2 & 1. kerguyomar, keradam, & autres *idem*.

KERAVDRY en Guipauaz Evefché de Leon d'argent à deux fafces de fable.

KERAVDY en Plouezoch Evefché de Treguier, des defpendances de la noë verte en ladite Paroiffe, Gouezbriand *idem*, autrefois le Borgne & Coëtanlem en furnom.

KERAVDY en Plouneuenter Evefché de Leon, d'or à deux fafces de fable, à l'hoënnec *alias idem*.

KERAVEL prés la Roche-derien, Evefché de Treguier, pour armes antiques voyez kergrift.

KERAVEL prés Saint Paul de Leon, ancien voyez Coëtanlem, moderne kerfaintgily *idem*.

KERAVEL en Leon au fieur du Poulpry.

KERAVEL en Trebreden Evefché de Treguier, maintenant le Bouloign Crechcario, & anciennement kerfalio auant le furnom de Mignot Roffalic.

KERAVFRET en Bourbriac prés Guingamp C. pour armes antiques, c'eftoit Cleauroux, prefentes voyez Lifcoët.

KERAVGON en Plouneuenter Evefché de Leon, pour les armes voyez l'Eftang.

KERAVGON prés Saint Paul de Leon, Crechqueraut *idem*.

KERAVLDREN en Treguier, d'azur à vne Croix d'Or cantonnée de quatre Eftoilles de mefme.

KERAVTEM prés Carhaix, de gueulle à trois fafces d'argent.

KERAVTRET au Menihy, de Saint Paul, echiquetté de gueulle & d'Or à 6. traicts auec cette deuife *Marthefe*, c'eft-à dire peut-eftre.

KERAVTRET en Plouëdern Evefché de Leon, voyez Kermellec Ploëmahorn.

KERAVYS Sr. de keruague en la Paroiffe de Bocoho Evefché de Treguier, porte . . . .

KERAZGAN en kermaria Sular Evefché de Treguier, d'argent à vne fafce de gueulle chargée d'vn Vautour d'Or. Cette Maifon eft contiguë & des dépendances de celle de kergoanton.

KERAZMANT en Treguier, de fable à trois Bezans d'argent 2. & 1.

KERAZRET en Plœcoulm Evefché de Leon C. burellé d'argent & de gueulle de dix pieces, auec deux Guiures affrontées d'azur en pal entrelaffées dans lefdites fafces & pour deuife *Pa Elly*, quand tu pourras. Cette Maifon eft vne des plus confiderables du Menihy de Saint Paul, qui a fourny vn Capitaine d'hommes d'Armes & Preuoft de l'Hoftel de l'vne de nos Ducheffes en l'an 1489.

KERAZYOV en Trebreden Evefché de Treguier, pour armes antiques voyez Cliffon keranfault, modernes Goazuen le Borgne *idem*.

KERBAIN, gironné d'argent & de fable de 8. pieces.

KERBALANEG prés Guingamp, du Largez *idem*.

KERBAVL Paroiffe de Chaftelaudren en Treguier, voyez du Drefnay.

KERBELEC en Plœmeur-Gautier Evefché de Treguier, Ploëfquellec, kerpreuoft *idem*.

KERBERIOV en Pleftin Evefché de Treguier, porte comme Coetlogon.

KERBERVET à Lomaria Evefché de Vennes, de gueulle à trois Macles d'Or.

KERBIGVET Lefmelchen prés Lefneuen Evefché de Treguier, d'argent à vne Quintefeille de fable percée d'argent.

KERBIGVET en Plougaznou Evef. de Treguier, ancien voyez le Lyorfou, moderne Tremenec Traouanrun *idem*.

KERBIHAN Glizargant en Pluzunet Evefché de Treguier, le Poüilladou en Prat & autres, d'argent à trois bandes d'azur au franc canton de mefme chargé d'vne Quintefeille d'argét.

KERBESCAT au lion morné de fable *alias Bas leon d'or* chargé d'une cottice de gueulle *fn anfirop.*

VFR01-KERBIIC en Ploüenan Evesché de Leon, losangé d'argent & de sable en pal & vne fasce en deuise de gueulle, il y a déja longues années que cette Maison a donné vn Chantre de Treguier.

KERBILOT en Sizun Evesché de Leon.

KERBIRIOV prés Landerneau Evesché de Leon, écartelé au 1. & 4. d'Or à trois Roses de gueulle, au 2. & 3. de sable à trois Molettes d'argent, c'est au Sieur du Hellez Mocazre.

KERBORIOV en Treguier, de synople au Lion morné d'argent. *c'oükois*

KERBORONNE en Leon, ancien d'argent au chevron de gueulle accompagné de trois Hures de Sanglier de sable 2. & 1. moderne Penancoët *idem.*

KERBOVRAN en Lanmeur, voyez Lescorre.

KERBOVR xijadis audit lieu en Seruel Evesché de Treguier & à present au Cosquer en Lohanec, Pontgaultier, & autres, d'argent au sautoir de gueulle accompagné de quatre Quintefeilles de mesme, au Goazuen prés Lannion la Riuiere en Treduder, Traouantrez en Plouguiel, kerloas en Ploulech & autres *aliàs idem.*

KERBOVTIER prés Pontiuy Evesché de Vennes, d'argent à vn Pin de synople fruitté d'Or chargé au pied d'vn Sanglier de sable.

KERBRAT Montafilant en Seruignac au Comte de Boiseon C. portoit comme Montafilant.

KERBRAT en Ploebennec Evesché de Leon, de gueulle à trois Quintefeilles d'Or 2. & 1. & vne teste de Liepvre de mesme en abîme, Coëtelez *aliàs idem.*

KERBRAT Calloët de Lannion Evesché de Treguier, pour les Armes voyez Calloët, il a esté Avocat General de la Chambre des Comtes de cette Prouince.

KERBRAT Fontenay en Guicsezny Evesché de Leon, porte

KERBREDER en Plouyen Evesché de Leon, écartelé au 1. & 4. d'azur à vne main gantée d'argent tenant vn Eperuier de mesme, contrescartelé d'argent à six Tourteaux de sable 3. 2. & 1. & vn Croissant de mesme en abime.

KERBREZEL en Ploüarzel Evesché de Leon, le Brignou *idem.*

KERBRIDOV en Plouzoch Evesché de Treguier, jadis de Quelen, maintenant Kerscaou Kerenec *idem.*

KERBRIGENT Kermabon en Plougaznou Evesché de Treguier, écartelé au 1. & 4. d'argent à trois fasces de gueulle, contrescartelé de sable fretté d'Or de six pieces.

KERBRIGENT en Botsorcher Evesché de Treguier.

KERBVOCH en Plouyen Evesché de Leon, d'argent à vne bande de sable chargée de trois Estoilles d'argent.

KERBVZIC en Treguier, ancien surnom de cette Maison en Locquemeau, de sable fretté d'Or de six pieces, brisé en chef d'vn Annelet de mesme, à Keranglas & à kerlaouenan *alias idem.*

kERCABIN en Ploüer prés Pontrieu Evesché de Treguier C. ancien de gueulle à trois Croix pattées d'argent 2. & 1. moderne voyez Lanloup.

KERCADORET en Leon, d'azur à trois Cypres d'Or 2. & 1. brisé en chef d'vn Croissant d'argent surmonté d'vne Fleur de Lys de mesme.

KERCHARO C. ancien, de gueulle au Massacre de Cerf d'Or, maintenant de Plœuc, il est chef de nom & d'armes de ce nom.

KERCHOENT en Leon, d'argent au Lion de sable, brisé d'vne fasce en deuise de gueulle.

KERCOENT prés Saint Paul C. losangé d'argent & de sable en pal sans nombre & pour deuise *sur mon honneur*, à Kerjan en Leon *alias idem,* maintenant à Coëtanfaou, auec differentes Armées.

kerdalaës

KERDELAN au dit lieu 3 pommier de pin 21. quenes en haut

vefroi Kerdauicou p

KERDALAËS en Plouneuez Evefché de Treguier, pour les Armes voyez le Lay.

KERDALAËS en Cornoüaille Paroiffe d'Iruillac écartelé au 1. & 4. de Gouzillon, contrefcartelé d'argent à vne tefte de Morre tortillee d'Or, qui eft Coëttridiou.

KERDANET en Taolé E. de Leon, Penchoadic *idem*.

KERDANET Lefuerzault en Treguier, voyez du Parc Locmaria.

KERDANIEL Sr. dudit lieu en Crunuhel E. de Treguier. *henry ref 14.*

KERDANOT Lefquelen de Morlaix, & autres . . .

KERDANOÜARN, prés Penpol en Gouëlo, d'azur à trois Eftoilles d'Or.

KERDAOVLAS, pour les Armes Buzic, kerdaoulas *idem.*

KERDELANT en Guiclan E. de Leon, voyez kerbijc.

KERDERIEN jadis audit lieu en Tredarzec Evef. de Treguier, au Modeft & kerozern prés Lannion, Guergadiou, kerfalaun, kerroudault, & autres, écartelé au 1. & 4. d'azur au Griffon d'Or, contrefcartelé d'Or à vne Croix engreflée de fable cantonnée de quatre Alerions de mefme. *henry maveaus de tredarec yen 14.*

ou az 4 maclor

KERDREAN, de fable à fept Macles d'argent 3. 3. & 1.

KERDREANT Mezuillac, de gueulle au Leopard femé d'Hermines.

KERDREIN, d'Hermines au chef endanté de fable.

KERDV en Ploumillieau Evefché de Treguier, à prefent Coëtanfcours *idem*, pour Armes antiques . . .

KERDVAL en Ploumillieau E. de Treguier, kergrift *idem.*

KERDVEL en Ploëmeur-Bodou Evefché de Treguier, ancien furnom de cette Maifon, de gueulle à fix Annelets d'argent 3. 2. & 1. au chef coufu de gueulle, chargé de trois Quintefeilles d'argent, à kerjan, Lohanec *alias idem.* *huon ref 14*

KERDVTE' en Ploüyan Evefché de Treguier, pour Armes prefentes voyez Boëxiere kerfulguen anciennes.

KERDINAM en Treguier, ancien d'argent au Croif-

R

KERDIGVAN

KERDANIEL

fant de fable en abîme accompagné de trois Tourteaux de mefme 2. & 1. moderne Cleuz Defcarein *idem*.

KEREDEC du Garo en Plouzane Evefché de Leon, pour les Armes voyez du Garo keredec.

KERELEC en Leon, porte comme Gourio.

KERLEEC en Guineuez Evefché de Leon, pour les Armes Penmarch *idem*.

· KERELLEAV en kermaria-Sular Evefché de Treguier, ancien voyez de Quelen, à prefent Trogoff.

KERELLON, kerpilly, & autres, pour les Armes Quelennec du Pont *idem*.

KEREMAR prés Quintin, d'argent à trois Choüettes de fable membrées de gueulle.

KERENEC en Leon, d'azur au Lion morné d'argent.

KERENEEC au Menihy de Saint Paul, ancien d'azur au Lion vairé d'argent & de gueulle, moderne voyez kerfcao, & pour deuife *Dieu m'ayme*.

KERENGAR en Lanilys Evefché de Leon, à Madame de Coëtjenual, porte d'azur au Croiffant d'argent.

· KERENNY audit lieu en Plougonuelen E. de Leon …

KERENOR jadis au Helo en Bourbriac Evefché de Treguier, portoit . . .

KERENOT en Plougaznou Evefché de Treguier, pour Armes modernes Traouhual, Poulmic *idem*, anciennes …

· KERENOV prés la Ville & Chafteau de Breft en Leon, pour les Armes voyez Cornoüaille, Loffulien & Keruern: Cette Maifon poffede des Droicts & Priuileges hors le vulgaire en ladite Ville par conceffion de nos Ducs.

· KEREPOL en Ploüaret Evefché de Treguier, porte à prefent comme kergariou.

KERERAVLT *aliàs* audit lieu en Plougaftel Evefché e Cornoüaille, Kergoff prés Landerneau E. de Leon, Trederm en Guymeac Evefché de Treguier, & autres, maintnant à Kergoumarch en ladite Paroiffe, & autres, d'azur

euen reff 14· Kerancor p ploeuehan E. J·

fretté d'argent de fix pieces, brifé en chef d'vne Fleur de lys mefme, le penultieme Senefchal de Lanmeur eftoit de cette famille là.

KERESPERZ audit lieu en Tredarzec Evefché de Treguier, d'Or à fix Quintefeilles de gueulle 3. 2. & 1.

KERESTAT en Leon, d'azur à vne main appaulmée d'argent en pal, accompagnée de trois Eftoilles de mefme 2. & 1. à Carcaradec prés Lannion Evefché de Treguier, Kerguelen, & autres *aliàs idem.*

KERESTOT au Menihy de St. Paul de Leon, pour les Armes voyez Kergoët Troniolys.

KEREVEN Porzanparc en Treguier, kergariou *idem.*

KEREVZNOV en Leon, porte comme St. Goüeznou.

KERFAREGVIN Sieur dudit lieu prés Pontlabbé d'argent au chefne de fynople englanté d'Or, le tronc chargé d'vn Sanglier de fable en furie, ayant les lumieres & defenfes d'argent.

KERFAVEN en Plouneuenter E. de Leon, d'argent à vne fafce de gueulle, c'eft vn annexe de la Maifon de Brezal.

KERFICHANT ancien en Treguier . . . moderne voyez Fleuriot kerlouët.

KERFLOVX kerazan prés Pontlabbé, de gueulle à trois Croiffans d'argent 2. & 1 brifé en chef d'vn Lambeau à trois pendans de mefme.

KERFORS, d'argent à vn Cor de Chaffe d'azur enguifché de mefme en fautoir.

KERFRAVAL prés Morlaix Evefché de Treguier, ancien furnom de cette Maifon auant Giloüart, d'azur à vne Croix d'argent chargée au centre d'icelle d'vne billette de gueulle cantonnée de quatre Molettes de mefme.

KERGADALAN au Dreuerz en Cornoüaille, d'argent à vn Cor ou Trompe de fable lié en fautoir de mefme.

KERGADARAN en Plœbian E. de Treguier, d'argent au Pin de fynople, le tronc chargé d'vn Cerf paffant au naturel,

KERGADEAV en Treguier, d'argent à trois fasces de gueulle, au baston d'azur brochant à dextre sur le tout & vn Lambeau à trois pendans de gueulle en chef.

KERGADIOV en Bourbriac Evesché de Treguier, pour Armes antiques voyez Cleauroux kerauffret, modernes Rumen Begaignon *idem*.

KERGADIOV Sieur dudit lieu en Plourin Evesché de Leon, fasces ondées d'Or & d'azur de six pieces, au franc canton d'argent semé d'Hermines, enuiron l'an 1578. il y auoit vn Secretaire du Duc François II. de cette Maison-là.

KERGADIOV en Goudelin Evesché de Treguier, pour les Armes voyez le Goff.

KERGADIOV Ledinec en Plougaznou Evesché de Treguier, ancien de sable à vne Tour crenelée d'Or, moderne voyez Kerlech.

KERGADIOV Leingoüez en Guymeac Evesché de Treguier, pour Armes anciennes Hemery, Kerurien *idem*, & vn Annelet de mesme en abîme, modernes voyez Coëtmen, Kerangoüez.

KERGADIOV en Lanmeur, voyez du Parc en Lanmeur.

KERGADIOV en Plestin Evesché de Treguier, ancien Treuscoët, keranpuil *idem*, maintenant kergrist en surnom.

KERGADIOV en Treguier, d'argent à deux fasces de gueulle.

KERGADORET en Taolé Evesché de Leon, pour les Armes voyez Thomas kergadoret.

KERGADOV pour Armes presentes, voyez du Parc Locmaria, il est Conseiller en la Cour de Parlement de ce pays, antiques Huon kerauffret-Mesle *idem*.

KERGALIC en Treguier, porte . . .

KERGANOV en Treguier, d'azur au chevron d'argent accompagné de trois Molettes de mesme 2. & 1.

KERGARADEC en Leon, d'azur à vne main d'argent & vne Eſtoille d'Or au bout du poulce, comme Marot.

KERGARIC en Langoat Eveſché de Treguier, portoit . . . *ET* *philipes Kercario*

KERGARIOV en Plouyan *alias* audit lieu, C. keruoulongar, & autres, à preſent à kergriſt, kerepol, Porzanparc, Penanprat, & autres en l'Eveſché de Treguier, d'argent fretté de gueule de ſix pieces, au franc canton de Pourpre chargé d'vne Tour crenelée d'argent & pour deuiſe *là ou ailleurs Kergariou.* Cette premiere Maiſon à donné le deuxiéme Gouuerneur de Morlaix, depuis que cette Ville a eſté erigée par nos Roys en titre de Gouuernement.

KERGARO en Quemper-Guezenec Eveſché de Treguier, portoit jadis . . . . maintenant du Bourblanc, Appreuille *idem.*

KERGAROC en Plouyen Eveſché de Leon, pour les Armes voyez Kernezne.

KERGAZAN Sieur de kergadegan & de kerpleuſt en Treguier, portoit . . .

KERGLAN en Plougonuer Eveſché de Treguier, d'Or à dix Annelets de gueule 4. 3. 2. & 1.

KERGLEZREC en Trebreden Eveſché de Treguier, portoit de gueulle à vne Croix d'argent fleuronnée d'Or & cantonnée de quatre Annelets d'argent, maintenant Ville-nefue, Creſoles *idem.*

KERGOËT prés Carhaix C. d'argent à cinq fuſées de gueulle en faſce ſurmontées de quatre Roſes ou Quintefeilles de meſme, au Guilly à preſent *idem.* Cette famille à fourny vn Docteur en Medecine, Medecin ordinaire des Ducs Iean IV. & Iean V. qui enſuite fut eſleu & ſacré Eveſque de Treguier l'an 1401.

KERGOËT Troniolys en Cleder Eveſché de Leon, d'azur au Leopard d'Or briſé en l'Epaulle d'vn Croiſſant

de gueulle auec cette deuise *si Dieu plaist*, Kereslot au
Menihy de Saint Paul, & autres *idem*.

KERGOËT kerhuidonez en Treguier, d'Or au Pin
de synople chargé de Pommes d'Or.

KERGOËT kermoru prés Quimpercorentin C. porte
pour dernieres Armes, comme Penfenteunyou, antiques

. . . .

KERGOËT en Guiclan Evefché de Leon, ancien de
gueulle à vne Croix d'Or frettée d'azur, moderne voyez
Runiou, Oriot.

KERGOËT au Treffuou en Leon, d'Or à vn Cypres
d'azur.

KERGOËT Coëttridiou en Cornoüaille, de gueulle à
fix bezans d'argent 3. 2. & 1.

KERGOVZI prés Lantreguier, portoit d'Or au Lion
de fable.

KERGOLEAV en Saint Brieuc, d'argent à trois fafces
de gueulle au Lambeau d'azur.

KERGOMAR kerguezay en Loguiuy prés Lannion,
C. d'Hermines à vne fafce de gueulle chargée de trois Molettes d'Or, cette Maifon fe peut vanter d'auoir fourny
des Seigneurs d'vne haute eftime dans le pays tant en
temps de troubles que de paix, la plufpart defquels ont
par leur infigne doctrine porté courageufement les inte-
refts & priuileges de cette Prouince en chaque tenuë de
nos Eftats, Madame de Gouezbriand eft heritiere des
biens & de la gloire de cette Maifon.

KERGONGAR en Guineuez, d'azur à trois Cloches
d'Or 2. & 1.

KERGOÜALL en Plouefcat Evefché de Leon, d'azur
à vne fafce d'Or furmontée d'vne main d'argent foufte-
nant vn Oyfeau de mefme, kernaour en ladite Paroiffe
au Brehonic, Goureploüé, & autres *idem*.

KERGOVLL en Leon, d'azur à vne fafce d'Or, au

franc canton d'argent chargé d'vne main d'azur tenant vn Oyſeau de meſme.

KERGOVMARCH en Guymeac Eveſché de Treguier, pour Armes preſentes voyez kererault.

KERGOVNOVARN en Plouuorn Eveſché de Leon, ſurnom ancien de cette Maiſon, à preſent au Roſmeur en ladite Paroiſſe, & autres, portoit pour Armes antiques de ſable au lion moderne argent voyez Symon Tromenec écartelé de Penfenteunyou.

KERGORLAY ou Guergorlay B. pour les Armes, voyez Guergorlay.

KERGOVNYOV prés Leſneuen Eveſché de Leon, écartelé au 1. & 4. d'Or à vne faſce d'azur accompagnée de trois Oyſeaux de meſme ſans pieds ny bec, qui eſt Gouzillon, contreſcartelé de faſces d'Or & de ſable de ſix pieces, briſé en chef d'vn Croiſſant de ſable.

KERGOVNYOV en Treguier, pour les Armes voyez Boëxiere, Plourin.

KERGOVRNADECH en Cleder Eveſché de Leon C. à Monſieur le Marquis de Roſinadec, porte échiquetté d'Or & de gueulle à ſix traits & pour deuiſe en Dieu eſt. Ce ſeroit vne des plus belles Maiſons de la Prouince, ſi le deſſein eſtoit paracheué.

KERGOZOV Sieur dudit lieu prés Pontrieu, & autres, de gueulle à vne Croix d'Or au baſton d'azur brochant à dextre ſur le tout.

KERGRAVAN en Treguier, de ſable à vne faſce d'argent accompagnée de trois Croiſettes de meſme 2. & 1.

KERGREACH en Plougreſcant Eveſché de Treguier, ancien d'argent au cheſne de ſynople, ſommé d'vne Pye au naturel : moderne Goüezbriand idem.

KERGRECH kerbabu en Plouëbennec Eveſché de Leon, de ſable à vne faſce d'argent chargée de trois Quintefeuilles de ſable.

KERGREGVEN en Plouneuenter Evefché de Leon, de fynople à trois Coquilles d'Or 2. & 1.

KERGRESCANT en Camléz Evefché de Treguier, le Lay, kercham *idem*.

Iean reff 142-7 KERGRIST en Ploubezre Evefché de Treguier, ancien furnom de cette Maifon, d'Or au Croiffant de fable en abîme accompagné de quatre Tourteaux de mefme 3. en chef & 1. en pointe, maintenant de Kergariou, dont il y a eu deux Senefchaux de Morlaix confecutifs.

KERGROADES en Plourin Evefché de Leon C. porte fafcé d'argent & de fable de fix pieces & pour deuife *en bon efpoir* : Les derniers Seigneurs de cette maifon ont notoirement pareu en chaque tenuë de nos Eftats pleins de zele & de feruer pour la manutention des Priuileges, Franchifes & Immunitez de cette Prouince.

KERGROAS - d'Auaugour C. d'argent au chef de gueulle chargé d'vne Macle d'Or.

KERGROAS, en Tredarzec pres Lantreguier, d'argent à vne Croix pattée de gueulle, cantonnée de quatre Macles de mefme.

KERGROAS en la paroiffe de Gouëznou Evefché de Leon, pour les Armes voyez Gouzillon.

KERGROAS, ou kergroix en Treguier, jadis au Treuzuern en Plougounüer, Pennern de Morlaix, & autres d'azur à vne Croix Floronnée d'argent: Le furnom de Thomas eft à prefent audit lieu du Treuzuern.

KERGVEHENEVC, en Vennes, d'argent couppé de gueulle à vn Lion de l'vn en l'autre.

KERGVERIS, Coëtriuoaz pres Hennebond, d'argent à fix annelets de gueulle, 3. 2. & 1.

KERGVELEN en Plougaznou, kerbrigét kermabon *idem*.

KERGVELEN au mandy en Plubennec, efcartelé au 1. & 4. d'Or à vn Houx de Synople, au 2. & 3. efchiqueté d'argent & de gueulle à fix traicts.

KERGVEN

KERGVEN audit lieu en Ploudaniel Evesché de Leon, porte d'azur à vne Croix au pied fiché d'argent, accompagné de trois Coquilles de mesme, deux fous les bras de la Croix, & l'autre au pied.

KERGVERN d'argent au Pin de Sinople.

KERGVERN d'azur fretté d'argent.

KERGVEZANGOR en Vennes, de gueulle à la Croix pattée à laize d'argent.

KERGVEZEC audit lieu en Tredarzec, le Carpont Evesché de Treguier C. escartelé au premier & 4. d'argent à vn arbre d'azur, contrescartelé d'azur plein Kericu en Plouezal, & autres *idem*.

KERGVIDV d'argent au Lyon d'azur Couronné d'Or, armé & lampassé de gueulle, Launay Coëtmeret *idem*.

KERGVIEN en Perros-guirec, ancien furnom de cette maison, d'azur à vne Pomme de Pin d'Or en abîme, accompagnée de trois Quintefeuilles de mesme 2. & 1. maintenant le Borgne Goasuen *idem*.

KERGVILLY en Plouëgat, Chastelaudren Evesché de Treguier, voyez Boëxiere, Fontaine-Platte.

KERGVINIOV en Ploubezre Evesché de Treguier, d'argent au Lion de gueulle, couronné armé & lampassé d'Or à l'Escorre en Lanmeur *alias idem* & autres.

KERGVINIOV *alias* Evesché de Treguier, à Keruranguen en Ploëlech prés Lannion, d'argent à trois Tourteaux de gueulle 2. & 1.

KERGVISEC, escartelé au premier & quatre vairé d'or & d'azur au 2. & trois de gueulle plein.

KERGVIVINEC, d'argent à trois fasces de gueulle, la premiere desdites fasces surmontée de trois Hermines de sable.

KERGVIZIO jadis audit lieu, en Plouzané Evesché de Leon à present à Kerscaö Vijac en Bas-Leon, Keruastoue & autres d'azur à trois testes d'Eperuier arrachées d'or 2. & 1.

KERGVISIN

KERGVVELEN à Kercaradee en Guyneuez, Kertioua en Ploüeſcat Eveſché de Leon, & autres, de gueulle à vne main dextre appaumée d'argent en pal.

KERGVZ jadis audit lieu en Taolé, à preſent à Troffagan de Saint Paul, & autre Troffagan en bas-Leon, Mezambez en Guymeac, & autres, d'argent, à vne Trompe ou Cor de Chaſſe, d'azur, enguiſché de gueulle en ſautoir.

KERHALLIC ſieur dudit lieu, en Taolé, E. de Leon d'arg. à vne faſce d'azur, ſurmôtée d'vne merlette de meſme.

KERHALLON en Treguier C. ancien voyez Penchoët, moderne du Groëſquer *idem.*

KERHALZ en Ploubennec, Eveſché de Leon d'Or à vn Cor de ſable, lié en ſautoir de meſme.

KERHAM Guernizac Eveſché de Leon, pour les armes voyez Guerniſac.

KERHAM-Liſle, E. de Leon d'arg. à vne Fleur de Lys d'azur en abîme, accompagnée de trois Roſes de gueulle 2. & 1.

KERHAMON en ſeruel ancien ſurnom de cette maiſon, de gueulle au ſautoir d'argent, accompagné de quatre Annelets de meſme. Cette maiſon eſt fonduë en celle du Cruguil, il y a longues années.

KERHARO en Cornoüaille, de gueulle à la rencontre, ou maſſacre de Cerf d'Or.

KERHELON en Guineuez, E. de Leon pour armes voyez le Bihan kerhelon.

KERHELOV, pour les armes voyez Penmarch.

KERHELOVRY, en Goëlo . . . . Il y a eu vn Éveſque de ce Diocéſe de cette maiſon-là.

KERHERVE' en Ploubezre, portoit jadis comme Quelennec en Cauan, moderne, voyez Quelen du Dreſnay & Chaſteau-fur.

KERHERVE' en Direnon Eveſché de Cornoüaille d'argent à deux faſces de ſable comme Tromelin.

KERHIR en Tredarzec prés Lantreguier, jadis Trolong

en surnom, maintenant voyez Kerouzy.

KERHOS en Plœbian E. de Treguier, pour les Armes voyez Quelen comme deuant, le dernier Seigneur de cette Maison estoit Alloüé du Presidial de Rennes.

KERHVEL Boisriou prés Lanuolon, pour Armes antiques voyez Ruffault, maintenãt Ploësqueller Boisriou *idem.*

KERHVIDONNE en Plestin Euesché de Treguier, jadis audit lieu auant Begaignon portoit . . . . cette Maison est à present possedée par la famille des Guillouzou de Morlaix, pour leurs Armes voyez Guillouzou. iean ref 1427.

KERHVNAN en Taolé Euesché de Leon, pour ses Armes voyez le Gac.

KERHVON de bas-Leon, kerlean *idem.*

KERHVON en Tonquedec Euesché de Treguier, pour les Armes voyez de Meur.

KERIACOB en Plœbian Euesché de Treguier . . .

KERIAGV *aliàs* à keruanon en Plouigneau Euesché de Treguier, Goazouillat, & autres, de sable au Cygne d'argent. herue sr K. reff 14 un manoir de Kerjacu

KERIAN en Saint Vouga Euesché de Leon, C. pour Armes & deuise, voyez le Barbier : On peut auec iustice passer cette Maison au rang des belles & des plus acheuées de la Prouince.

KERIAN keruerder en Lohanec Euesché de Treguier, de gueulle au cheuron d'argent accompagné d'vne teste de Bœuf de mesme en pointe, qui est keruerder.

KERIAN-Mol en Ploumauguer Euesché de Leon, voyez Mol.

KERIAN-Perret en Plouëgat-Chastelaudren Euesché de Treguier, voyez Perret . . .

KERIAN-Richard en Plestin Euesché de Treguier, ancien de sable fretté d'Or de six pieces, au franc canton de gueulle chargé d'vne Croix d'argent, plus moderne voyez Richard Kerriel.

KERIAN H azfeunton en plouarad E L. argent a une tour couuerte sable

KERIAN en ladite Paroisse contigu à l'autre, pour Armes antiques du Dresnay *idem*. maintenant au Sieur de Goazmap.

KERIANVILY en Plouäret Evesché de Treguier, pour Armes antiques c'estoit kerlan, kercabin, modernes voyez Calloët Procureur du Roy de Lannion.

KERIAR en Plourin Evesché de Leon, portoit . . .
KERIAR prés Lantreguier . . .

KERIBER en Guitelmezel Evesché de Leon C. ancien d'argent au Lion de sable, maintenant de Sansay.

KERIBLAN en Goëlo, d'argent au chef endanté d'azur, c'est au Sieur de kernargant.

KERICU prés Saint Iean du Doigt en Plougaznou Evesché de Treguier, Lanloup, kercabin *idem*.

KERICU en Plouzal Evesché de Treguier, voyez kerguezec *idem*.

KERICU - Verger prés Lantreguier, pour armes anciennes voyez Kergreach, à preset le Sparler Coëtcaric *idem*.

KERICU en Plougaznou Evesché de Treguier, pour dernieres armes c'estoit kermoysan, maintenant Pastour en surnom.

KERIDEC - Rigolet en Treguier, kerleuerien, & autres de Morlaix portent . . . .

KERIDRIVIN en Seruel Evesché de Treguier, pour armes antiques Morisur, *idem*, modernes voyez du Fresne la Vallée.

KERIEFFROY en Penuenan Evesché de Treguier, voyez Trolong.

KERIEFFROY, d'argent à dix Treffles d'azur 4. 3. 2. & 1.

KERIGOU en Plouëcolm Evesché de Leon, ancien losangé d'argent & de sable, moderne le Ny Coëtudauel, & Lezirsin *idem*.

KERILLAS en Leon, porte comme kermeldic, & pour deuise, *tout vient de Dieu*.

KERILLY, en Taolé, Evesché de Leon, kermellec en Plouenan *idem*.

KERILLY en Treguier, jadis à kermoruau en Guymeac, portoit . . . .

KERILLY en Plouguerneau Evesché de Leon.

KERIMERCH prés Quimperlay, B. d'argent au Croissant de gueulle surmonté d'vn Escu d'Or, chargé de trois Tourteaux de gueulle 2. & 1.

KERINAN, de gueulle à la fasce noüée d'argent chargée d'vne Merlette de gueulle.

KERINCVF-keredan en Plouuenan Evesché de Leon, *alias* d'argent à deux fasces de gueulle, surmontées de deux Roses ou Quintefeilles de mesme, le surnom de Crechquerault est à present en cette maison-là.

KERINIZAN, en Leon, escartelé au 1. & 4. de gueulle à cinq Treffles d'Or posées en Sautoir, au 2. & 3. d'argent à vn Arbre de Synople. *les Kernoul ont eu ce lieu*

KERINIZAN, en Plougasnou Evesché de Treguier, ancien . . . . . . maintenant la Forest Guicaznou *idem*.

KERIOCE, d'Or à dix Coquilles d'azur 4. 3. 2. & 1.

KERIOLYS C. Quelennec Baron du Pont *idem*.

KERIVRELAY, d'argent à vne fasce de gueulle, brisé en chef d'vn Croissant d'azur.

KERIZIT, prés Daoulas, d'azur à vne fasce d'Or surmontée d'vne Estoille de mesme.

KERLAN-kercabin en Plounerin, Evesché de Treguier, pour les armes voyez kercabin.

KERLAN, en Sibiril Evesché de Leon, ayant le surnom de Lambezre, portoit d'argent à six Macles d'azur posées en Orle, & vn Escu de gueulle en abîme, maintenant Quelen Chasteaufur *idem*.

KERLAST, en Quemper-guezenec, Evesché de Treguier, anciennement c'estoit Fleuriot, maintenant de kerboury.

KERINIZAN au dit lieu. E C. p. 48.

KERLAN p placsidy E. J.

KERLAST en Quemperuen, Evesché de Treguier, Rofmar Kerdaniel *idem*

KERLAVAN prés Saint Paul de Leon, fafcé d'Or & de gueulle de fix pieces, brifé d'vn Cheuron d'argent fur le tout : C'eft l'vne des anciennes maifons du Menihy dudit Saint Paul.

KERLAVAN en Plouuorn Evesché de Leon, porte comme Kergounouarn.

KERLAZREC prés Pont-labbé, d'azur à vn Aigle efployé d'Or.

KERLEAN prés Saint Renan, fafces ondées d'Or & d'azur de fix pieces, Kerhuon en Bas Leon, Ketaffel en Taolé, Kermerien & autres *idem*.

KERLEAV Goazanhafant en Pedernec prés Guingamp Evesché de Treguier & autres, d'azur à vn Cerf, faultant d'Or. Cette maifon a donné vn Evefque de Leon Confeiller du Duc François II. qui fut Chancelier de Bretagne, & par ledit Seigneur Duc employé en plufieurs commiffions & ambaffades honorables.

KERLECH en Guitalmezel Evesché de Leon, B. portoit pour armes antiques d'azur à dix grillets ou fonnettes d'argent 4. 3. 2. & 1. maintenant celles du Chaftel, & pour deuife *mar char doüé*, fi Dieu veut, depuis qu'vn Seigneur de cette maifon obtint lettres du Roy, pour reprendre à l'aduenir le nom & armes du Chaftel, lefqueles furent verifiées & enterinées en la Cour de Parlement, le 27. de Septembre 1578. Monfieur du Rufquec en Cornoüaille, eft à prefent Chef de nom & d'armes de cette maifon-là, celle de Trefiguidy, Reffcruo en bas-Leon, Quiftinic, Kergadiou, Ledinec, & autres font auffi de ce nom.

KERLEGVER prés Saint Renan, ancien, d'argent à trois Croix alaizées de gueulle 2. & 1. & vne Quintefueille de fable en abifme, moderne, voyez Mefcam.

KERLESSY en Plougaznou Evesché de Treguier,

KERLEVRIG

KERLEOVHARN

pour les armes, voyez Trogoff.

KERLEYNOV en Bourbriac Evesché de Treguier, *peut estre Kerle vien* de sable à trois Esperuiers d'argent, campanez d'Or 2. & 1. *alain* à la bordure de gueulle. *14.*

KERLEZROVX en Leon jadis audit lieu, & à Lande-guiach, portoit . . .

KERLIGONAN prés Carhaix C. de gueulle à trois mains armées d'argent semées d'Hermines en Pal 2. & 1.

KERLIVER prés le Faou C. d'azur au sautoir engreslé d'Or, accompagné de quatre Lionceaux de mesme, auec cette deuise, *meilleur que beau.*

KERLIVIAN en Leon, d'argent, à trois gerbes de gueulle liées de mesme. 2. & 1.

KERLIVIOV en Leon.

KERLIVIRY en Cleder Evesché de Leon, ancien surnom de cette maison, Porte au 1. & 4. d'Or au Lion d'azur, brisé en l'épaulle d'vne Tour portée sur vne Roue d'argent, contrescartelé d'azur à vne fasce d'argent semé d'Hermines, accompagnée de trois feuilles de Laurier d'Or, 2. & 1. & pour deuise *y oul doué*, la volonté de Dieu soit. Maintenant Tromelin, dont il y a eu vn Sene-chal de Lesneuen, qui ensuitte fut President en la Cham-bre des Comtes de cette Prouince.

KERLOAGVEN jadis audit lieu en Plougounüen, Evesché de Treguier, & à Rosampoul C. maintenant à keruezec Plourin, & autres, d'argent à l'Aigle esployé de sable, becqué & membré de gueulle auec la deuise *sans effroy*, l'an 1447. cette seconde maison a donné vn President en la Chambre des Comtes, & sous le Regne du Duc Pierre vn Guillaume de Kerloaguen de cette famille estoit Grand-Prouost des Mareschaux de Bre-tagne és Parties inferieures de cette Prouince. *hcruee ress 14.*

KERLOSCANT en Cauhennec, Evesché de Treguier, de gueulle à trois besans d'argent 2. & 1.

KERLOASSEZRE en Plougounuen Evesché de Treguier, le Leuyer *idem*.

KERLOÜAN en Leon ancien surnom de Kerhom prés
Saint Paul, portoit d'argent à vne Colombe ou Pigeon
d'azur, becqué & membré de gueulle, escartelé d'argent
à deux Cheurons d'azur.

KERLOÜENAN C. de gueulle à la Bande fuselée d'or.

KERLOVENAN en Ploulech Evesché de Treguier
pour armes anciénes, voyez Kerbuzic, modernes le Roux
kerninon *idem*.

KERLOZREC en Guitelmezel Evesché de Leon,
pour armes antiques, voyez Garlan, maintenant Kersulguen.

KERMABON Sieur dudit lieu, en Plougaznou Evesché de Treguier & autres, d'Or à trois fasces d'azur,
chagées de huict Estoilles d'Or 3. 3. & 2.

KERMABON en Cornoüaille, d'Or à la Croix de
sable.

KERMADEC en Ploudiry Evesché de Leon, pour
les armes, voyez Huon Kermadec.

KERMAREC ou Keranmarec en Ploubezre Evesché
de Treguier, de gueulle à six bezans d'Or 3. 2. & 1. au
Chef d'argent semé d'Hermines, à Kerbilquoit en seruel,
alias idem.

KERMAREC en Buhulien Evesché de Treguier, de
gueulle à six Annelets d'argent 3. 2. & 1. au Chef d'argent, chargé de trois Roses ou Quintefeüilles de gueulle,
boutonnées d'Or l'an 1411. il y auoit vn Evesque de ce
Diocéze de cette maison, sous le Regne du Duc Iean V.

KERMAREC en Treguier, de gueulle à vne fasce
d'argent comme Olseruel.

KERMARQVER leshardrieu, en Ploëmeur Gaultier
Evesché de Treguier, C. pour Armes Antiques, voyez
l'Evesque, plus Recentes Arrel.

KERMARQVER

KERMARQVER, Kercabin en Treguier, de fable à trois epées d'argent en pal d'vne hauteur aux gardes d'Or, les pointes fichees en bas : Le dernier Seigneur de cette Maifon eftoit Confeiller en ce Parlement.

KERMARQVER en Lanmaudez, furnom ancien de cette Maifon, portoit d'azur à vne fafce d'Or chargee de trois Molettes de fable, maintenant Cliffon eftant poffedée par le Sieur de Lancerf.

KERMARQVER en Penguenan Evefché de Treguier, pour Armes antiques voyez Caoutem, modernes . . .

KERMARTIN prés Lantreguier dont eftoit iffu ce grand SAINT YVES parfait Miroir & illuftre Modelle des Ecclefiaftiques, Pere & Avocat des pauures Vefues & Orphelins, Patron vniuerfel de cette Prouince & princi- palement de l'Evefché de Treguier, qui pour fa grande Sainteté de vie & Zele extraordinaire énuers DIEV, a merité d'eftre infcript au Catalogue des Saints par le Pape Clement IX. le 19. de May 1347. cette Maifon portoit en Armes d'Or à la Croix engreflée de fable, cantonnée de quatre Alerions de mefme & pour deuife *à tout dix*, qui eftant fort enigmatique & defireux de la rendre la plus conforme qu'il m'eft poffible à l'inclination naturelle des Seigneurs de cette Maifon, que l'on tient communement de pere en fils auoir efté en la haute pieté & deuotion, fe doit à mon fens expliquer, que pour paruenir à la gloire des Bien-Heureux dans le Ciel, il conuient *a tout* fidelle Chreftien de garder & obferuer les *dix* Commandemens de DIEV.

KERMARZEIN Lofangé d'Hermines & de gueulle en pal Marzein *idem*.

KERMEIDIC en Leon, d'argent à deux chevrons d'azur, furmontez d'vne jumelle de mefme Kerillas *idem*.

KERMEL *alias* audit lieu en Pommerit-laudy Evef- ché de Treguier, kermezen en ladite Paroiffe, le Pleffeix

T

en Pluzunet, & autres, de gueulle à vne fasce d'argent accompagnée de deux Leopards d'Or, l'vn en chef & l'autre en pointe, le dernier Alloüé de Lannion estoit de cette premiere Maison là.

au Kermelouc KERMELE *ejadis* à Chasteau-Gal C. de gueulle à trois
Kermelène Chasteaux d'Or 2. & 1.

Kermelec KERMELEC en Guiclan Evesché de Leon, Ramage G de Penchoüat C. d'Or à vne fasce de gueulle accompagnée de trois Estoilles de mesme 2. & 1. kerincuff en Plouënan au mesme Evesché, Maëshelou, & autres *alias idem*. maintenant à kerilly en Taolé, & autres.

morien ress KERMELEC en Ploüaret Evesché de Treguier, vairé
p̃ Kermelec 14 d'argent & de gueulle à la bordure engreslée d'azur, keryöennou lez Lannion, keroman, keranguriec prés Landerneau *alias idem*.

KERMELEC en Ploëmahorn Evesché de Leon, écartelé au 1. & 4. d'Or à vne Coquille de gueulle au 2. & 3. losangé d'argent & de sable, Lestang *idem*.

KERMELIN en Trefflaouenan Evesché de Leon, C. pour Armes antiques voyez Coëtmeur & Landiuizieau: C'est à Madame la Marquise de Neuf-Bourg.

quill p de ploezon KERMELIN en Plougaznou Evesché de Treguier,
prieur 1427 ancien . . . . . moderne Guiffos Toulbodou *idem*.

DE KERMENGVY Sieur dudit lieu en Cleder Evesché de Leon, porte losangé d'argent & de sable brisé d'vne fasce de gueulle & pour deuise *tout pour le mieux*. C'est vn Gentil-homme des mieux versez en cette Science Heraldique, qui par ses memoires & recherches a beaucoup contribué à l'acheuement de ce trauail.

quill v 14 KERMENGVY en Ploümillieau Eves. de Treguier, ancien . . . moderne voyez Quemper Lanascol.

olivier ress KERMENGVY en Ploëmeur-Gautier Evesché de Tre-
14 guier, le Merdy, kermeury *idem*.

KERMENO Seigneur du Garo en Vennes C. de gueulle à trois Macles d'argent 2. & 1.

ianien p de ploegas KERMELEGAN
14

ou Kermenou

KERMENO jadis audit lieu en Plougounuer & au Lojou en Bourbriac, d'argent à cinq Macles d'azur 2. 2. & 1.

KERMENOV en Leon, fafces ondées d'Or & d'azur de fix pieces, Pliuern en Cleder, kermaluezan, & autres *idem.*

KERMERCHOV en Garlan prés Morlaix Evefché de Treguier, ancien furnom de cette Maifon, d'argent à vne Croix de fable perie en Treffle, chargée de cinq Eftoilles d'Or, maintenanr Arel.

KERMERIEN kerlean en Leon, d'Or à trois chevrons d'azur brifé en chef d'vn Lambel à trois pendans de gueulle.

KERMERIEN en Trezelide Evefché de Leon, voyez le Moine Treuigny.

KERMEVR en Treguier, de fable fretté d'Or de fix pieces.

KERMEVR en Leon, Lefcoat Kergoff *idem.*

KERMILON en Rofpez prés Lannion Evefché de Treguier, pour les Armes voyez Milon.

KERMOAL en Ploüian Evefché de Treguier, pour Armes anciennes c'eftoit kergournadech, maintenant Toulbodou Guiffos *idem.*

KERMOALEC, d'azur à vne main gantée d'argent tenant vn Eperuier de mefme.

KERMODEST en Plœmeur-Bodou Evefché de Treguier, pour les Armes voyez kermarrec en Buhulien.

KERMORIN en Pleiber Saint Hegonec, du Chaftel Coëtangars *idem.*

KERMORVAN C. d'Or à trois fafces d'azur chargées de huict Eftoilles d'argent 3. 3. & 2.

KERMORVAN Poënces en Ploumoguer prés Guingamp ancien de fable à trois teftes de Levrier d'argent aux Coliers de gueulle clouttez d'Or, qui eft le Pennec, plus moderne voyez Poënces, maintenant le Gualles Mezaubran *idem.*

T 2

KERMORVAN en Trebabu prés Saint Renan Evefché de Leon, portoit pour armes antiques d'argent à vne Croix neillée d'azur, maintenant Penfenteunyou, vn puifné de cette maifon eft Senechal de
Saint Renan.

rolla… p ƀ
treu… refl 14.
p… noble dam… cy

KERMORVAN Loz en Treguier auant le furnom de
Loz, Portoit d'argent à vne fafce d'azur, accompagnée
de trois oyfeaux de mefme 2. & 1.

KERMORVAN en Plougaznou, Evefché de Treguier,
Ramage de Kergournadech, porte prefentement comme
le Coëtlofquet.

KERMORVAN en Trefezny Euefché de Treguier
portoit pareilles armes que les anciennes de Kerfaliou.

KERMORVZ au Menihy de Saint Paul de Leon, porte
Burelé de gueulle & d'argent de dix pieces, qui eft Penfenteunyou. Cette maifon à donné enuiron l'an 1571.
vn General de l'ordre des Cordeliers fous le nom du Perε
de Chef-des-Fontaines, qui enfuite fut creé Archevef-
que titulaire de Cefarée fous les Papes Pie 5. & Gregoire 13. il a efcrit plufieurs doctes liures, entr'autres de la
Reelle prefence du Corps de IESVS-HRIST au faint
Sacrement de l'Autel, du Franc & Liberal Arbitre, du
Point-d'Honneur contre les Duels, & autres, qui rendent
fa memoire recommandable parmy les fçauans du fiecle.

KERMOVSTER en Langoat, Evefché de Treguier,
pour Armes antiques voyez HENGOËT, plus moderne Loz
kergoanton *idem.*

KERMOVSTER en Lanmur Coadallan *idem. aliàs* le
Borgne en furnom.

KERMOYSAN *aliàs* audit lieu en Penharz prés Quimpercorentin C. à prefent à Goazmap en Pommerit le Vicomte, & autres de gueulle à 7. Coquilles d'argent,
3. 3. & 1. E C

KERNABAT prés Guingamp, pour armes anciennes

c'eſtoit Fleuriot, modernes aſſigné Carnaualet *idem*.

KERNAOV prés Leſneuen Eveſché de Leon : anciennement c'eſtoit Gouzillon, maintenant le Barbier comme Kerian.

KERNASQVIRIEC en Tregroum, Eveſché de Treguier, d'argent au Chevron de ſable, accompagné de trois annelets de meſme. 2. & 1. le Naz en ſurnom.

KERNATOVX prés Saint-Renan Eveſché de Leon, pour les Armes, le Barbier *idem*.

KERNAVDOVR en Guenezan Eveſché de Treguier, pour les Armes voyez Coëtarel.

KERNAZRET en bas Leon, d'argent a ~~trois~~ faſces de gueulle, & deux Guiures d'azur affrontées en Pal & ~~en~~ ~~rampans~~ dans les deux faſces.

KERNECH en Plouguerneau Eveſché de Leon.

KERNECHAM Eveſché de Treguier, portoit.

KERNECHRIOV Eveſché de Treguier, portoit en Armes d'argent eſcartelé de ſable.

KERNEGVES Léz Morlaix Eveſché de Treguier, Coëtquis Kernegues *idem*.

KERNEGVES en Goudelin Eveſché de Treguier, pour Armes antiques voyez Poënces, plus recentes le long keranroux *idem*.

KERNEGVES en Loguiuy prés Lannion, Ploëſquellec *idem*.

KERNELIEN Eveſché de Treguier, de gueulle au Lyon d'argent couronné d'Or.

KERNEZNE Marquis de la Roche & de Coëtremoal, d'azur à vne main gantée d'argent ſouſtenant vn Eſperuier de meſme aux Longes & Sonnettes d'Or, eſcartelé d'azur à deux eſpées d'argent aux gardes d'Or, poſées en ſautoir, qui eſt Kernezne.

KERNICOT prés Vennes de gueulle à trois mains d'argent 2. & 1.

KERNEAV

K E K N O N E N en Plouëcoulm Evesché de Leon, pour les armes voyez Guenan Kersauson.

DE K E R N O d'Or à la fasce d'azur accompagnée de trois Cannes de mesme.

K E R N V Z en Perros-Guirec, ancien voyez le Baillif du Tourrault, moderne Kerprigent Alloué de Lannion, *idem.*

K E R N V Z prés Pont-labé, d'Or à deux Cheurons de gueulle, l'vn sur l'autre, surmontez d'vne jumelle de mesme.

K E R O D E R N en Plouguerneau Evesché de Leon pour les armes voyez Nobletz.

K E R O M N E S en Taolé Evesché de Leon, ancien Boutoüiller *idem.* moderne voyez Kergroades.

K E R O P A R Z- Gouzabatz en la Paroisse du Treffuou Evesché de Leon, Escartelé d'argent & d'azur au premier vne Croix pattée de gueulle, chargée de cinq Coquilles d'argent.

K E R O P A R Z prés sainct Michel en greve Evesché de Treguier, auant le surnom de du Boys, portoit d'azur au chevron d'Or, accompagné de trois molettes de mesme 2. & 1.

K E R O V A L en la parroisse de Cleder Evesché de Leon, d'Or à trois Coquilles de gueulle 2. & 1.

K E R O V A L en Pleiber-Crist Evesché de Leon, portoit jadis . . . Maintenant Kergroas Beusidou *idem.*

K E R O V A R A en Plouëscat Evesché de Leon, d'argent au Chesne de synople le tronc chargé d'vn Levrier courant de sable.

K E R O V A R Z en Lanilis Evesché de Leon, d'argent à vne Roüe de sable en abisme, accompagnée de trois Croix pattées de mesme 2. & 1. le dernier Seigneur de cette maison estoit Seneschal du Siege Presidial de Quimper-corentin.

Keroman p' K. paroisse. sempirquereince. 8. 7

KEROVAZLE en la Paroiſſe de Guiler, Eveſché de Leon, C. pour les armes voyez Pennancoët, auec la deuiſe, *à Bep Pen Lealdet*, fidelité par tout.

KEROVCHANT en Tregaſtel Eveſché de Treguier, portoit auant d'eſtre tombée en celle de Cruguil.

KEROVCHANT Leurandenuen en Leon.

KEROVCHANT en la Paroiſſe de Hanuec en Cornoüaille, pour les armes voyez Quelen Vieux-Chaſtel.

KEROVDAVL en Guipauaz Eveſché de Leon, d'argent à trois hures de Sanglier, de ſable 2. & 1. & vn Huchet de meſme en abîme, Keroudren Peſtiuien *idem*.

KEROVFFIL en Leon, voyez Coſquerou en Guiclan.

KEROVGANT d'argent à vne Fleur de Lys d'azur en abîme, accompagnée de trois Coquilles de gueulle 2. & 1.

KEROVLAS en Plourin Eveſché de Leon, faſcé d'argent & d'azur de ſix pieces.

KEROVLLAY, de vair, au Chef de gueulle Chargé d'vn Lion nayſſant d'Or Couronné, armé & l'ampaſſé d'azur.

KEROVLLE' d'argent à trois Pommes de Sinople 2. & 1.

KEROVMAN en Treguier, jadis à kerdoudet en Quemper-Guezenec portoit.

KEROVRGVY en la Paroiſſe de Prat Eveſché de Treguier d'azur à d'eux Chiens courans, d'argent & vn Levrier de meſme, entre d'eux au Colier de gueulle, clouſté d'Or au Poullou près Lantreguier & autres *idem*.

KEROVRIOV Lochan en Plouider Eveſché de Leon, Porte.

KEROVYANT en Leon, d'azur à vne main d'extre, apaumée d'argent, miſe en Pal.

KEROVZERE' en Sibiril Eveſché de Leon, B. Porte de Pourpre au Lion d'argent auec la deuiſe. *Liſt, Liſt*.

c'eſt à dire laiſſe faire , vn Seigneur de cette Maiſon en conſideration des bons & fidels ſeruices rendus par ſon feu pere & pour auoir auſſi de ſa part contribué de ſes ſoins & peines au recouurement de la perſonne du Duc Iean de la For, tereſſe de Paluau en Poictou, où il eſtoit detenu priſonnier auec Richard ſon frere à l'inſtance de la Comteſſe de Penthievre & de ſes enfans, obtint à titre de viage & par bienfait dudit Seigneur Duc cinquante liures de rente ſur la Terre de Chaſtelaudren l'an 1420.

KEROVZIEN en Lanilis Eveſché de Leon, porte comme Penchoadic

KEROVZLAC en Leon, ancien d'Or au chevron d'a-zur, chargé vers le haut d'vn maſſacre de Cerf d'Or accompagné de trois Treffles de gueulle 2. & 1. moderne le Bihan du Roudour *idem.*

KEROVZY en Plouguiel prés Lantreguier C. d'Or au Lion de ſable auec cette deuiſe *pour le mieux.* Cette Maiſon paſſe pour vne des plus anciennes du pays & ſe peut preualoir d'auoir fourny en diuers temps des perſonnes de valeur & de renom ſous les Ducs.

KEROZERN en Ploubezre prés Lannion, pour Armes antiques voyez Brouſtal , maintenant Thepaut Treffalegan *idem.*

KERPERENES en Leon, de ſable à vne faſce viurée d'argent accompagnée de ſix Bezans de meſme 3. en chef & 3. en pointe.

KERPOISSON jadis audit lieu en ſa Paroiſſe de Saint André Eveſché de Nantes & à kerfrezou en ladite Paroiſſe, maintenant à Treuenegat d'argent au Lion de ſable.

KERPONDARMES, d'azur à deux faſces d'argent & vn Croiſſant de meſme entre leſdites faſces.

KERPRIGENT ſieur dudit lieu en Seruel Eveſché de Treguier, d'azur au Leopard d'Or , accompagné de trois quinte-fueilles de meſme 2. & 1. Il eſt à preſent Alloüe Royal de Lannion.   Kerprigent

KERPRIGENT en Plounerin Evesché de Treguier, ancien d'azur à trois Pigeons, ou Colombes d'Or, 2. & 1. modernes voyez Quelen-Guerian.

KERPRIGENT, d'azur à six Molettes d'argent 3. 2. & 1.

KERRADENEC prés Guerlisquin en Treguier à Mr. le Marquis de Locmaria C. ancien d'argent à vne Tour crenelée de gueulle, surmontée d'vne Croix d'azur, plus moderne c'estoit du Dresnay.

KERRAOT en Leon, escartelé au premier & dernier de sable, au dextrochere d'argent tenant vn oyseau de mesme, contrescartelé d'argent à vn Cor de chasse d'azur, lié de gueulle en sautoir.

KERRAOVL prés Peinpoul en Goelo, kernarchant, & autres, portoit anciennement de gueulle au chef endenché d'argent à cinq pointes, maintenant Lestic en surnom.

KERRAOVL prés Landerneau Evesché de Leon, le Gac Goëtlesel *idem.*

KERRAOVL prés le Pont-Labbé, de gueulle à 6 Fleurs de Lys d'argent, brisé en chef d'vn Lambel à trois pendans de mesme.

KERREST en Lanmeur, pour les armes, voyez Comboult.

KERRET, jadis audit lieu en Saint Seuo Evesché de Leon, Guerguiniou en Ploubezre, Evesché de Treguier, le Val-kerret, kerserchou prés Morlaix, & autres: à present au Quilien en Cornoüaille, keruern en Ploumiliau, kerauel, & kerambars prés Saint Paul, le Buors de Guingamp, Tromoruan en Ploubezre, & autres, d'Or au Lion morné de sable, & vn Baston de gueulle brochant à dextre sur le tout, & pour deuise, *faire & taire.*

KERRET en Guerlesquin E. de Treguier, pour armes antiques voyez Guezenec, modernes du Parc Locmaria *idem.*

KERRIEC prés Lantreguier, portoit d'azur à vne Fleur de Lys d'Or, costoyée en pointe de deux Macles de mesme comme Coatanfao, & pour deuise *Pa Garro Doüé*, quand

V

il plaira à Dieu.   Enuiron l'an 1405. vn Seigneur de cette maison estoit Capitaine de la Forteresse de Lesneuen, sous nos Ducs, le surnom du Treuou possede à present cette maison-là.

KERRIEL prés Lesneuen, pour les armes voyez Richard.

KERRIMEL en kermaria SularE. de Treguier, C. maintenât à Mosieur de Barach Rosambo, portoit d'argent à 3. fasces de sable, á Coëtfrec & à Coëtinizan *aliàs idem*. Cette famille à produit vn Geffroy de Kerrimel Mareschal de Bretagne, qui fut Partizan & associé de ce vaillant chef de Guerre, Bertrand du Glesquin en la plus part de ses exploits militaires.

KERRIOV en Quemper-Guezenec Evesché de Treguier, de gueulle à vne Croix engreslée d'Or.

KERRIOV en Loquenaoulé Evesché de Leon, pour les armes voyez Perrot Traoüanuelin.

KERRIVOAL, de sable à trois bouteilles en forme d'Estamals d'argent 2. & 1.

KERRIVOAL en Treffgondern, au Menihy de Saint Paul, pour armes antiques voyez Pontantoul, moderne Lannorgar le Gac *idem*.

KERROIGNANT trezel en Ploëbian Evesché de Treguier & autres.   . . .

KERROIGNANT en Plouuorn Evesché de Leon, d'azur à vne main dextre appaulmée d'argent en Pal, kerlosquet au Menihy de Saint Paul, & autres *aliàs idem*.

KERROMP, ou Kerhom prés Saint Paul, pour armes & deuise, voyez Kerloüan.

KEROVALLAN en Ploëbian, Evesché de Treguier, ancien d'azur à dix Estoilles d'argent 4. 3. 2. & 1. moderne, voyez Rosmar Kerdaniel *supra idem*.

KERROVDAVLT en Treguier, d'argent à trois bandes d'azur, Coëtrouzault *idem*.

KERROVE' prés Guerlisquin Evesché de Treguier, pour les armes voyez du Dresnay.

KERROZ en Guitalmezel Evesché de Leon d'argent
à vne fasce d'azur, accompagnée de trois Coquilles de
mesme 2. & 1.

KERSABIEC en Leon escartelé au 1. & 4. de sable
au Lion d'argent, contrescartelé d'argent à la fasce eschiquettée de sable & d'argët à trois traicts, qui est le Blonzart.

KERSACH en Ploubalanec, pour les armes voyez Folevays.

KERSAINTGILY, Cosquerou en Plouuorn Eves-
ché de Leon, Kerauel prés Saint Paul & autres, de sable
à six treffles d'argent 3. 2. & 1. à Keruzoret en ladite Parroisse de Plouuorn, Kerdalaes en Guipauas, keryuoas,
Kerenes, & autres *alias idem*. Tous ceux de ce nom
ont pris leur origine de cette premiere maison, laquelle
a donné des Cheualiers de Rhodes & de Malthe puis
longues années,

KERSALAVN-Tromenec en Ploüyen Evesché de
Leon, pour les armes voyez Guergorlay.

KERSALAVN en Cornoüaille, d'azur à deux épées
d'argent passées en sautoir les pointes fichées en bas.

KERSALIOV ancien surnom de cette maison, en
Pommerit-Iaudy Evesché de Treguier, d'argent à 3. fasces
de gueulle, au Lion de sable couronné, armé & l'ampassé
d'Or brochant sur le tout auec la deuise, *tout pour Dieu*, de
cette maison par succession de temps, ont sortys de vaillans
& renommés personnages, qui ont constâment tenu le
party de nos Ducs leurs Princes naturels, & ont esté par
eux employez en plusieurs commissions honorables.
Cette maison est à present tombée en celle de Carcaradec
prés Lannion & porte le surnom de Bois-gelin.

KERSALIOV prés Saint Paul, pour armes presentes
voyez Kersaint-Gily, anciennes.

KERSALOV Guimarch, d'Or à vne bande de gueule
& vn Oyseau de mesme montant sur ladite bande.

KERSALOVX en Lanmodez E. de Treguier d'azur à

trois tours Crenelées d'Or iointes enfemble, celle du milieu
vn peu plus haute , fommée d'vne poulle de fable.

KERSAVSON en Guielan Evefché de Leon, C. de
gueulle à vne boucle ronde , ou fermail d'argent hardil-
fonnée de mefme. C'eft vne des bonnes & anciennes maifons du Pays , que l'on tient prendre fa premiere origine
& Etimologie d'Angleterre.

Iean ref 14 KERSAVSON en Penguenan Evefché de Treguier,
ancien furnom de cette Maifon & de Baloré, portoit de
fable au Chafteau d'Or, fommé de trois Tourillons de
mefmes , maintenant du Treuou, dont il y a eu deux
Senefchaux Royaux de Treguier confecutifs.

KERSAVTE' Lez Saint Paul, pour les armes voyez
le Gac Coëtlefpel.

KERSCAO-Vijac en Plouzane Evefché de Leon, d'a-
zur à trois teftes arrachées d'Aigle, ou d'Efpervier d'or
2. & 1.

KERSCAOV jadis audit lieu en Ploüjan Evefché de
Treguier, à prefent à kerenec, au Rofneuez prés Saint
Paul, & autres d'argent à deux Barz adoffées d'azur, à
chef du Bois-troniolys , keruent Poulpiguet, & autres
guon reff 14. *alias idem.*

KERSCOVACH en Loüanec Evefché de Treguier,
ancien d'argent au Lion de fable, plus moderne c'eftoit
Loz.

KERSENT en Plougaznou , Evefché de Treguier,
pour armes antiques, voyez Crechquerault, maintenant
le Bihan du Roudour *idem.*

KERSERVANT en Vennes, C. de gueulle à dix Billettes d'argent 4. 3. 2. & 1.

KERSVLEC en Guicfezny Evefché de Leon, pour les
armes voyez Keruen.

KERSVLGVEN en Treguier, la Boëxiere en Ploujan prés Morlaix , kerlozerec en Leon, Pratguen, Coët-

romach , Kergoff & autres , d'Or au Lion de gueulle Couronné armé & L'ampaſſé d'azur , au Franc-Canton, eſcartelé d'Or & de gueule.

KERSY, endanché d'argent & de ſable en Pal.

alliſt KERSYMON en Bas-Leon, C. portoit eſcartelé d'Or & de gueulle , il y eu vn Capitaine & Gouuerneur de Breſt de cette maiſon, qui en l'an 1558. auec aſſez peu de ſecours, repouſſa genereuſement plus de dix mille Anglois, qui ayants deſcendus en la coſte de Leon brûlerent & Pillerent le Bourg du conqueſt & autres circonuoiſins, faiſant vn grand rauage ſur le Plat-Pays.

KERSYMON en Leon, appellé le Petit kerſimon, pour armes preſente voyez kerlech reſſeruo, antiques. . . .

KERTANEAV en Plouguiel Eveſché de Treguier, Dronyou de Luzuron *idem.*

KERTANGVY- Tauignon en Treguier, de ſable à vne Croix alaizée d'argent en abîme, accompagnée de trois treffles de meſme 2. & 1.

KERTANGVY-Rochuël en Treguier, faſcé d'argent & de gueulle de ſix pieces.

KERVALANEC en Plouïenan Eveſché de Leon, ancien d'Or à vn arbre de Synople, ſommé d'vne Pye au naturel, moderne voyez Botloré.

KERVANON-Maſſon en Plouïgneau Eveſché de Treguier, d'argent au Lion de ſable, armé & Lampaſſé de gueule, le ſurnom de keriagu eſtoit anciennement en cette maiſon.

KERVASTAR C. d'argent à trois cheurons de ſable.

KERVDOT en Plouunorn Eveſché de Leon, pour armes preſentes voyez Coſquerou, Kerſaint-Gily.

KERVDOV en Ploumauguer Eveſché de Leon, voyez Kermoruen prés Saint Renan , portant kermoruen en ſurnom.

KERVEATOVX en Leon, pour les armes voyez Tourronce.

Kerstat p plocgonuen E J.

guille. ref 14

KERVEGAN en Cornoüaille, voyez Foucaut, Lescouloüarn.

KERVEGAN-Pelinec en Treguier, Ville-Neuue, Caloüer *idem*.

KERVEGANT en Seruel Evesché de Treguier, pour armes antiques, voyez du Tertre, modernes du Bois-Gelin *idem*.

KERVEGVEN ancien surnom de la maison de Curru en bas-Leon C. de gueulle à trois Coquilles d'argent 2. & 1.

KERVEGVEN en Plouëselempe Evesché de Treguier, C. pour dernieres armes, c'estoit Coëtlogon, maintenant le Bigot Keriegu *idem*.

KERVEGVEN en Guimeac Evesché de Treguier, pour armes antiques voyez Estienne, moderne Goüez Briand Roslan *idem*.

KERVEGVEN en Ploüigneau Evesché de Treguier, anciennement c'estoit Porzposen, maintenant kergariou, kergrist

KERVEN jadis, audit lieu en Ploudaniel Evesché de Leon, Kersulec & autres, d'azur à vne Croix potencée d'argent portée sur vn cheuron de mesme accompagné de trois Coquilles aussi d'argent, deux en chef & vn sous Langle du Cheuron.

KERVENGAR-Harscoët de Morlaix, d'argent à trois Choüettes de sable 2. & 1.

KERVENNEC jadis audit lieu en Plouuorn, E. de Leon & à Lesquiffiou, de sable au Lion d'argent, l'Escu semé de Billettes de mesme, Rochanheron *idem*.

KERVENNIOV en Ploüigneau Evesché de Treguier à Monsieur le Comte de Grand-Bois, voyez Toupin.

KERVENO en Vennes, Marquis, d'azur à dix Estoilles d'argent 4. 3. 2. & 1.

KERVENNOV en Seruel E. de Treguier, estoit l'ancien partage des Borgnes du Goasuen, maintenant possedée par le sieur de chef du Bois-Saliou Conseiller en la Cour.

KERVENNOV en Ploubezre Evefché de Treguier, pour les armes voyez Rofmar.

kERVENNOV en Breleuenez lez Lannion, pour armes anciennes, voyez Kermellec en Ploüaret, modernes le Borgne de ladite maifon du Goazuen *idem*.

KERVENY en Plougaznou Evefché de Treguier, pour armes antiques voyez Coëtanfcours, plus modernes Arel Kemerchou *idem*.

KERVENT prés Saint Paul, portoit jàdis comme Kerfcao kerenec, maintenant Poulpiguet auec cette deuife *de peu affez*.

KERVER, Guitelmezel Evefché de Leon, des dépendances de kergroades.

KERVERDER en Ploümillieau Evefché de Treguier, kerian keruerder *idem*.

KERVERIEN, d'Or à trois Cheurons d'azur, il a efté Advocat General au Parlement de Bretagne.

kERVERN en Guipauaz Evefché de Leon, C. pour les armes voyez Cornoüaille Loffulien & keruern.

KERVERN en ladite Parroiffe de Ploumillieau Evefché de Treguier, pour les armes voyez kerret.

KERVERN-Lanuillieau en Direnon, d'azur à trois Annelets d'argent 2. & 1. efcartelé de Treanna.

KERVERN, d'azur à 6. Coquilles d'argent 3. 2. & 1.

KERVESCONTOV en Plougaznou Evefché de Treguier, portoit pour armes antiques. . . . . . . maintenant cette maifon eft poffedée par la famille des Corollers de Morlaix, qui porte de fable au Cerf paffant d'Or accompagné de trois Tourteaux de mefme 2. & 1.

KERVEZEC en Plourin Evefché de Treguier, pour les armes voyez kerloaguen.

KERVEZELOV en la Paroiffe du Treffuou Evefché de Leon, Penchoat, kerfaufon, le Guermeur en Ploudiry & autres, portent efcartelé au 1. & 4. d'argent à 3. Merlettes de fable 2. & 1. comtrefcartelé d'agent à trois fafces ondées d'azur.

KERVEZIN en Guitelmezel Evefché, de leon d'Or à trois Rofes de gueulle boutonnées d'Or 2. & 1.

KERVHEL-kerberiou, prés Saint Michel en Greve, Evefché de Treguier C. pour armes antiques c'eftoit Ploëfquellec, plus modernes du Bois keruhel, & keroparts *idem*, à prefent poffedée par le Sr. de kerberiou Coëtlogó.

KERVIDOV en Lanmeur, portoit pour armes antiques, comme l'Ifle en Ploùgaznou, & depuis le Borgne Lefquiffiou *idem*.

KERVILLIOV en Cornoüaille C. pour les armes voyez Iegou keruilliou.

KERVILSIC en Treguier, de fable à vne fafce d'Or, accompagnée de cinq Coquilles de mefme 3. & 2.

KERVILY en Pleiber-Crift, Evefché de Leon, ancien d'argent à vne Croix efchiquettée de gueulle & d'argent, modernes voyez Maillardiere Crouëzé, keruily. &

KERVIZIC prés Peinpoul en Goelo, du Halgoët-Cargré, & Loftang *idem*.

KERVLAOüEN prés le Conquet, Evefché de Leon, lofangé d'argent & de fable, & vne Bande en deuife d'argent fur le tout, chargée de trois Hermines de fable, à prefent Cornoüaille en furnom.

KERVOAZOV en Plougounuen, Evefché de Treguier, voyez keranguen.

KERVRACH en Pleiber-Crift Evefché de Leon, pour les armes voyez la Roche Rochanheron prés Landerneau.

KERVRIEN prés Guingamp, iffuë en ramage des anciens Seigneurs de Cauan C. pour les armes voyez Hemery Cauan, cette maifon eft fonduë il y a longues années en celle de kergoüanton.

KERVZAOüEN en Plourin Evefché de Leon, de fable au Lion Leopardé d'argent.

keruzas

KERVZAS prés Saint Renan Evesché de Leon C. de gueulle à cinq Fleurs de Lys d'argent 2. 2. & 1. cette Maison est au Marquis de la Roche.

KERVZEC en Plœmeur-Podou Evesché de Treguier, C. portoit pour Armes antiques comme Coëtmen, modernes Barach Rosambo *idem*.

. KERVZEC jadis à Keranpuncze prés Lantreguier, Chef du Boys Boiseon *idem*, pour dernieres Armes plus antiques de sable à dix Billettes d'argent 4. 3. 2. & 1.

KERVZORET en la Paroisse de Plouuorn Evesché de Leon, le Borgne Lesquiffiou *idem*.

KERVZOV en Leon, d'argent à vne Croix anillée d'azur, comme Kermoruan prés Saint Renan.

KERYVEN-MAO en Leon, d'azur à trois Pallerons d'argent becquez & membrez de sable 2. & 1. Poulpiguet *idem*.

KERYVEN en Leon, d'azur à vne teste de Leopard d'Or.

KERYVINIC en Cornoüaille prés Labbé de Landeuenec ancien . . . moderne Kerscaou Vijac *idem*.

KERYVON en Rospez prés Lannion pour Armes antiques c'estoit le Guallès, modernes voyez Rogon Carcaadec.

KERYVON en Leon, jadis Kereozen en Idiome du pays en Ploëneuenter, eschiquetté d'Or & de gueulle sans nombre, il est Seneschal de la Principauté de Leon à Landerneau.

KERYVON du Parc en Tremel Paroisse de Plestin Evesché de Treguier, & autres de mesme famille, pour les Armes voyez du Parc Kergadou.

KERYVOT en Milizac Evesché de Leon, annexée à la Maison de Coëtangarz portoit . . .

KERYZNEL le Vayer, Preuosté des Reguaires de Leon prés la Ville de Saint Paul C. pour Armes antiques voyez le Vayer, il y a longues années qu'elle est annexée à la maison de Carman.

X

L.

AMBALLE Ville du Duché de Penthievre Diocese de Saint Brieuc ancien, d'azur à trois Gerbes d'Or 2. & 1. moderne de Bretagne à la bordure de gueulle comme Penthievre.

LANDERNEAV Ville Capitalle de la Principauté de Leon à Madame la Duchesse de Rohan, pour les Armes voyez plus bas Leon & Rohan.

LANMEVR Barre Royalle anciennement appellée *Kerseunteun*, portoit d'argent à trois Hermines de sable 2. & 1. & vne fasce en deuise de gueulle, comme ayant esté donnée en appanage au pere du Glorieux Saint Mellar issu des anciens Roys de Bretagne & Comtes de Cornoüaille, Patron & Protecteur tutelaire de cettedite Ville & Paroisse qui pour vne singuliere marque d'antiquité & de gloire ne se peut vanter à present d'autre chose, que d'auoir le Corps Glorieux de ce Saint Patron & sous l'estenduë de son ressort ce precieux Gage l'Index de la main dextre du Glorieux Precurseur Saint Iean Baptiste, lieu assez renommé par toute la Prouince pour les voyages & peregrinations qui s'y font tous les ans de toutes parts auec vne ardente deuotion.

LANNION Ville Maritime & Siege ordinaire des Iuges Royaux de Treguier, porte d'azur à l'Aigneau couché d'argent tenant de l'vn de ses pieds de deuant vne Croix de Triomphe d'Or, sur la croisée de laquelle il y a vn Guidon ou Banderolle de gueulle à deux pointes.

LANTREGVIER Ville Epifcopalle & Capitalle du Comte de Treguier, porte d'azur à trois Fleurs de Lys d'Or formees d'Epics de bled de mefme 2. & 1.

LANVAVLX A. B. d'argent à trois fafces de gueulle, l'an 1464. cette Terre fut creé en Baronnie aux Eftats tenus à Dinan par le Duc François II. en faueur d'André de Laual Seigneur de Loheac, Lanuaulx & de Guergorlay Marefchal de France.

LAVAL d'ancienne creation B. depuis erigé en Comté par le Roy Charles VII. en Iuillet 1429. en faueur dudit André de Laual Seigneur de Loheac Marefchal & Admiral de France, qui portoit d'Or à la Croix de gueulle, chargée de cinq Coquilles d'argent, accompagnée de feze Allerions d'azur 4. à 4. Monfieur le Duc de la Trimoüille eft Seigneur & Chef de cette Maifon-là, qui eft des mieux marquées en nos Chroniques, comme l'vne des plus anciennes & illuftres Maifons du Royaume.

LEON A. B. depuis erigé en Principauté, porté d'Or au Lion morné de fable, qui font les Armes d'vn Iuueigneur de Flandres qui époufa l'heritiere d'vn des anciens Vicomtes de Leon, qui portoit auant cette alliance, d'Or à vne fafce de gueulle comme Penchoüet.

LESNEVEN Ville & Barre Royalle de grande eftenduë Siege ordinaire des Iuges Royaux de Leon, porte pour Armes celles de France & de Bretagne.

LEVY Duc de Ventadour Maifon que quelques Hiftoriens font paffer pour l'vne des plus anciennes du monde, d'autant qu'elle fait voir fa defcente & origine de l'vne des douze lignées d'Ifraël nommée Leuy, de laquelle eftoit iffuë la Glorieufe VIERGE MARIE, que les Seigneurs de cette Maifon nomment leur Coufinne, Elle fe peut vanter auec raifon d'auoir produit des Ducs & Païrs de France, des Gouuerneurs de Prouinces, vn Marefchal de France fous le Roy Charles VI. des Cheualiers de Saint

X 2

Efprit, & a pris alliance en la Royalle Maifon de Bourbon, & celle Montmorency. Elle porte d'Or à trois Chevrons de fable, écartelé d'autres puiffantes Alliances.

LIMOGES Ville & Vicomté, ancien Patrimoine des Ducs d'Albret, jadis Roys de Nauarre, autrement appellé Eftempes Limoges, portoit de Bretagne à la bordure de gueulle.

LOHEAC B. porte de vair.

LONDRES Ville Capitalle d'Angleterre, porte pour Armes d'argent à la Croix de gueulle, le franc quartier chargé d'vne efpée de fable en pal.

LABBE' au Cloz-Labbé, d'argent à vne fafce de gueulle accompagnée de trois Macles d'azur 2. & 1.

LACHIVER en fon temps Evefque de Rennes originaire de la Paroiffe de Plouëzoch prés Morlaix Evefché de Treguier, qui eftant Penitencier des Bretons à Rome, quoy qu'il fuft d'affez mediocre condition, pour fa feüle vertu & merite perfonel fut promeu audit Evefché par refignation du Cardinal Olliuier, il portoit d'argent à vn double ancre de fable, au chef d'azur chargé d'vn Croiffant d'Or.

LACHIVER Keruálanec en Gouëlo, & autres . . .

LADVOCAT à la Crochaye Evefché de Saint Malo, d'azur à la cottice dantelée d'argent, accoftée de deux Coquilles de mefme, ladite cottice trauerfant vne autre Crofille vers la pointe.

LAGADEC jadis à Kernabat pres Lantreguier, Kerueguen en, Kergreis, la Salle en Lanmelin, Kericuff en Plouzal, & autres, d'argent femé d'Hermines & vne Quintefeille de gueulle en abîme.

LAGADEC Sieur de Mezedern en Plougouünuen Evefché de Treguier, & autres, d'argent à trois Treffles d'azur 2. & 1. au Pradigou en Lanmeur aliàs idem.

LAISNE' ou Lefné jadis à Kerhamon en Plouzal Evefché de Treguier, Penfeunteun, & autres, d'azur à trois demy vols d'Or en Pal 2. & 1.

LAISNE *alias* à Keranguriec prés Landerneau, d'azur à trois cœurs d'Or 2. & 1.

LALLVNEC, de sable à trois Massacres de Cerf d'argent 2. & 1.

LAMBERT au Costang en Leon & à Traouuern en Trebreden porte eschiquetté d'argent & d'azur à six traits le premier Eschiquier chargé d'vne Molette de sable.

LAMBEZRE jadis audit lieu & à Kerlan pres Saint Paul, pour les Armes voyez Kerlan.

LAMBILY, prés Ploërmel, d'azur à six Quintefeilles d'argent 3. 2. & 1.

LAMOVREVX, d'argent à trois Macles de sable 2. & 1.

LAMPRAT Sieur dudit lieu dernier Seneschal de Carhaix, portoit d'azur à vne Croix florencée d'argent cantonnée de trois Fleurs de Lys de mesme & auchef vne Estoille de gueulle.

LE LAN jadis à Penauern en Treguier, & autres, d'azur au Lion couronné d'Or.

LANCE prés Rennes, de gueulle au sautoir d'Hermines cantonné de quatre testes de Loup d'argent.

LANCELIN en Ploumauguer Evesché de Leon, d'argent à vne Quintefeille de gueulle.

LANCHALLA en Plouarzel Evesché de Leon, portoit jadis losangé d'argent & de sable en pal, à la bande en deuise d'argent chargée de quatre Hermines, maintenant Kerlech en surnom.

DE LANDAL pres Dol, B. pour les Armes voyez Aubigné.

LA LANDE jadis Vicomte de Guignen, la Drianaye, & autres, d'azur au Lion d'argent couronné, armé & lampassé d'Or à l'Orle de huiĉt Fleurs de Lys d'argent.

LA LANDE prés Rennes à Monsieur le Marquis de

LANDVGEN.

LALAIN

Coëdlogon, portoit d'argent à trois Trefcheurs ou Fffo-
niers de fable 2. & 1.

LA LANDE *aliàs* au Reftincur en Pommerit le Vicomte Evefché de Treguier, Guernachanay en Ploüaret,
Penanuern en Plougaznou, & autres, d'Or au Lion de
gueulle couronné d'argent.

LA LANDE jadis à Kerueguen en Ploëzelempe Evefché de Treguier, d'argent à trois Cottices de gueulle au
canton dextre auffi de mefme, il y a eu vn Capitaine de
Morlaix de cette Maison fous le Regne de nos Ducs.

LA LANDE en Ploumilieau Evefché de Treguier,
pour Armes antiques . . . . . modernes
Quemper Lanafcol *idem.*

LANDEBOCHER en Plouzeuede Evefché de Treguier, ancien d'Or à trois Choüettes de fable, becquées
& membrées de gueulle, moderne voyez Kermenguy
en Cleder.

LA LANDELLE Rofcanuec, d'argent à trois Merlettes de fable 2. & 1.

LANDIFFERN en Ploudaniel Evefché de Leon, d'a-
zur à trois Gerbes d'Or 2. & 1. c'eft au Baron de Penmarch.

LANDOVZAN en Leon, partage de Lefcoët le Barbier, portoit comme le Barbier.

LANFEVST en bas-Leon, porte . . .

DE LANGAN Baron de Boisfevrier, de fable au Leopard d'argent armé, lampaffé & couronné d'Or.

LANGARZEAY, pour les Armes voyez la Feillée.

DE LANGLE Kermoruen en Vennes d'azur au fautoir
d'Or accompagné de quatre Billettes de mefme : Il eft
Conseiller en la Cour de Parlement.

LANGOÜEZNOV en Leon C. voyez Saint Goüeznou.

LANGOVRLA prés Moncontour, C. d'Or à trois
Cottices d'azur, maintenant l'Evefque en furnom.

LANGVENAN en Treguier, pour les Armes voyez Bozec.

LANGVENOEZ C. fasces ondées d'Or & d'azur de six pieces au chef de gueulle, à Quinipilly en Vennes *aliàs idem.*

LANHACA en Treguier, portoit comme Gouëzbriand auec marque de juueignerie.

LANHARAN en Plestin Evesché de Treguier, pour Armes antiques voyez Derjan, modernes le Borgne, Keruidou *idem.*

LANHVIC en Treguier, pour les Armes voyez Boëxiere Kerazroüant.

LANIAMET Sieur dudit lieu & Conseiller en la Cour de Parlement, porte d'argent à vn Aigle éployé de sable à deux testes, becqué, membré & couronné de gueule.

LANILIS en Cornoüaille, d'azur à trois Macles d'Or 2. & 1.

LANLEYA en Ploüigneau Evesché de Treguier, Toupin Keruenniou *idem.*

LANLOVP jadis audit lieu en Ploëlo Evesché de Saint Brieuc C. d'azur à six Annelets d'argent 3. 2. & 1. maintenant à Kercabin, & autres en Treguier *idem.*

DE LANNION *aliàs* au Cruguill prés la Ville de Lannion C. maintenant Baron du Vieu-Chastel & de Camor Seigneur de Quinipilly, le Cruguill &c. Gouuerneur pour le Roy des Villes de Vennes & d'Auray porte d'argent à trois Merlettes de sable 2. & 1. au chef de gueulle chargé de trois Quintefeilles d'argent & pour deuise *prementem pungo.* Cette Maison a fourny des Chambellans & vn Me. d'Hostel ordinaire de l'vn de nos Ducs qui ont signalez leur valleur en diuerses manieres, entr'autres vn Briand de Lannion Conseiller & Chambellan du Comte de Montfort Lamaury qui assista le Connestable du Glesquin en la plufpart de ses Conquestes & Exploicts Militaires en France, notament à la prise de la Ville de Manthe sur les Anglois l'an 1363. ou à l'ayde de quelques autres Cheualiers Bretons dénommez en l'Histoire , il prist à rançon Messire Leger Dergexsy Capitaine Anglois fort renommé parmy eux , les Seigneurs de ce Nom tirent leur descente originelle d'vne Maison noble en la Paroisse de Buhulien prés Lannion , maintenant appellée la Porte-Verte & de toute antiquité *Pontspiritum* , dont vn Seigneur épousant Margueritte du Cruguil Dame heritiere dudit lieu , porta le surnom de Lannion en cette Maison enuiron l'an 1360.

LANNORGANT en Ploëmahorn Evesché de Leon , d'azur au Levrier rampant d'argent au Colier de gueulle bouclé & cloûté d'Or.

LANNORGAR en Trefflaouenan Evesché de Leon , portoit anciennement comme Chasteaufur , maintenant le Gac Lannorgar & Coëtlespel *idem*.

LANNOSTER en Plabennec Evesché de Leon , d'argent à deux Haches d'Armes ou Consulaires de gueulle , addossées en pal , au chef d'Or , comme Gourio.

LANNOSNOV Coëtiuelec en Leon , & autres , eschiquetté d'Or & de gueulle , brisé d'vne fasce en deuise d'azur chargée d'vne Estoille d'argent.

LANRINOV en bas-Leon

LANRIVIN EN Sieur de Brignen au Menihy de Saint Paul , & autres , d'azur à vne Croix d'argent , écartelé d'argent à vn Arbre d'azur auec cette deuise *Espoir me conforte*.

LANROS en Cornoüaille C. d'Or à vne grande Molette de gueulle.

LANTILLAC anciennement à Carcaradec prés Lannion , d'argent à vne fasce de sable frettée d'Or , accompagnée de trois Roses de gueulle 2. & d'o|

LANVALLAY C. d'azur à sept Losanges d'argent 3. 3. & 1.

LANVAON , C. fascé d'argent & d'azur de six pieces.

LANVENGAT en Guicsezny prés Lesneuen en Leon , Poulpry *idem*.

Lanuilieau

LANVILIEAV, de fable au fautoir d'argent accompagné de 4. Fleurs de Lys de mefme, écartelé auec les armes de Treanna, qui eſt à prefent le furnom de cette maiſon-là.

LANVRIEN en Ploüefcat, Evefché de Leon, d'azur à vne Tour crenelée d'Or, coſtoyée d'vne Epée d'argent miſe en pal, la pointe fichée en haut vers le coſté feneſtre, à prefent du Chaſtel en furnom.

LANVRIEN, prés Landerneau, Evefché de Leon.

LANVZOÜARN, ancien furnom de cette maiſon, en Plouënan, Evefché de Leon C. portoit d'argent à l'Efcu en abîme d'azur, à l'orle de fix annelets de gueulle, & pour deuiſe, *endurer pour durer.* Cette maiſon eſt à Madame la Baronne de Penmarch, qui depuis n'agueres en eſt deuenuë heritiere.

LARCHER, en Campaignac, Evefché de Saint Malo, de gueule à trois flèches d'argent, 2. & 1.

DV LARGES, Sieur dudit lieu, en Loüargat Evefché de Treguier, Guerdeuolé, Porzancoz, Coëtbian, & autres, d'argent au Lion de Synople.

LARGOÜET, d'Or à deux faſces de gueulle.

DE LARLAN Sieur de la Nitre, Conſeiller en Parlement, & autres, porte d'argent à la Croix de fable, chargée de Macles d'argent.

LARLO prés Guerrande, au Comté Nantois, d'Or au fautoir de gueulle, chargé de cinq Fleurs de Lys d'argent.

DE LARMOR, jadis à Treueznou en Langoat, E. de Treguier, Keriualan en Seruel, Keralfy, Kermaes-Kerouſpy, Coëtrannou, & autres, d'argent femé d'Hermines, à vne faſce en deuiſe de gueulle accompagnée de fix Macles de mefme 3. 2. & 1.

LARMORIQVE en Ploüian, Evefché de Treguier C. pour armes antiques voyez Foucault-Lefcoulouärn, modernes voyez Goüezbriand.

DE LARY, efcartelé en fautoir, d'argent & d'azur.

Y

ſ   DV LATTAY jadis audit lieu, d'argent à la faſce de gueulle accompagnée de ſept Quintefeilles de meſme 4. en chef & 3. en pointe.

LAVALOT en la Paroiſſe de Taoulé Eveſché de LEON, anciennement portoit comme Launay-Marrec, maintenant voyez Penchoadic, le dernier Theologal de LEON eſtoit de cette Maiſon-là.

LAVENTVRE écartelé au 1. & 4. loſangé d'Or & de gueulle au 2. & 3. d'argent à 3. Aiglons de guculle becquez & membrez d'Or.

LAVNAY Botloy en Treguier, pour les Armes voyez Botloy Leſardrieu.

LAVNAY-Neuct en Breleuenez prés Lannion, C. portoit d'argent au Croiſſant de gueulle accompagné de trois Pommes de Pin de meſme 2. & 1. l'an 1364. Geffroy de Kerrimel & Adelice de Launay Seigneur & Dame de cette Maiſon-là fonderent le Conuent des Auguſtins de Lannion, vulgairement appellé le Porchou.

LAVNAY-Troguindy en Camlez Eveſché de Treguier pour les Armes voyez Troguindy.

LAVNAY-Coëtmeret en LEON, Chaſtelenec en Taoulé, Parcoz prés Landiuizieau, & autres, d'argent au Lion d'azur armé, lampaſſé de gueulle & couronné d'Or, à Keralſy en Lanmeur alias idem.

LAVNAY-Pentreff en Landouzan Eveſché de LEON, d'Or à vn Arbre d'azur.

LAVNAY en Ploubezre E. de Treguier, ancien voyez le Mignot audit lieu, maintenant Coëtanſcourre en ſurnom.

LAVNAY-Meſanegen en Treleuern Eveſché de Treguier, ancien de güeulle à vne Croix, au baſton d'argent brochant à dextre ſur le tout, moderne voyez Kerjan Paſtour.

LAVNAY-Trogoric en Seruel Eveſché de Treguier, pour les Armes le Roux Kerninon idem.

Launay-ſ. de Villarmayſ E. de ꝛ ary. 3 main 47 deg.

LANDIVISIAV

LAVNAI-COMAS au dit lieu. de guelles à 2. leopards d'or

LAVNAY-Tremel en Pleſtin Eveſché de Treguier;
voyez Tremel ancien ſurnom de cette Maiſon.

LAVNAY en Langoat Eveſché de Treguier, pour Armes antiques voyez Peillac, modernes Trolong Troffen-
teun *idem*.

LAVNAY de Paſſé Eveſché de Rennes, d'argent à ſept
Macles de gueulle 3. 3. & 1.

LAVNAY-Gelin, d'argent au Chevron engreſlé de
ſable.

LAVNAY-Rauilly, d'argent à vn Arbre de ſynople.

LAVNOY jadis à Keruran en Plœbian prés Lãntre-
guier, Kerſon, & autres, maintenant à Treqoëzel, au
Tourrault, Pencrech, & autres, de gueulle à vne Croix
d'argent cantonnée de dix Coquilles de meſme, 3. en
chaque canton du chef 2. & 1. & deux en chaque canton
de la pointe, le dernier Seneſchal de Lanmeur eſtoit de
cette derniere Maiſon-là.

LAVRENS, d'argent au Laurier de ſynople au chef
d'azur chargé de trois Eſtoilles d'Or.

LAVRENS, d'Or au Sanglier de ſable.

LE LAY Kercham en Leon, Kermabon en Plouaret E.
de Treguier, Kerdalaez en Plouneuez, Goazyrec, & autres, d'argent à vne faſce d'azur ſurmontée de trois Annelets de gueulle & vn Aigle eſployé de ſable en pointe.

LE LEAC, d'argent à trois faſces ondées de gueulle,
accompagnées de ſix Quintefeilles d'azur 3. 2. & 1.

LEBART, d'azur à vn Leopard d'argent.

LECOËT prés Lamballe . . .

LEDINEC en Treguier, pour les Armes voyez
Kerlech.

LEHEC prés Landerneau Eveſché de Leon, ancien
d'Or à trois Treffles de gueulle, moderne Kerlech Treſi-
guidy *idem*.

LE LEIZOVR jadis à Lanaſcol, & à Pontreuzou,

LERMINE a coellan
dazur a la croix

Evefché de Treguier, de gueulle à trois Coquilles d'argent 2. & 1. & vn Croiffant de mefme en abîme.

DE LENTIVY Sieur du Cofcro en Vennes C. & autres d'azur à huict Billettes d'Or 3. 2. 2. & 1. au franc canton de gueulle chargé d'vne efpée d'argent en pal, la pointe fichée en bas.

DE LEON dernier furnom du Bourgerel en Plougounuer Evefché de Treguier, portoit d'argent à trois Chevrons de gueulle brifez d'vne fafce en deuife de mefme, maintenant . . .

DE LESBIEST C. d'argent à vne bande de gueulle chargée de trois Coquilles d'Or : c'eftoit vn Cheualier natif du pays de Flandres, qui pour les fideles & importans feruices par luy rendus au Duc Iean VI. du nom, le fift Capitaine & Gouuerneur des Ville & Chafteau de Nantes.

LESCARVAL fafcé d'Or & de gueulle de fix pieces au canton dextre d'argent à trois Chevrons de gueulle. E

LESCOËT alias audit lieu, Kergoff prés Lefneuen, & autres, de fable à vne fafce d'argent chargée de trois Quintefeilles percées de fable. E

LESCOËT en bas-Leon, d'argent à fix Croix recroifettées d'azur en orle & vn Efcuffon de gueulle en abîme, maintenant au Baron de Rouët, pour les Armes voyez Belaudiere.

LESCOVËT Vicomte du Bofchet, la Guerande, & autres, de fable à trois Coquilles d'argent 2. & 1. & vn Eperuier de mefme en abîme, campané d'Or. Cette feconde Maifon a donné vn Prefident en la Chambre des Comtes de cette Prouince.

LESCONDAM en Leon, d'argent à vn Arbre de fynople.

LESCONVEL en Plouzané prés Saint Renan Evefché de Leon, pour les Armes voyez Pezron

LESCORRE jadis audit lieu en Lanmeur Evefché de

Dol ez Enclaues de Treguier, à present au Gliuiry & à Kerbouran en ladite Paroisse, d'argent à deux fasces de sable frettées d'Or. *Iean rest 14.*

LESCRECH en Taoulé Evesché de Leon, pour Armes presentes voyez Coëtlogon, antiques . . .

LESENOR en Ploulech prés Lannion, pour Armes antiques voyez Guerrand, modernes le Roux; Kerninon *idem*.

LESGASQVENET, d'argent à vne Croix engreslée de gueulle, le quartier senestre chargé de cinq Macles de mesme 2. 2. & 1.

LESGVEN en Lanpaoul Evesché de Leon . . .

LESGVERN ou Lesuern audit lieu en Saint Fregan Evesché de Leon, Traoumeur, & autres, d'Or au Lion de gueulle à la bordure engreslée d'azur.

LESGVIEL en Plouguiel prés Lantreguier, pour les Armes voyez Arel.

LESGVY prés Landerneau partage de Mesarnou, pour Armes antiques voyez Perceuaux, modernes Mescaradec *idem*.

LESHARDRIEV en Treguier, C. d'argent au Lion de gueulle couronné, armé & lampassé d'Or. Cette terre est à Monsieur le Comte de Grand-Bois.

LESHERNANT en Plougrescant Evesché de Treguier, d'azur à six Macles d'argent 3. 2. & 1.

LESIREVR en Taoulé Evesché de Leon C. pour Armes antiques, c'estoit Guicaznou, maintenant Gourio, & pour deuise *Dieu me tue*.

LESLECH en Plestin Evesché de Treguier, ancien voyez le Splan, moderne Kermoysan Goazmap *idem*.

LESLECH en Treleuern Evesché de Treguier, voyez les anciennes Armes de Coëtgourhant. *Thomas reff 14.*

honore LESLEM en Plouneuenter Evesché de Leon, à Madame du Bertry, losangé d'argent & de sable en pal.

LEONAIS
d'argent a 3 lions de sable

LESQUEN au dir lieu E St B. de sable a 3 oiseaux appelles l'artres de sable argent

LESMABON prés Carhaix C. pour Armes antiques, d'argent à deux Perroquets de synople affrontez & vne Pomme de Pin aussi de mesme entre deux, plus modernes d'Or à trois Haches d'Armes, ou Consulaires de gueulle posées en pal d'vne hauteur, maintenant le Bigot Kerjegu *idem*.

LESMAYS & Plestin Evesché de Treguier, Vicomté, porte pour dernieres Armes d'argent à vn Cor de Chasse de sable, lié en sautoir de mesme en abîme, accompagné de trois Merlettes aussi de sable 2. & 1. & de precedent d'argent à trois fasces d'azur, accompagnées de dix Hermines de sable 4. 3. 2. & 1. qui sont les anciennes Armes du surnom de Lesmays.

LESMELCHEN en Leon, d'argent à vne Quintefeille percée de gueulle.

LESMELEVC en Leon, de gueulle à vn Eperuier d'Or grilletté de mesme en abîme, accompagné de trois Coquilles d'argent 2. & 1.

LESMOÜAL en Plounerin Evesché de Treguier, pour Armes antiques voyez de Meur, maintenant le Rouge Guerdauid & Penajun *idem*.

DE LESNEVEN jadis à Kerell en Loüanec Evesché de Treguier, d'azur à trois Estoilles d'azur, au baston de gueulle brochant à dextre.

LENOÜAN, d'argent au sautoir de gueulle cantonné de quatre Billettes de mesme.

LESORMEL Sieur dudit lieu en Plestin Evesché de Treguier, & autres, porte d'argent à trois Cottices d'azur, & pour deuise *le Content est riche*.

LESPERENEZ C. de sable à trois jumelles d'Or. Cette Maison a donné vn Conseiller & Chambellan du Duc Iean VI. qui fut Président de ses Comptes & Maistre General de ses Monnoyes, & en outre vn Evesque de Cornoüaille, qui ensuite fut créé Archeuesque de Cesarée.

guyomar ref 14

~~MAZEAS E L~~ *lesmeal en ploeg*
de argent a la face de guelles accompagnée de 3 coquilles de mesmes

iean ref 14 LESNE *p de ptobihan E J*

L**ESPERVIER**, d'azur au fautoir engreflé d'Or, accompagné de quatre Bezans de mefme.

L**ESPHELIPPES** en Treguier, d'azur à vn Cor ou Trompe d'argent fans ligature.

L**ESPLOËCOVLM** en Plouëcoulm Evefché de Leon, ancien . . . moderne Ville-nefve Coëtjenual *idem.*

L**ESPLOVËNAN** en Plouënan Evefché de Leon, portoit écartelé au 1. & 4. d'argent femé d'Hermines au fautoir de gueulle, contrefcartelé d'argent à vn Arbre de fynople, maintenant le Rouge Kergounouarn *idem.*

L**E LEPVROVX** en Saint Malo, de fable à vne Crofille d'argent furmontée de trois Molettes de mefme.

L**ESQVELEN** Coëtinec en Leon, & autres . . .

—— L**ESQVEN** prés Saint Renan Evefché de Leon . .

L**ESQVERN** en Lanmeur Evefché de Dol ez Enclaues de Treguier, Ramage du Guerrand, du Parc Keranroux *idem.*

L**ESQVIFFYOV** en Pleiber-Crift Evefché de Leon C. portoit pour Armes antiques d'argent à trois foûches déracinées de fable 2. & 1. quelques-vns les mettent d'azur, modernes voyez le Borgne Lefquiffyou. L'an 1563. vn Seigneur de cette Maifon du nom d'Adrien le Borgne fut nommé & defigné par le Roy Charles IX. pour eftre Capitaine & Gouuerneur des Ville & Chafteau de Morlaix, & de nos iours nous auons veu les Seigneurs d'icelle fuiure les Guerres & les Armées, ou la plufpart d'iceux font morts au lict d'honneur aprés auoir rendus de bons & fideles feruices à leur Prince tant aux Sieges de Bordeaux, Saint Niel en Loraine, qu'ailleurs en diuerfes occafions en qualité de Capitaines confecutifs au Vieu-Regiment de Champagne & d'Enfeigne, de là Meftre de Camp dans le Regiment de feu Monfieur le Marefchal de Brezé : mefme Monfieur de Lefquiffyou d'aprefent en cette qualité de

Capitaine audit Regiment, a eu des employs bien confiderables fous le defunt Roy Louys le Iufte, de glorieufe
memoire, qui l'à eu en particuliere eftime.

LESQVILDRY fieur dudit lieu, en Plouguiel prés Lantreguier, d'azur à trois Befans d'argent, 2. & 1. & vn Croiffant de mefme en abîme.

LESQVIVIT en direnon, Evefché de Cornoüaille,
Pleffix-Coëtjenual idem.

DE LESRAT fieur des Briotieres, d'azur à vne tefte de
Loup arrachée d'Or, au chef d'argent, il eft Confeiller en
ce Parlement.

LESTANG alias audit lieu, en Guicouruest Evefché
de Leon, au Rufquec en Plouuorn, Keraugon, & autres, à
prefent idem, efcartelé au premier & dernier d'Or à vn Vanet ou Coquille de gueulle : au 2. & 3. lofangé d'argent &
de fable en pal.

LESTANG-Kerlean, ou Leftang au Soleil en Guitalmezel, Evefché de Leon, efcartelé au premier & quatre
d'azur, au Soleil d'Or, contrefcartelé d'argent, au Rocher
de fable.

LESTANG-Dourdu, en Ploëcolm Evefché de Leon,
d'azur à deux Carpes d'argent en fafce.

LESTANG-Keropars en Leon, voyez Gouzabatz.

LESTANG en Leon, de gueulle à deux pals de vair.

LESTEVENNEC, jadis audit lieu en Plouyder Evefché
de Leon, d'argent à vne Choüette de fable, becquée &
membrée de gueulle, maintenant. . . . .

LESTIALA, efcartelé au premier & quatre d'azur, à
vne Croix d'Or, contrefcartelé d'argent à vne Rofe de
gueulle boutonnée d'Or.

LESTIC-Ville-Durand, Kerraoul prés Peinpoul-Goelo,
& autres, d'argent au Cheuron de gueulle, accompagné
de trois Tourteaux de mefme, 2. & 1. L'an 1561. ceux de
cette famille obtindrent Lettres d'Anobliffement du Roy,
verifiées

verifiées en la Cour en la mesme année aux points & conditions que par les verifications ordinaires sur pareil fait.

LESTOVRDV en Guicsezny Evesché de Leon, d'Or
à trois coquilles de gueulle, & vne Quintefeille de mesme en abime.

LESTREMEVR en Guitelmezel Evesché de Leon,
pour les Armes Lesuen *idem*.

LESTRENEC en Ploüigneau Evesché de Treguier,
pour les Armes voyez Cazin Quenquisou.

LESTREZEC en Treguier pour les Armes voyez
Crechriou.

LESTRIDIAGA en Cornoüaille . . . . .

LESVEN, jadis audit lieu, à present au Lestremeur,
Evesché de Leon, Rosueny, & autres, d'Or à vn Pin d'azur,
escartelé d'autres aliances. Le dernier Archidiacre de Leon
estoit de cette famille.

LESVENNEC Crechquerault en Leon *idem*, auec
marque de juueignerie.

LESVERN, en Saint Fregan, jadis audit lieu, Evesché
de Leon, pour les armes voyez Lesguern, ou Lesuern.

LESVERSAVLT en Brelidy Evesché de Treguier, ancien surnom de cette maison, C, portoit de gueulle à vne
fasce fuselée d'argent accompagnée de six Besans de mesme
trois en chef & trois en pointe, 2. & 1. Maintenant du Parc
Locmaria, & Keranroux *idem*.

LESVREC en Cornoüaille, porte d'azur à vne Croix
alaizée d'Or, brisée au canton dextre d'vn dextrocher d'argét.

LESVZAN en Direnon, pour armes antiques, d'azur
au Cheuron d'argent accompagné de trois Huppes, ou Ai-
grettes de mesme, 2. & 1. modernes voyez Pappe-Vieu-
bourg, auec cette deuise, *point gehenne & point gebennant.*
Maufurie jadis en cette maison là.

LE LEVIER, jadis à Kerochyou en Plouian, Evesché
de Treguier, Penastang & Kerloassezre en Plougounuen

Keranpreuoft, Meshir, & autres, d'argent à vne fafce d'azur, furmontée d'vne Merlette de mefme, accompagnée de trois Treffles de gueulle, 2. & 1. Cette famille a donné vn Confeiller en la Cour de Parlemenr de ce païs, & vn Senefchal de Morlaix.

LEZEC, anciennement au Roudour, paroiffe de Seruel prés Lannion, d'azur à deux Cheurons d'argent entrelaffez, brifez en chef d'vn Croiffant de gueulle.

LEZENET, de fable à trois coquilles d'argent 2. & 1.

LEZEREC en Lanmaudez Evefché de Treguier, Goazuen Cyllard *idem*. ancienement c'eftoit loz.

LEZEREC, Keroüara en Ploüefcat Evefché de Leon, & autres d'rgent à vn Arbre de fynople le tronc chargé d'vn Levrier courant de fable.

LEZERGVE' de gueulle à la Croix potencée d'argent, cantonnée de quatre Croifettes de mefme.

LEZIT de fable au fautoir d'Or.

LEZIVY Paroiffe de S. Diuy prés Landerneau, ancien d'argent à 3. Chevrons de fable, moderne voyez Mefcam.

LHONNORÉ Sieur du Leflein en Plouneuenter Evefché de Leon, Kerambiguette, Penfrat prés Quimpercorentin & autres, lofangé d'argent & de fable en pal, au canton dextre de pourpre chargé d'vne main gantée d'argent tenant vn Efperuier d'Or campané de mefme au Mefqueau en Plougafnou E. de Treguier *aliàs idem* auant periou

DE LHOSPITAL Sieur de la Rouardaye, d'argent à vne bande d'azur & vne merlette de fable montant fur ladite bande.

LIBOVRON jadis à Coëtheloury en la Paroiffe de Cauan Evefché de Treguier, portoit.

LIDIC prés Quimpercorentin, Coëtgral en Ploüian Evefché de Treguier, & autres *aliàs idem*, d'Or à vne fafce de gueulle chagée de trois Treffles d'argent accompagnée de trois Merlettes de gueulle 2. & 1.

LIGOVYER C. pour les armes voyez Saint Pern.

LIMEVR en Treguier, portoit jadis . . . maintenant Trogoff Kerelleau *idem.*

LIMOËLAN, C. pour les armes voyez Rousselot.

LE LIMONIER, d'argent au Lion de gueulle, à la Cotice d'azur sur le tout chargée de trois Croisettes d'Or : Il y a eu vn Conseiller en Parlement de ce nom.

LINIAC C. fascé d'argent & de gueulle de six pieces.

DE LINIERES, d'argent à vne fasce de sable.

LINIERES, Sieur de la motte Rougé de sable fretté d'Or de six pieces. *E. d vchef*

LIORSOV ou LVORZOV Sieur dudit lieu en Leon, Kerbiguet en Ploügaznou Evesché de Treguier & autres *alias idem.* d'argent à deux fasces de sable, au canton dextre de gueulle chargé d'vne Quintefueille d'argent.

LISANDRE, en Goëlo, C. portoit comme Taillard Lisandré, auec cette deuise Espagnole, *antè quebrar que doublar,* plustost rompre que plier.

LISAY, la Mothe, & autres, d'argent à trois fasces ondées de sable. *E T*

LISCOËT, en Botcazou prés Guingamp, C. d'argent au chef de gueulle, chargé de sept Billettes d'argent 4. & 3. Bois-de-la-Roche en Bourbriac, & autres, *idem.* Cette premiere maison a donné vn Capitaine & Gouuerneur de Loches, & Maistre d'Hostel du Roy Charles VII. *lors du losquen ress 1427*

LISLE-Goazanharant prés Guingamp, portoit jadis de gueulle à dix Billettes d'Or, 4. 3. 2. & 1. l'Isle-Saint-Ioüan, Villemario, le Verger, Penamprat en Guymeac, & autres, *alias idem.* Maintenant voyez Kerleau Goazanharant. *vaoul chlr 1371 guesclin p 380 yuon ref 1426.*

LISLE anciennement audit lieu en Plougaznou Evesché de Treguier, Keruidou en Lanmeur Evesché de Dol ez enclaues de Treguier, & autres. Bandé d'Or & d'azur de six pieces, au canton dextre de gueulle chargé d'vne Fleur de Lys d'argent. *iean ref 14*

LINDRVC   E. V. argent a 7. Macles de guelles et un annelot g. en chef.

LIZIARD a trohanet. E. C. or a 3. croissans g. escartelle azur a 3. quintefeuilles argent

LISLE-Kerancham, en Treguier, d'argent à trois Quintefueilles de gueulle 2. & 1. & vne fleur de LYS d'azur en abîme.

LISLE-YVON en Ploüdiry Evefché de LEON, pour les Armes Cornoüaille Kérenou *idem*.

LISTRE', d'argent à trois Efcus de gueulle chargez chacun de trois fufées d'Or.

LIVINOT prés Quimpercorentin C. de gueulle à vne fafce d'argent accompagneé de trois Truictes de mefme 2. & 1. cette maifon eft à prefent fonduë en celle du Cleuzdon.

LOAISEL Seigneur Marquis de Brie & de Chambiere, &c, comme il paroift par la verification de fes Lettres patentes du Roy, en datte du 1666 Porte d'argent à trois Merlettes de fable 2. & 1 la charge de Prefident au Mortier en ce Parlement, eft hereditaire de pere en fils en cette maifon, que l'on peut auec juftice paffer pour l'vne des plus illuftres & mieux marquées de la Prouince, tant à raifon de fes parentez & alliances auec les maifons d'Affigné, Maleftroict, Montauban, Molac, Goulaine & plufieurs autres, que pour les beaux emplois & Charges confiderables, dont les Seigneurs d'icelle ont efté honorez en diuers temps fous nos Ducs & Roys de France, & fingulierement Iean Loaïfel Seigneur defdits lieux, qui en l'an 1457. fut honoré de la charge de Prefident & Iuge vniuerfel de Bretagne, ainfi qu'il confte par fes lettres de prouifion datées du 17. Decembre audit àn, fignées Artur.

LOCMARIA en Ploümoguer prés Guingamp C. pour Armes antiques, voyez Coëtgourheden, modernes voyez du Parc Locmaria.

LOCRENAN en Pleftin Evefché de Treguier, ancien furnom de cette maifon, portoit fafcé d'argent & d'azur de fix pieces, maintenant Hamon en furnom.

LOCRIST en Cornoüaille ancien furnom de cette maifon, Quiftillic en Ploügounuen & autres portoit. . . .

LOGDV en Loüargat Evefché de Treguier, de gueulle à vn Croiffant d'Or en abîme, accompagné de fix Treffles de mefme 3. en chef & 3. en pointe 2. & 1. elle eft des Annexes du Guermoruan en ladite Paroiffe.

LOHENNEC en Pleiber-Crift Evefché de LEON, ancien fafcé d'Or & de fable de fix pieces, la premiere fafce furmontée d'vn LION leopardé de fable, moderne le Borgne Lefquiffyou *idem.*

LOHOV d'azur à trois Coquilles d'argent 2. & 1.

LE LONG jadis à Keranroux en Ploëffur Evefché de Treguier C. Kernegues prés Lanuolon & autres d'argent à trois Cheurons de fable, cette famille a fourny vñ Capitaine de Chafteaulin-fur-triëu fous nos Ducs.

LONGLE en Treguier, d'argent à trois Potteaux ou couppes couuertes de gueulle 2. & 1.

LE LONQVER jadis à Lanciuilien Evefché de Treguier, de fable à vn cor de Chaffe ou Trompe d'argent liée en fautoir de mefme.

DE LOPRIAC, Kermaffonnet & Coëtmadeuc C. de fable au Chef d'argent, chargé de trois Coquilles de gueulle, la charge de Confeiller en la Cour de Parlement de ce Pays eft de pere en fils en cette maifon-là

LORANCE jadis à Keranglas en Quemperguezenec Evefché de Treguier, Kercabin an Ploüer & autres, de fable à vn Poignard d'argent en pal, la pointe fichée en bas, accompagné de trois Eftoilles de mefme 2. & 1. au Chef auffi d'argent.

LORGERIL C. de gueulle au Cheuron d'Hermines accompagné de trois molettes d'argent 2. & 1.

LA LORIE, gironné d'argent & de gueulle de 8. pieces.

LOSTANVERN *aliàs* audit lieu en Botforcher Evefché de Treguier, Keroulas en Tredrez & autres, d'argent à

LORET p. 189

LOHODAN

vne contrebande de fable, accoftée de deux Merlettes, 1.
en Chef & l'autre en pointe, le dernier furnom de cette
maifon eftoit Cozic Kerloaguen.

LOSSVLIEN en Leon C. pour armes antiques voyez
Cornoüaille, modernes Guergorlay du Cleuzdon *idem.*

LOVARNEC jadis au Talarmeur en Quemperguezenec, Evefché de Treguier portoit.

LOVAYS C. de gueulle à trois Gantelets d'argent en
Pal femez d'Hermines 2. & 1. Kerligonan *idem.*

DV LOÜET à Coëtiunual C. le Vicomte de Piruit,
la Ville-nefve en Ploüzoch Evefché de Treguier, Penuern
en Saint Seuo, Quijac & autres en Leon fafcé de vair &
de gueulle de fix pieces : Monfieur de Cornoüaille eft
auffi de cette famille, que l'on tient par tradition ancienne eftre originairement iffuë d'vne maifon bien fignalée d'Angleterre.

LE LOÜET en Treguier, famille noble jadis au
Kergoët Paroiffe de Prat, portoit.

LOVMENVEN Paroiffe de Guiclan Evefché de Leon,
d'azur à fix Bezans d'argent 3. 2. & 1.

LOVMERAL en Ploüneuenter Evefché de Leon, au
Sieur de Keroüarz, efchiquetté d'argent & de gueulle
à fix traicts, le premier efchiquier, chargé d'vn Annelet
de fable.

LE LOVP de gueulle à vn Loup rampant d'Or, lampaffé de gueulle.

LE LOVP d'agent à deux fafces de gueulle, chargées
de cinq molettes d'Or 3. & 2.

DE LOVVETEL Sieur de Saint Thomas de Normandie habitué depuis quelques années en l'Evefché de
Leon, porte.

LA LOYERE C. ramage d'Auaugour, portoit comme Auaugour auec brifeure.

LOZ Kergoanton en Treleuern Evefché de Treguier,

C. Guernaleguen en Trefezny, Coëtgourhant en Lohan
nec, Lamgar, Pouldouran & autres, de gueulle à trois
Efperuiers d'argent campanez ou grilletez d'Or.

LUCAS jadis à Kercho en Ploügaznou Evefché de
Treguier, d'argent à trois Molettes de fable 2. & 1. & vne
hure de Sanglier de mefme en abîme, pofée en fafce:
maintenant Kergariou Penanprat *idem.*

LUCAS, d'argent à vne bande de finople.

LUCE Rocerff & autres, d'azur à trois Coquilles d'argent en pal l'vne fur l'autre.

LUILY, d'azur au Lyon d'Or à l'Orle de 8. Fleurs de
Lys de mefme.

LUPPIN, d'argent à 2. Croiffans adoffez de gueulle.

LUZEC en Pleiber-Saint-Hegonec Evefché de Leon,
portoit d'argent au Rameau de Palme de fynople pofé en
bande, accompagné de trois Quintefueilles de gueulle
2. & 1. maintenant la Haye des Roches-Kerlaudy
idem.

LUZOVM, d'Or à vne fafce de gueulle chargée de
trois Eftoilles d'argent.

DE LYS Sieur de Beaucé Prefident & Senechal du
Siege Prefidial de Rennes, porte de gueulle à vne fafce
d'argent, chargée de quatre Hermines de fable, furmontées de deux Fleur de Lys d'argent, au tertre de Lys
prés Moncontour *idem.*

M.

ACHECOVL, B. de gueulle à trois cheurons d'argent. E N

  MAILLE', ancienne Baronnie, grande & Illuſtre Maiſon en Touraine, qui a produit vn Mareſchal de France, Gouuerneur d'Anjou, ſous le nom du Mareſchal de Breze, qui portoit d'Or à trois faſces antées de Gueulle, qui eſt Maillé : Le Marquis de Carman eſt yſſu de cette Illuſtre ſouche, & en porte le nom.

  MALESTROICT, B. porte de gueulle à neuf beſans d'Or rangez trois à trois, anciennement ſans nombre. Cette maiſon a produit vne infinité de rares & vaillans Cheualiers & Capitaines ſous nos Ducs, & en l'Egliſe pluſieurs autres perſonnages de grand renom. E V

  MALTHE, Iſle & Seigneurie, ſiſe ſur la Mer Mediterranée ſejour ordinaire des Cheualiers d'icelle tant renommée par toute la Chreſtienté, autrement dicts Chevaliers de Sainct Iean de Ieruſalem, dont l'ordre fut inſtitué enuiron l'an 1104. & confirmé par Baudoüin I. du nom Roy de Ieruſalem, depuis appellez Chevaliers de Rhodes ou ils s'habituerent s'en eſtans emparez dés l'an 1308. Mais ayans eſté malheureuſement expulſez de cette Iſle de Rhodes par l'ennemy juré de la Foy Chreſtienne l'an 1525. le jour de Sainct Iean Baptiſte l'Empereur Charles V. leur donna quelque temps aprés celle de Malthe, & depuis ſont ſurnommez Chevaliers de Malthe, qui arborent

rent

rent pour Armes de leurs ordre ; de gueulle à vne croix pattee d'argent à huict longues pointes à raison des huict Beatitudes.

MARTIGVES, Prince, anciennement Vicomté, Lieutenant pour le Roy en cette Prouince, portoit au premier & dernier de Luxambourg, au 2. de gueulle, à la Croix d'Or au trois, de Bretagne.

MATHEFELON, B. partage des anciens Comtes d'Anjou, porte de gueulle à six Ecussons d'Or, 3. 2. & 1.

MATIGNON, alias B. depuis Comte de Torigny, dont il y a eu vn Mareschal de France, Gouuerneur de Guienne, sous le Roy Charles IX. qui portoit pour armes antiques, d'Or à deux fasces noüées de gueulle en deux endroits, accompagnées de neuf Merlettes de mesme, 4. 2. & 3. qui estoit Matignon, plus modernes, d'argent au Lion de gueulle, Couronné, Armé, & Lampassé d'Or, qui est Gouyon. E J B.

MAYNE, ou Mayenne, anciennement B. depuis erigé en Duché, & Païrie, l'an 1573. par le mesme Roy Charles IX. Porte de France, au Lambeau à trois pendans de gueulle.

MERCŒVR, Duché & Païrie de France, erigé en la mesme année que Penthieure par le Roy Charles IX. portoit jadis de Loraine, au Lambeau à trois pendans d'azur, maintenant Vendosme *idem.*

MILAN, Duché des plus grands & spacieux de la Chrestienté, porte d'argent à vne Guiure tortillée d'azur en pal, deuorant vn enfant de gueulle, depuis que Othon Vicomte de Milan, estant allé à la Guerre de la Terre Sainte auec Godefroy de Boüillon pendant le Siege de Ierusalem, combatit seul vn Admiral Sarrazin nommé Volux des plus renommez parmy ces Infideles, qui à toute rencontre insultoit les Chefs de cette Armée Chrestienne, & les prouoquoit au Combat, à quoy ledit Othon s'estant liuré

A a

par deux diuerfes fois, enfin l'ayant vn iour defarmé, pris &
terracé, il fut aduifé qu'il prendroit en armes pour marque
authentique de cette victoire, la Salade d'Or, fur laquelle
eftoit efleué pour Cimier vn Serpent ou Couleuure à la
queüe ondée en pal, deuorant, ou jettant vn enfant par la
bouche.

MONTAFILANT, B. iffu d'vn puifné des anciens Vicomtes de Dinan, pour les Armes voyez Dinan.

MONTAVBAN, B. porte à prefent de gueulle à neuf
Macles d'Or, rangées trois à trois, qui eft Rohan, au Lambeau à trois pendans d'argent en chef. Il y a eu vn
Admiral de France de ce nom de Montauban qui portoit. . . . . Es mal

MONTBAZON, Duc & Païr de France, portoit anciennement de gueulle au Lion d'Or couronné d'argent, qui
eftoit Montbazon, maintenant efcartelé au premier & quatre de Rohan, comme deuant, contrefcartelé de France &
de Nauarre, fur le tout de Milan. Cette Terre fut erigée en
Duché & Païrie l'an 1588. par le Roy Henry III. dont le
dernier Seigneur eftoit Gouuerneur de Paris.

MONTCONTOVR, ville, l'vn des Membres qui com-
pofe le Duché de Penthieure, porte de gueulle au Lion d'argent, couronné, armé & lampaffé d'Or, au chef d'argent
femé d'Hermines.

MONTFORT-Lamaury, Comté & partage de France,
portoit de gueulle au Lion d'argent, à la queüe fourchée ;
des le Regne de Louys VII. Cette maifon a donné vn Con-
noftable de France, & plufieurs autres grands & Illuftres
Perfonnages, qui ont remply l'Europe de la gloire de leurs
faits heroïques.

MONTFORT, au Diocefe de Rennes, B. porte d'argent
à vne Croix ancrée de gueulle gringollée d'Or.

MONTMORENCY alias B. depuis érigé en Duché &
Païrie par le Roy Henry II. au mois de Iuillet 1552. portoit

pour Armes antiques d'Or à la Croix de gueulle, cantón-
née de quatre Allerions d'azur depuis multipliez en seze;
4. à 4. en chaque canton, en memoire des seze Drappeaux
qu'vn Seigneur de cette Maison gagna sur les infidelles &
ennemys de la Foy Chrestienne & pour deuise plus antique
Dieu ayde au premier Chrestien, jusques à Anne de Montmorency Connestable de France qui prist pour autre plus
resente *in illo tempore*, & finalement Henry de Montmorency aussi Connestable de France, porta pour deuise &
simié, A P L A N O S, qui veut dire sans tâche : Les Liures
sont pleins de la grandeur & antiquité de cette Maison,
qui a donné à la France le premier Baron qui ayt fait profession de la Foy Chrestienne dés le temps de Saint Denys
l'Areopagite qui souffrit le Martyre sous le Regne de Sisi-
nius Gouuerneur ou Prefect des Gaules sous l'Empereur
Claudius Caligula.

M O R L A I X Barre Royalle & Ville Maritime d'vn
grand traffic, en laquelle a esté establie vne Iurisdiction
de Consulat l'an 1566. par Lettres Patentes du Roy Charles
IX. pour juger & decider sommairement les procez & dif-
ferents d'entre les Marchands trafiquans en ladite Ville
laquelle fut enuiron deux ans aprés erigée en titre de Gouuernement par le mesme Roy Charles IX. & en fut le premier Gouuerneur Messire Troilus du Mesgoüez Cheualier
Seigneur Marquis de la Roche & de Coëtarmoal, elle porte en Armes d'azur à la Neff ou Nauire équipé d'Or, aux
Voilles éployées d'argent, mouchettez d'Hermines auec
cette deuise *s'ils te mordent mor-les.*

M A C H E F E R, de sable à trois Fers de Cheual d'argent
2. & 1.

M A D E C Sieur des Maisons-nefves, de gueulle à trois
Lions de sable mornez d'argent 2. & 1.

M A D I C au Dreseuc prés Guerrande, d'Or au Lion
de gueulle.

le maffay auy le Change Nial. 4321. E divine/.

A a 2

MAHE' Kermoruan en Taolé Evefché de LEON, & autres, d'argent à deux haches d'Armes de gueule en pal, brifé en chef d'vn Croiffant de mefme.

MAHYEVC, d'argent à trois Hermines de fable 2. & 1. au chef d'Or, chargé de trois Couronnes d'Epines de Synople : Cette famille eft originaire de la paroiffe de Plouuorn en LEON, dont eftoit le Reuered Pere en Dieu Yues Mahyeuc, jadis Evefque de Rennes, qui a vefcu en telle eftime de fainteté pendant fa vie, que Dieu ayant apres fa mort manifefté la Gloire de ce Saint Perfonnage par plufieurs grands Miracles, on à toute forte de fujet de fuiure le fentiment commun de l'Eglife Britannique qui le paffe au rang des Bien-heureux dans le Ciel, quoy qu'il ne foit pas encore Canonifé.

LA MAIGNANE, C. de fable à cinq Roquets d'argent 3. 2. & 1.

LE MAISTRE, famille noble jadis en Buhulien prés Lannion, d'argent à deux fafces de gueule accompagnée de trois Tourteaux de mefme deux en Chef & vn en pointe, & vn cor ou cornet de fable lié en fautoir entre lefdites fafces.

MAISTRENES en Treguier *alias* à Kermeluen prés Guingamp, portoit.

MALEMAINS jadis à Sacé en Baffe-Normandie. C. portoit d'Or à trois mains dextres, de gueule en pal 2. & 1.

MALENOë C. d'Or à trois Aigles d'azur 2. & 1. C. becquez & membrez de gueule. E R

MALET C. d'Hermines à trois fafces de gueule. HH

MALEVILLE, Brehault prés Ploërmel de gueule à trois épées d'argent les pointes en haut garnies d'Or, furmontées de trois bezans d'Or.

MALOR, jadis à Liniac C. efcartelé au premier & quatre, vairé d'Or & d'azur, contrefcartelé de gueule plein.

[marginal notes, handwritten:]

2. de.

E. du chef   la Maignane ay. 4 fufees d fab. enfeff.

HH de vll maison, annll malet put gannall 1762. le S. Jean de Thezan de Gaustan, ...

la maistre boissier E de N d'azur au lion entre deux espées d'arg. penci der pointe en haut

LA MANCELIERE, d'azur au Croiſſant d'Or,
accompagné de trois Eſtoilles d'argent 2. & 1.

MAO en Leon, pour les armes voyez Keryuen-Mao

MARANT à Penanuern en Ploürin Eveſché de Treguier & autres de meſme famille, d'azur à vne teſte d'Eſperuier arrachée d'argent en abîme, accompagnée de
deux Eſtoilles de meſme 2. & 1. au quartier dextre, couppé
d'argent & d'azur, l'argent chargé de trois Hermines de
ſable & l'azur de trois Macles d'Or, & pour deuiſe *bona
voluntate.*

MARBOEVF Vicomte de Chemiliers & de Laillé &c.
d'azur à 2. épées nuës en ſautoir au gardes d'Or, les pointes
fichées en bas, la charge de Preſident au Mortier en ce
Parlement eſt ſucceſſiue de pere en fils en cette maiſon-là.

MARCE' B. de gueulle à trois Lyons d'argent 2. & 1.
c'eſt à Monſieur le Marquis de la Mouſſaye.

LE MARCHANT, jadis à Crechleach en Treguier, le
Menec en Taolé Eveſché de Leon & autres, d'argent à
trois teſtes de Corbeau arrachées de ſable 2. & 1.

LA MARCHE B. d'azur à ſix bezans d'Or 3. 2. & 1.
au filet de gueulle, brochant à dextre ſur le tout.

LA MARCHE jadis aux Tourelles, pour les Armes
voyez les Tourelles.

MARCHECOVRT, de gueulle à vne épée d'argent en
pal la pointe en bas aux gardes d'Or, accompagnée de deux
bezans d'argent en Chef.

LA MARRE de gueulle au Croiſſant d'argent en
abîme accompagné de trois Coquilles de meſme 2. & 1.

MARREC Mont-Barrot C. dont il y a eu vn Capitaine & Gouuerneur de Rennes, portoit d'argent au Lion
de gueulle briſé d'vne faſce de ſable, chargée de trois Eſtoilles d'argent à Kerbaul en Chaſtelaudren *aliàs idem;* auec
la deuiſe *in te Domine ſperaui non confundar in æternum.*

MAREC jadis à Keroüaziou, Pontanglet en Ploügaſ-

MARGARO

nou & autres, d'argent au fautoir d'azur chargé de cinq
Annellets d'argent.

alain ref 1426 jean qui vit le lieu du premier

MARREC *alias* à Tremedern, & à Mezambez en
Guimeac Evefché de Treguier, bandé d'Or & de fable
de fix pieces. *ce sont les armes de Tremedern*

MARREC à Launay en Plougaznou Evefché de Treguier, Lauallot & autres en LEON, d'azur à deux coutelas,
gueill ref. 14 ou cimetaires d'argent paffez en fautoir, aux gardes d'Or.

MARREC Kerhoüermaign en Treguier, d'argent à
trois rofes de gueulle boutonnées d'Or 2. & 1.

MARRECANBLEIZ en Leon, d'azur à trois gerbes
d'Or 2. & 1.

LA MAREE, d'argent à cinq Tourteaux de fable en
fautoir au chef d'Hermines.

MAREIL en Nantes, chicté d'Hermines & de gueulle.

LE MARESCHAL, d'Or à vne bande de gueulle accoftée de fix Coquilles de mefme en Orle.

MARHEC jadis à Guicquelleau Evefché de LEON, pour
les Armes voyez Guicquelleau.

MAROS prés Chaftelaudren Evefché de Treguier, de
gueulle à vne Roze double d'argent.

p

MAROT Sieur des Alleuz, d'azur à vne main appaulmée d'argent en pal, brifée en chef d'vne Eftoille d'Or au
a 1598 cofté feneftre, il eft mort Confeiller en ce Parlement.

MARQVES, d'argent à vn fautoir de gueulle accompagné de quatre Billettes d'azur.

LE MARST jadis au Bodriec en Cornoüaille C. de
gueulle au chef d'argent, à prefent du Chaftel Mezle.

GAVDIN MARTIGNE B. de gueulle au Lion d'Or, l'Ecu femé
de Fleurs de Lys d'argent. E R

MARTIN dernier furnom de la Maifon du Pleffix en
Pluzunet Evefché de Treguier, d'azur à trois Eftoilles
rolland ref 1427 d'argent 2. & 1. à prefent Kermel en furnom.

MARTIN de la famille des Martins de Bordeaux, jadis

Edvdref la Martiniere ar band ... avec dun tym Eud a fl. Nishay

MARIGO *sr de Ker* ... *Ecu de*
de guelles au lion d'or escartelle d'or a g. rene
de cist de guell.

Evefques de Vennes, portoit d'azur à vn Chafteau d'argent maffonné de fable.

MARTIN jadis au Maros prés Chauftelaudren, pour les armes voyez Maros.

MARZEIN Kermarzein, pour les armes voyez Kermarzein.

MARZEIN jadis au Vieu-Launay en Ploüian Evefché de Treguier auant Thorel, d'argent à vn Arbre de synople sommé d'vn Croiffant de gueulle.

MARZELIERE *aliàs* C. depuis Erigée en tiltre de Marquifat en Iuin 1618. verifié en Parlement au mois de Février 1619. en faueur de Meffire François de la Marzeliere Seigneur dudit lieu, Baron des Baronnies de Baign & de Bonnefontaine, Vicomte du Fretay & qui portoit efcartelé au premier de fable à 3. Fleurs de LYS d'argent qui eft la Marzeliere au 2. d'Or à trois Fleurs de LYS d'azur deux en chef & vn en pointe & vne faffe d'Hermines, qui eft Porcon au trois pallé d'Or & de gueulle de fix pieces qui eft Giffart au 4. d'argent à la Croix engreflée de fable qui eft du Gué, par fucceffion de temps, cette maifon a produit & efleué des Seigneurs qui ont efté Chambellans ordinaires de nos Ducs, & encôte d'autres qui enfuite ont efté auantagez de beaux emplois & charges bien releuées fous nos Roys de France, comme Lieutenans en leurs armées, Gouuerneurs & Capitaines des Villes, Chafteaux & Forterefles du Pays, cette maifon eft à prefent tombée en quenoüille, Madame la Marquife de Coëtquen en eft heritiere.

DV MAS en Guipauaz Euefché de Leon, d'argent fretté de gueulle de fix pieces au chef échiquetté d'Or & de gueulle à trois traits.

DV MASLE, de gueulle à trois Cignes d'argent 2. & 1. becquez & membrez de fable.

MATHEZOV Kerganan en Landeda Evefché de Leon,

& autres, d'argent à vne bande de fable chargée de trois Eftoilles d'argent.

MAVFVRIC, jadis à Lefuzan, pour armes antiques, voyez Lefuzan.

MAVGORET, prés Quintin, d'argent à trois Poiffons de fable en pal, 2. & 1.

DV MAVGOüER, Bois-de-la-Salle, & autres, d'azur à dix Coquilles d'argent, 4. 3. 2. & 1.

MAVLEON, C. de gueulle à vn Lion d'argent.

MAVNY, C. d'argent à vn Croiffant de gueulle. Cette maifon a fleury en grands hommes, beaucoup renommez pour leur valeur, la plus part defquels ont accompagné le Conneftable du Glefquin leur parent en toutes les expeditions militaires.

MAVPETIT, à la Ville-Maupetit, du païs de Dinan, d'azur à vn Chafteau d'Or, ayant la porte de gueulle.

MAVRE, alias B. depuis erigé en Comté, le 8. de Nouembre 1553. par le Roy Henry II. verifié en parlement en l'an 1554. en faueur de Meffire François de Maure, Baron dudit lieu, & de Loheac, Seigneur de Bonnaban, Quehillac, &c. qui portoit de gueulle à vn croiffant de vair.

DE MAY, Kerienetal, Leinoudriein, & autres en Leon, d'argeut à deux fafces d'azur accompagnées de fix Quintefeilles de gueulle. 3. 2. & 1.

MAZEAS d'Or au Chevron d'azur accompagné de trois trefles de mefme. 2. & 1.

MEANFAVTET en Leon C. à Monfieur le Comte de Boifeon, pour Armes antiques, voyez Pontantoul.

MEIVSSEAVME Vicomté, ancien, voyez du Gué, moderne Coëtlogon idem. l'Office de Confeiller en ce Parlement eft coutinuée de Pere en Fils en cette maifon là.

MELCHONEC en Ploüaret ancien . . . . . .
moderne voyez Courfon-Liffiac.

MELESSE

MELESSE C. d'Or à vne bande fuzelée de fable.

LE MENDY en Plœbennec Evefché de Leon, écartelé au 1. & 4. d'Or à vn Houx de fynople, contrefcartelé à vn Efchiquier d'argent & de gueule.

DV MENE' ancien furnom de cette Maifon C. de gueulle à vne fafce d'argent au Lambeau à trois pendans de mefme, il y à eu vn Morice du Mené Chambellan ordinaire de l'vne de nos Duchefles en l'an 1485. & Capitaine de fes Gardes.

LE MENEVST Seigneur de Brequigny prés Rennes G. d'Or à vne fafce de gueulle chargée d'vn Leopard d'argent accompagnée de trois Rofes de gueulle 2. en chef & 1. en pointe : Il eft l'vn des Prefidens au Mortier en la Cour de Parlement de ce pays.

DV MENEZ en Cornoüaille, d'azur à la Croix d'Or accompagnée d'vne main d'argent au premier canton.

MENEZ Troneuezec en Treguier, de gueulle à trois Papillons volans d'argent 2. & 1.

LE MENGVEN jadis à Trieffuin en Plouëzoch Evefché de Treguier, d'argent à vn Ratteau de gueulle en manché de fable en pal.

MENGVY jadis au Varch, Kermabuffon en Pleftin, Penuern en Plœmeur-Bodou, maintenant à Saint Drenou prés Lantreguier, Kermoan, & autres, d'argent fretté d'azur de fix pieces, au franc canton d'argent chargé d'vne Eftoille d'azur.

MENOV jadis à Kertheual au Sieur du Rumen Begaignon Evefché de Treguier, d'argent au Lion de fable accompagné de quatre Merlettes de mefme 3. en chef & 1. en pointe.

MENOV aliàs à Kerarmet en Treduder Evefché de Treguier, d'azur à vne épée d'argent en pal aux Gardes d'Or, la pointe fichée en haut.

Bb

MERCIER-Beaurepos en Guipauaz Evesché de Leon, & autres, de gueulle au Cheuron d'argent, accompagné de deux Quintefeilles de mesme en chef, & vne Cloche, ou Campanelle d'Or en pointe bataillée de sable.

MERDRIGNAC, B. d'Or à deux fasces noüées de gueulle, accompagnées de neuf Merlettes de mesme 4. 2. & 3. *E M. Prate*

LE MERDY - Kermeury en Ploebian Lanciuilien en Penuenan, Quillyen en Hengoat Kerhoëlquet, & autres en Treguier, escartelé d'argent & de gueulle, chargé de trois Fleurs de Lys 2. & 1. de l'vn en l'autre : Au Goazuen en Breleuenez, *alias idem.* Cette premiere maison est aujourd'huy fonduë en celle du Parc Thuomelin. *E T*

LE MERER à Kerhalet prés Pontrieu, Kermodest en Ploemeur-Bodou, & autres, en Treguier, d'azur à trois Gerbes d'or 2. & 1.

MERIADEC, jadis à Crechronuel en Plouian, Evesché de Treguier, d'argent au fretté d'azur de six pieces, à la bordure engreslée de gueulle. *E T*

MERIEN, jadis à Kerysac prés Guingamp, d'Or à vn Ságlier passant de sable sans furie, au Melchonnec *alias idem.*

MEROV, ancien surnom de Kergomar en Loguiuy prés Lannion, portoit . . . .

MESAMBEZ, en Gvymeac Evesché de Treguier, Ramage de Tremedern, pour armes presentes voyez Kerguz.

MESANHAY, ancien surnom de cette maison, en Ploemeur-Bodou, Evesché de Treguier, d'argent à vne fasce de sable, surmontée de deux Quintefueilles de gueulle, & vne pomme de Pin aussi de gueulle en pointe.

MESANRVN, en Leon, de gueulle à la bande d'Or à vn Renard de mesme montant sur icelle.

MESANVEN, en bas Leon, d'azur à vn Gland d'Or, auec sa coque de mesme en abime la pointe en bas, accompagné de trois fueilles de Chesne d'argent 2. & 1. & pour deuise, *amy du.*

MESCAM, *alias* audit lieu en Lanilis, à present à Mescaradec, Ville-neufue-Kerleguer, Landegarou, & autres en Leon, de gueulle à vne double Roze d'argent, boutonnée d'Or.

MESCANTON, en Plouzeuede Euesché de Leon, d'argent au Lion morné d'azur, brisé en l'espaule d'vne Treffle d'argent.

MESCARADEC, en Lanilis Euesché de Leon, d'azur à trois testes d'Eperuier arrachées d'Or, 2. & 1.

MESCOÜEZ, en bas Leon, C. d'Or au Cheuron d'azur, accompagné de trois Treffles de gueulle, deux en chef, & vne en pointe. Le premier Marquis de la Roche estoit de ce nom.

MESCOÜIN, en Guicourueft, Euesché de Leon, pour armes antiques voyez Perceuas, maintenant Keicoënt, Coëtanfaou *idem.*

MESGRAL, prés Landerneau, Euesché de Leon ancien, portoit escartelé au premier & 4. d'azur, fretté d'argent de six pieces: contrescartelé d'argent, à trois Hures de Sanglier de sable, 2. & 1. moderne voyez Penfenteunyou.

MESGVEN-Poulpry, en Ploudaniel Euesché de Leon, d'argent à vne poulle de sable.

MESHELOV, en Plouenan Euesché de Leon, Kermelec Guiclan *idem.*

MESHVEL, en Ploëbian Euesché de Treguier, pour armes antiques Kerleau Goazanharant *idem*, modernes voyez le Du au Bot Kerinou.

MESMELEGAN, en Plouien Euesché de Leon, d'azur à l'Aigle d'Or.

MORILLON
argent grifon sable

MESNAVLT en Leon C. iſſuë de la maiſon de taillebourg, portoit d'azur au Lyon d'argent armé & lampaſſé de gueulle : c'eſt à Monſieur le Comte de Boiſeon.

retenu de MESNOVALET en la paroiſſe de Guiler Eveſché de Leon, d'azur à vn Aigle éployé d'Or.

MESPERENEZ en bas Leon, eſcartelé au 1. & 4. d'or, au Lion couronné de gueulle, contreſcartelé d'azur à la Croix d'argent Touronce en ſurnom.

MESPERENEZ, prés Leſneuen, Eveſché de Leon, Kerſauſon *idem.*

MESPRIGENT, en Plouuorn, Eveſché de Leon, le Borgne Keruſoret, & leſquffiou *idem.*

MEVR, jadis à Keruegan en Goelo, d'argent à vne faſce de gueulle, accompagnée de trois Quintefeuilles de meſme. 2. & 1.

DE MEVR *aliàs* à Kerarchan en Guerliſquin, Leſmoüalh, & autres en Treguier, maintenant Coetanroux, Lez, Lannion, Kerigonan, Kerhuon, & autres, d'argent à vne faſce d'azur. Cette derniere maiſon à donné vn Eſcuyer ordinaire de la petite Eſcurye de ſa majeſté, qui eſt mort depuis peu Capitaine & Gouuerneur de Lannion & nous fourniſt encore vn Eccleſiaſtique de rare ſçauoir Docteur en Sorbonne ſous le nom du Sieur de Saint-André de Meur.

LE MEVR jadis à Crechriou, le Goazuen en Seruel, & autres en Treguier, d'argent à vn mouton de ſable en abîme, accompagné de trois Quintefeuilles de gueulle 2. & 1.

LE MEZEC, Ponthallec en Treguier, & autres portoit . . . . .

MEZLE C. ancien de gueulle à trois mains dextres appaulmées d'argent ſemées d'Hermines. 2. & 1. moderne voyez du Chaſtel.

MICHEL *en quilbignon* EL

henry ret 1427 . . . . . *kerruluen p p̃ry* Ẽ ſ

LE MEZOV en Plouyen Evefché de Leon , efcartelé au 1. & 4. le Drenec, contrefcartelé d'Or à trois fafces ondées d'azur, & 2. Coquilles de gueulle en chef.

MICHEL Kerdaniel en Cauan Villebaffe , & autres en Treguier d'argent à vne tefte de More de fable tortillée d'argent.

LE MIGNOT anciennement à Launay en Ploubezre Evefché de Treguier, d'argent à vn fautoir de gueulle.

LE MIGNOT jadis à Roffalic prés Lannion , Kerlan en Seruel , & autres , d'argent à vn Oyfeau effolant de fable , becqué, & membré de gueulle : des Fresnays en Rennes *idem.*

LE MIGNOT Goazhamon , & autres en Treguier , d'argent au fautoir de gueulle, accompagné de trois treffles d'azur au chef de gueulle.

MILIEAV en Trebreden Evefché de Treguier, d'argent au Lyon de gueulle.

MILLE' d'Hermines à trois chefnes de gueulle 2. 1.

MILON jadis à la Ville-Morel C. la Touche, & autres d'azur à trois teftes arrachées de Levriers, d'argent 2. & 1. Cette premiere maifon a donné vn Senefchal de Ploërmel puis Prefident & Iuge vniuerfel de Bretagne fous nos Ducs.

MILON, jadis à Kermillon en Rofpez Evefché de Treguier, d'azur à vn Belier d'Or.

LE MINEC jadis au Clezrin en Quemperguezenec Evefché de Treguier portoit .

LE MINTIER jadis à Kerguien en Perroz-Guirec en la maifon de Carmené & celle des Granges prés Moncontour, la Pommeraye , & autres *idem,* d'argent à vne croix engreflée de gueulle.

MINVEN portoit d'azur au Lyon d'Or , à prefent Boifgueheneuc en furnom.

MISSIRIEN prés Quimpercorentin : porte d'argent au

Chefne de Synople, englanté d'Or, au franc canton de gueulle, chargé de deux haches d'Armes en pal, adoffées d'argent: ie ne fçay s'il écartele les armes que vous trouuerez fur Autret Kerguiabo en Leon, comme eftant de ce nom.

Le Moal, jadis à la Ville-nefve Parroiffe de Coëtreüan Evefché de Leon à Kerloas en Ploelech, & autres d'azur à deux Cignes d'argent affrontez, becquez & membrez de fable: maintenát Trogoff Boifguezenec, en furnom.

Mocazre, ou Maucazre au Hellez, alias audit lieu, Kerbiriou prés Landerneau, le Carpont en Lápaul, Kerualanec & autres en Leon, d'or à trois Tourteaux de gueulle 2. & 1.

Moëlien, en Cornoüaille, porte d'azur à vne Bague d'argent, & trois fers de Lance de mefme, joignans ladite Bague en triangle.

Le Moënne, jadis à Saint Eloy en Ploeuc à prefent au Quellenec en Merleac Evefché de Cornoüaille, porte de gueulle à trois Croiffans d'argent, & vne Fleur de Lys d'Or en abîme.

Mogverov, d'argent à vne Fleur de Lys de fable, furmontée d'vne Merlette de mefme, Coëtanlem idem.

Le Moign, jadis à Kertanguy, & à Keranroux en Ploubezre Evefché de Treguier, portoit . . . .

Mol, fieur de Kerjan en Ploüemauguer Evefché de Leon, & autres, efcartelé au premier & dernier d'azur à vn Faifant d'Or, qui eft Guernelez, contrefcartelé d'argent à trois Ancres de fable, 2. & 1. qui eft Kerjan Mol.

Molac B. de gueulle à neuf Macles d'argent, 3. 3. & 3.

Dv Molant, d'argent à quatre Fuzées de fable, au chef de gueulle chargé de trois Fleurs de Lys d'Or.

Molant, en l'Evefché de Rennes, ancien d'argent fretté de fable de fix pieces, moderne voyez Boberil.

Môlesne au Sieur de Keryuon Senefchal de Landerneau portoit . . . . . .

DE MONCEAVX, d'azur à la fasce d'argent, accompagnée de trois Estrieux d'Or, deux en chef & vn en pointe.

MONDRAGON C. d'Or au Lion de sable, armé & lampassé de gueulle.

MONTAGV C. d'arg, à 3. Aigles éployez de gueulle 2. & 1.

MONTAIGV B. d'argent à deux bandes de sable, accompagnées de dix Coquilles de mesme 3. 4. & 3.

MONTBOVRCHER, Marquis du Bordage, Seig.r de S. Gilles, &c. suiuant les Lettres du Roy verifiées en la Courle...porte d'Or à 3. Chaunes de gueule 2. & 1. Monsieur de la Maignane, dont le pere étoit Cõseiller en ce Parlemẽt, est aussi de ce nom.

MONTEIANC. d'Or fretté de gueule de six pieces.

MONTERFIL, de sable à vne épée d'argent la pointe en bas.

MONTEVILLE, jadis à Launay prés Runan Euesché de Treguier, l'vn des Cheualiers qui combatit auec aduantage en la bataille de Trente, portoit burellé d'argent & de gueule de dix pieces, à la bordure de sable.

MONTFORT, Kersecham prés Lantreguier, Kermeno en Tresezny, & autres, portent d'azur à vne Croix engreslée d'argent, cantonnée de quatre Oyseaux de mesme.

MONTFOVRCHER, d'Hermines à la bande de gueule.

MONTGERMONT, lozangé d'Or & de gueulle, à la face d'azur frettée d'argent.

MONTI Vicomte de Rezé prés Nantes, d'azur à la bande d'Or, accompagnée de deux montagnes de mesme : Cette maison establie en Bretagne depuis six ou sept vingt ans, est originaire de Florance, où elle a donné plusieurs Gonfanoniers ou d'Auges, & où elle s'estoit alliée aux Strossi, Medicis, Altouiti, & à toutes les plus grandes maisons de cette Republique ; le Pape Iule III. & plusieurs Cardinaux de cette Famille, l'ont encore renduë plus considerable: Et c'est ce que verifia aux deux Parlemens & aux 2. Chambres des Comptes de Paris & de Bretagne, Bernard de Monti, lors qu'il fut naturalizé, l'an 1550.

DE MONTIGNY, Sieur de Beauregard, d'argent au Lion de gueule, accompagné de sept coquilles d'azur en orle : Il est Advocat General en ce Parlement.

MONTMARTINAYS, d'azur à trois Croissans d'argent.

MONTMARTIN, d'argent fretté de gueule, au chef chiclé d'or & de gueule.

MONTRELAYS, B. d'Or à trois bandes jumelles d'azur.

MORDELLES, *aliàs* audit lieu C. Chasteaugoelo, Launay-Mordelles & autres, *idem*, de gueule à vn Croissant d'Or.

MOREAC, d'azur à trois Croissans d'Or, 2. & 1.

MOREAV, Villebougault prés S. Brieuc & autres, écartelé d'or au Lion de sable, contr'escartelé de gueule à vn Croissant d'or.

MOREL, d'azur au Lion naissant d'argent en abîme à l'orle de huict fleurs de Lys de mesme.

MORICE, anciennement à Kerpaué en Ploumilliau, à present à Guernarchant en Plougounuen & autres, en Treguier d'argent à trois bandes de gueule, au franc canton de gueule chargé d'vne coquille d'argent.

MORICE en Vennes, de gueule à 3. coquilles d'argent, 2. & 1.

MORICE, d'argent à la Croix ancrée de Synople.

MORICQVIN, jadis au Mousterou en Plouian Euesché de Treguier, & autres, écartelé au premier & 4. d'argent à vne hure de Sanglier de sable en furie, armée & allumée d'argét, couronnée d'or, aux 2. & 3. fascé d'argent & de gueule de six pieces.

LA MORINIERE en Montauban, d'azur à vne fleur de Lys d'argent, au canton de gueule à la fasce bretessée d'argent.

MORIN, d'or au Chevron d'azur, accompagné de trois testes de Mores de sable, tortillées d'argent, deux en chef & vne en pointe.

MORISVR, en Plouyder Euesché de Leon, pour armes antiques Perceuaux *idem*, modernes, voyés Coëtanfao en Vennes.

LA MORLAYE, jadis à Seixploé au Marquis de Carman, & à Kerliuiri en Cleder Euesché de Leon *idem*, d'Or à vn Lion d'azur, brisé en l'espaule d'vne tour crenelée   d'argent d'argent portée fur vne Rouë de mefme.

LA MORLAYE près Maleftroit, de gueulle à la Croix d'argent cantonnée de quatre Epics de Bled de mefme. E V

MORO, d'argent au Renard paffant de fable accompagné de cinq Hermines 3. en chef & 2. en pointe.

MOTTAY C. de gueulle à deux fafces d'Hermines.

LA MOTTE de Broon C. d'azur au fretté d'argent de fix pieces.

LA MOTTE, de vair au Lambeau à trois pendans de gueulle en chef.

LA MOTTE Trezy, de gueulle à trois fuzées d'argent en fafce.

LA MOTTE Vauclair C. de gueulle à trois bandes engreflées d'argent.

LA MOTTE Lefquiffyou en Leon, d'argent à vn Chafteau de gueulle.

LA MOTTE, d'Or au chef de fable chargé d'vn Lambeau à trois pendans d'argent.

LA MOTTE du Reu, de gueulle à deux fafces de vair. E R

LA MOTTE d'Or à vne grande Quintefeille de fable percée d'Or.

LA MOTTE-Lizé, d'Or à trois fafces ondées de fable.

LA MOTTE du Parc, d'argent au Croiffant de gueulle.

MOVLIN-Bleot, d'Or à dix Billettes de fable 4. 3. 2. & 1.

MOVRAVD du Iaroffaye Evef. de Saint Malo, la Sauuagere, & autres *idem*, d'argent à 3. Poteaux de gueulle 2. & 1.

MOVRAVLT Sieur du Deron, d'argent à cinq Hermines da fable en fautoir.

LA MOVSSAYE *aliàs*. C. depuis érigée en Titre de Marquifat par le feu Roy Louys XIII. d'heureufe Memoire l'an 1615. verifié au Parlement en ladite année en faueur de Meffire Amaury Gouyon Seigneur de la Mouffaye, Ploüer Baron de Marcé &c. qui portoit écartelé au 1. & 4. d'argent au Lion de gueulle couronné, armé & lampaffé d'Or, qui eft Gouyon-Matignon, contrefcartelé d'Or au fretté d'azur de fix pieces, qui eft la Mouffaye, Monfieur de Carcouët Confeiller en la Cour de Parlement & le Sieur de Lorgeril de Vennes font auffi de ce nom.

MOVSTEROV en Ploüian prés Morlaix, ancien furnom de cette Maifon, le Penity prés Lantreguier, & autres, d'azur à trois Pommes de Pin d'Or 2. & 1.

LE MOYNE Cheualier Seigneur de Treuigny & Kergoët, Vicomte de Lefmays & Pleftin &c. Gouuerneur pour le Roy des Ville & Chafteau de Dinan, porte d'argent au Croiffant de gueulle en abîme accompagné de trois Coquilles de mefme 2. & 1. au Vieu-chaftel, Kermerien, & autres en Leon *idem*, & encore les mefmes Armes & furnom jadis aux Maifons de Coëttudauel-Coëttedrez en Plouuorn, Rannorgat en Plouguerneau, Kerfauen en l'Evefché de Leon, Trobezeden en Lanmeur, & plufieurs autres. Cette premiere Maifon a donné vn Capitaine des Ville, Chafteau & Forterefle de Breft fous nos Ducs & enfuite de Lefneuen.

LE MOYNE C. d'Or à trois fafces de fable : Cette famille a fourny vn grand Efcuyer du Duc Pierre qui commandoit les Ville & Chafteau de Vennes fous nos Ducs enuiron l'an 1486.

LE MOYNE Ramblouch prés Saint Paul, d'Or à fix Merlettes d'azur 3. 2. & 1.

LE MOYNE Keruren en Plougoulm, de fable à vne épée d'argent en pal, la pointe fichée en bas.

LE MOYNE Briardiere, d'azur à vn Chevron d'argent chargé de trois feilles de Houx de finople, accompagné de trois Renardeaux d'Or.

MOYSAN Kerbino Alloüé Ducal de Guingamp, & autres de mefme famille portent bandé en ondes d'Hermines & de gueulle de fix pieces.

MVNEHORRE en Ploumoguer prés Guingamp, furnom ancien de cette Maifon, de gueulle à vn Croiffant d'Or en abîme accompagné de fix Eftoilles de mefme 3. en chef & 3. en pointe 2. & 1. la Maifon de la Roë prés Cran *idem.*

DV MVR *aliàs* audit lieu en Ploüigneau Evefché de Treguier, Liuinot en Cornoüaille, & autres *idem*, de gueulle au Chafteau d'argent fommé de trois Tourillons de mefme.

LE MVR, d'azur à vne Croix engreflée d'Or au canton dextre de gueulle chargé de quatre Macles d'Or 2. à 2.

LA MVSSE furnom ancien de cette Maifon C. ~~voyez Bruflon.~~

LA MVSSE en Vennes C. d'argent à trois Tourteaux de fable.

LA MVSSE Ponthus C. de gueulle à neuf Bezans d'argent 3. 3. & 3. E N.

MVSVILLAC C. vairé d'Or & d'azur au bafton de gueulle brochant à dextre fur le tout.

MVSVILLAC en Vennes, de gueulle au Leopard d'Hermines.

MAILLART *a la maillardiere* E N *lozenges*

MOESTER E

N.

NANTES Ville Epifcopalle & Comté des plus anciennes de la Prouince, puis que l'on la tient fondée par Nanner l'vn des Arriere-nepveux de Noé Pere de Rheme qui baftit la Ville de Rheims, c'eftoit anciennement le Siege plus ordinaire de nos Ducs de Bretagne, & en jcelle fe tient la Chambre des Comtes de cette Prouince, elle porte pour Armes de gueulle au Nauire d'Or aux voilles éployées d'argent femé d'Hermines au chef auffi d'argent chargé de cinq Hermines de fable.

NAVARRE Royaume acquis à l'Augufte Royalle Maifon de France par le Mariage d'Anthoine de Bourbon, qui époufa Ieanne d'Albret fille vnique & feule heritiere de Henry d'Albret Roy de Nauarre & de Margueritte de Valoys fœur de François I. Roy de France. Ce Royaume portoit pour Armes antiques, d'azur à la Croix pommettée d'argent. Mais SANCE le Fort VIII. du Nom & XXI. Roy de Nauarre voulant laiffer à la pofterité vne fenfible marque de la Bataille *Muradal* qu'il emporta fur les Morres en 1212. où il rompit la Paliffade enchefnée *d'aben Mahomad grand Miramomelin d'Affrique* qui ayant fait amas de trois cents mille hommes de guerre, faifoit garder fon Chariot en forme de Thrône par quatre-vingt mille Morres à cheual entourré d'vne Paliffade de bois garnie de chaifnes de Fer, ledit Sance le Fort Roy de Nauarre par-

my vn grand nombre de Princes Chreſtiens qui ſe trou-
uerent à cette Bataille fut celuy qui premier fiſt breſche
& rompit cette Paliſſade enchaînee , tua plus de vingt-
mille Morres , & ſe rendit Maiſtre du Thrône de *Miramomelin*, & afin de perpetuer de plus en plus la memoire
d'vne Victoire ſi glorieuſe , delibera de porter à l'avenir
pour Armes de l'avis vnanîme des plus Eminens de cette
Armée Chreſtienne , l'Ecu de gueulle au Raix d'Eſcarboucle pommetté & accollé d'Or à la double chaiſne en
ſautoir de meſme, leſquelles Armes ont eſté depuis continuées & conſeruées par les Succeſſeurs Roys de Nauarre.

NORMANDIE Prouince anciennement dite Neuſtrie
erigée en Duché & Pairie par le Roy Louys. XII. au mois
d'Octobre l'an 1499. qui porte de gueulle à deux Leopards
d'Or l'vn ſur l'autre armez & lampaſſez d'azur.

NARVEZEC ancien ſurnom de Pontguennec en Per-
ros - Guirec Eveſché de Dol ez Enclaues de Treguier,
portoit . . .

LE NAS jadis à Kernaſquiriec en Tregrom Eveſché
de Treguier, & à Kergolhay *idem.* voyez Kernaſquiriec.

LE NEPVEV jadis à Crenan C. de gueulle à ſept Billettes d'argent 3. 3. & 1. au chef auſſi d'argent.

LE NEPVEV, de Morlaix, d'Or à trois Tourteaux de
gueulle 2. & 1. au chef d'argent chargé d'vne Hure de
Sanglier de ſable.

NERET, d'azur à trois bandes d'Or.

NEVENT en Plouzané Eveſché de Leon , le Veyer
Keriſnel *idem.*

NEVF-BOVRG en Normandie Marquis, porte d'argent à dix Annelets de gueulle 3. 3. 3. & 1.

NEVF-VILLE Seigneur du Pleſſix Bardoul C. de
gueulle à vn ſautoir de vair; il y a eu vn Eveſque de
Leon de cette Maiſon l'vn des inſignes & vertueux
Prelats de ſon temps.

NEVZEVEN

NAEVAS

NEVFVILLE, d'argent à trois chevrons de fable.

NEVET B. porte d'Or à vn Leopard de gueulle, les Seigneurs de cette Maifon de Pere en Fils ont témoigné notoirement vn zele heroïque & paffion inuiolable à conferuer les Droicts & Immunitez de cette Prouince en chaque tenuë de nos Eftats E C

NICOL Kerdalet, Kerualot, & autres en Treguier, portoit de ...

NICOLAS Sieur de Claye Prefident aux Requeftes du Palais, de gueulle à vne fafce d'argent chargée de trois Merlettes de fable accompagnée de trois Teftes de Loup arrachées d'Or 2. & 1.

NICOLAS jadis à Keruiziou en Ploubezre, Ruguezec Goazanbleiz, Rocerf, & autres en Treguier, d'argent à vn Arbre de Pin d'azur chargé de Pommes d'Or.

NICOLAS alias à Triuidy prés Morlaix, d'argent à vne fafce d'azur au franc canton vairé d'argent & de fable.

NINON jadis à Kerprigent & Kermerault Evefché de Treguier, d'azur à fept Eftoilles d'argent 3. 3. & 1.

LE NIVIRIT en Treduder Evefché de Treguier, portoit . . .

LE NOAN jadis au Hentmeur en Ploumillieau, Kerdaniel en Ploulech, & autres en Treguier, de gueulle à trois épées d'argent en pal les pointes hautes 2. & 1.

NOBLET jadis au Morlen en Loquenolé à prefent au Roudour en Saint Seuo Evefché de Leon, & autres, d'Or à vne fafce engreflée de fable. Cette premiere Maifon a donné vn Confeiller au Parlement de ce pays, & ceux de cette famille font originairement iffus d'vne Maifon noble prés Saint Malo.

NOBLETZ à Kerodern en Plouguerneau Evefché de Leon, d'argent à vn Aigle éployé de fable au chef d'azur furmonté d'vn autre chef de gueulle chargé de trois Annelets d'argent.

NOIAL

LE NOIR au pleffis au noir

LA Noë, d'argent à fept Macles de gueulle 3. 3. & 1.

LA Noë jadis audit lieu en Pordic Evefché de Saint Brieuc, Coëfpeur, & autres *idem*, d'azur au Lion morné d'Or, comme du Halgoët.

LA Noë - Seiche prés Quintin, pour Armes modernes voyez Budes, Tertrejoüan, anciennes Queymerch *idem*.

LA Noë - Verte en Plouëzoch Evefché de Treguier C. pour les Armes, voyez Gouëzbriand.

LA Noë - Verte en Goelo C. pour dernieres Armes Lannion Defaubrays *idem*, antiques voyez Pinart, dont il y a eu vn Confeiller & puis Prefident en la Cour de Parlement de cette Prouince.

Noe', lofangé d'Or & de gueulle en pal.

LE Noir jadis à Goazquelen en Taolé Evefché de Leon, pour les Armes Goazquelen *idem*.

Noüel autrement Nedellec jadis à Kerlabourat au Merzer prés Guingamp, Kercoguen en Loüanec, & autres en Treguier, portoit d'argent à vn Pin de fynople chargé de pommes d'Or.

Noüel dernier furnom du Keruen en Guymeac, Kermadeza en Plougaznou, & autres, à prefent à Kermoruan en Ploüigneau, Kerfalaun prés Lantreguier, Kerdanet, & autres audit Evefché, de fable au Cerf paffant d'Or fommé de mefme. De cette premiere Maifon eftoit iffu le R. Pere Iofeph Capucin Predicateur fi celebré par toute la France.

Nosay, de gueulle à vne Croix cantonnée de quatre Lyonceaux de mefme.

Nvz jadis à Kerfauen en Treguier, d'Or à trois Tourteaux de gueulle 2. & 1.

Nvz *alias* à Kergoumarch en Guymeac, Kerhunan en Plougaznou, & autres en Treguier *idem*, d'argent à trois jumelles de fable & vn Annelet de mefme en chef.

Nv z

LE Nᵧ Baron de Coetelez & de Saint Ioüan, Coetu-
dauel en Plouuorn, & autres en Leon, escartelé au 1. & 4.
de gueulle à vne teste de Liepvre couppée d'Or, contrefcartelé d'argent à l'Ecu en abîme d'azur à l'Orle de six
Annelets de gueulle. ~~quoyi con anouuaultur~~ *qui est le ny*

O.

DET, d'azur à trois espées d'argent en pal, les pointes fichées en
bas 2. & 1.

OVEXANT Isle en l'Evesché de
Leon, erigée en Marquisat au mois
de Mars 1597. & verifié en Parlement l'année suiuante, en faueur de
Messire René de Rieux Seigneur de Sourdeac, Baron du
Bourg-Leuesque, Mont-Martin &c. Cheualier des deux
Ordres du Roy, Capitaine de cinquante hommes d'Armes de ses Ordonnances, & son Lieutenant General en
cette Basse-Bretagne, portoit écartelé au 1. & 4. d'azur à
dix bezans d'Or 4. 3. 2. & 1. qui est à Rieux, contrefcartelé
de Bretagne, sur le tout de gueul-s à deux fasces d'Or,
qui est Harcourt.

OLLIVIER jadis à Keruern en Ploumillieau, la Ville-nefve en Guerlisquin, & autres en Treguier, d'argent
à vne fasce de gueulle frettée d'Or, accompagnée de trois
Roses de gueulle 2. en chef & 1. en pointe.

OLLIVIER, d'azur à vn Pigeon essorant d'argent &
portant vne branche d'Olliuier d'Or en son bec.

Olliuier

OLIVIER a Kerjan en sᵗ uouga alias F. L

OLLIVIER, d'argent à la Croix alaizée de fable.

L'OLIVIER à Locrift prés Carhaix, porte burellé d'argent & de gueulle de fix pieces, comme les Armes de Quelen.

mefma que ceux de la ville neuue

à la Croix gueules

armes de locrift

OMNES, jadis à Keromnes en Leon, lofangé d'argent & de fable en pal, à la Couppe couuerte d'Or fur le tout.

ORLY, d'Or à vn Ours rampant de fable.

ORVAVX-Alaneau, d'azur à deux bandes d'argent.

n.a
d'Orenge En d. chef pale anglefé d 6 p.

C. d'Orgeres f. du E d'viry au 3 geules dees dor

P.

PENTHIEVRE, anciennement Comté, depuis erigé en Duché & Pairie par le Roy Charles IX. en Septembre 1569. en faueur de Meffire Sebaftien de Luxembourg Comte de Penthieure, Vicomte de Martigues, Cheualier des Ordres du Roy, & fon Lieutenant General en cette Prouince, qui portoit efcartelé au premier & quatriefme d'argent, au Lion de gueulle, couronné, armé, & lampaffé d'Or, la queuë fourchée, & paffée en fautoir, qni eft Luxembourg, au deux de gueulle, à la Croix d'argent, qui eft Sauoye, au troifiéme de Bretagne, à la bordure de gueulle, qui eft Penthieure.

D d

POICTOV Comté, ancien d'Or à trois bandes d'azur, moderne de gueulle à cinq Tours crenelées d'Or maſonnées de ſable & rangées en ſautoir.

PONTCHASTEAV *aliàs* B. depuis erigé en Duché & Pairie en faueur de Monſieur le Duc de Coazlin, portoit de vair au Croiſſant de gueulle, pour Armes antiques, voyez de Cambout modernes.

PONTLABBE' B. d'Or au Lion de gueulle, Couronné, armé & lampaſſé d'azur.

PONTRIEV ville des dépendances de la Comté de Goüelo, pour les Armes antiques, voyez Goüelo & Auaugour.

PORHOËT *aliàs* B. depuis erigé en Comte-porte comme Rohan au Franc-canton d'argent chargé d'vne Hermine de ſable.

DE LA PORTE Duc de la Melleraye Mareſchal de France & dernier Lieutenãt general, pour le Roy en ce pays & Duché de Bretagne, portoit de gueulle au Croiſſant d'Hermines rebordé d'Or : Il receut le Baſton de Mareſchal de France extraordinairement de la main du Roy Louys le Iuſte, ſur la breſche de la Ville de Hedin l'an 1639. ou il rendit des illuſtres preuues de ſon courage, & en conſideration de pluſieurs autres grands & ſignales ſeruices par luy rendus à l'Eſtat es Sieges de Landrecy, Arras, Airre, Graueliɲes & autres lieux, merita d'eſtre honoré du Breuuet de Duc & Païr de France l'an 1645. par le Roy Loüys XIIII. glorieuſement Regnant, Monſieur le Duc Mazarini, ſon fils poſſede les meſmes charges que luy & eſt en outre Gouuerneur & Lieutenant General pour le Roy en la haute & baſſe Alſace, auec tous droits & pouuoir d'admirauté en cette Prouince de Bretagne.

LA PALVE prés Landerneau Eveſché de Leon, B. partage des premiers puiſnez des anciens Vicomtes & Barons de Leon, portoit d'Or au Lion morné de ſable au Lambel à trois pendans de gueulle en chef. Cette Maiſon a donné le ſecond Eveſque de Cornoüaille, dont les exemplaires vertus luy ont fait meriter vn rang glorieux entre les Saints, les anciens Breuiaires de Leon & de Cornoüaille en tout office sous de nom de Saint-Guenegan.

LA PALVë, surnommé la petite Paluë prés Landerneau, qui joüist de beaux droits & priuileges en ladite Ville, portoit de sable à vn Bar d'argent en pal, l'Escu semé de Billettes de mesme, maintenant au sieur dé Triuidy.

LA PALVë-Tromenec en Ploëcolm Euesché de Leon, portoit d'argent au Lion d'azur, brisé au canton dextre d'vne Estoille de gueulle.

LA PALVë-Vaumeloaysel, habitué en l'Euesché de Leon il y a quelques années, voyez Gouyon-Matignon.

PANTIN, en la maison de la Guerre prés Ancenis, d'argent à vne Croix de sable, cantonnée de quatre molettes de gueulle.

PAPPE, jadis au Cosquer & au Coruez, en la paroisse de Plouaznou Euesché de Treguier, à present au Lantrennou, le Cosquerou en ladite paroisse, d'argent à vne Corneille de sable trauersée d'vne Lance de gueulle posée en contrebande.

PAPPE Vieu-bourg prés Landerneau, Lesuzan, & autres, d'argent à vne Roze double de gueulle, boutonnée d'Or.

PAPPIN jadis à la Teuiniere en Vennes C. de gueulle à cinq fuzées d'Or posées en bande, escartelé de Malestroit à Pontcallec *alias idem.*

DV PARC jadis à la Roche jagu en Treguier C. la Motte du Parc, & autres, d'azur à vn Leopard d'Or au Lambel à trois pendans de gueulle en chef, cette seconde Maison a donné vn Conseiller & Chambellan de l'vn de nos Ducs Capitaine de Rennes & de Fougeres enuiron l'an 1481.

DV PARC *alias* audit lieu, maintenant à Locmaria prés Guingamp, Keranroux, Lesuersault, & autres, de mesme famille, d'argent à trois jumelles de gueulle.

Dd 2

iean ref.   DV PARC en Lanmeur Evefché de Dol ez Enclaues
spare   de Treguier, portoit pour Armes antiques celles de Boif-
feon brifez d'vne fafce en deuife de gueulle, comme en
eftant iffu en ramage, maintenant Kerfcaou Rofneuez
idem.

ouuier en xois   DV PARC Kergouzien ou Thuomelin en Plouëdaniel
ref. 14   Evefché de Treguier, & autres, d'argent à vne falce de
fable accompagnée de trois Coquilles de mefme 2. en chef
& 1. en pointe.

PARCANPREVOST en Plougaznou Evefché de Treguier, pour Armes antiques voyez le Borgne, Keruidou
& Lefquiffyou.

PARCOZ en Guicourueft prés Landiuizieau Evefché
de Leon, pour les Armes Launay Coëtmeret *idem.*

DV PARISY jadis à Keriualan, & autres en Treguier,
écartelé au 1. & 4. d'argent fretté de gueulle de fix pieces,
contrefcartelé d'azur à vne Croix lofangée d'argent & de
gueulle.

PARISY d'Angleterre, d'Or au Lion d'azur armé &
lampaffé de gueulle.

briand ref 14   PARCNEVF, jadis à Loüanec Evefché de Treguier,
portoit . . . .

S. Sou. l. geofroy d p.   PARTENAY prés Dol C. d'argent à vne Croix pattée
Eƒc dez Eƒc 1380.   de fable.
iuoe patee
Ieanƒ d.p. peued ʒean   PARTEVAVX, Porzpozen, la Tour, & autres, en Tre-
an 1434 penney de   guier, d'azur au Cheuron d'argent, accompagné de deux
Eueƒ cƒé d heneƒ d apeƒ   Eftoilles en chef, & vn Croiffant de mefme en pointe.
483
PASTOVR, à Kerjan en Plouezoch Evefché de Treguier, le Val, & autres, d'Or au Lion de gueulle, l'Efcu femé de Billettes d'azur.

PAVIC-Crechangoez, Troftang en Camlez, Craclan,
& autres, en Treguier, d'argent à deux Cheurons entrelaffez de fable, & vn Annelet de mefme en pointe : Cette
premiere maifon portoit pour deuife *diffimul ha taou*, qui

PARGAS
arg-ent bande viurée accompagnée de 6 billette
de guelles

le PAVÉE *a mieƒtien ƒ.ᵉ arg + patteƒ ac creu*
emilⱽ 9

veut dire diffimule & te tais.

PEAN, dernier furnom de la Rocheiegu en Plouzal, Evefché de Treguier, qui fut erigée en Banneret aux Eftats tenus à Vennes l'an 1451. fous le Regne du Duc Pierre, en faueur de Meffire Rolland Pean, Seigneur de la Rocheiegu & de Grand-Bois, qui portoit de gueulle & cinq Billettes d'argent paffées en fautoir, efcartelé de gueulle à cinq An-nellets d'Or auffi rangez en fautoir : Il y a eu des Seigneurs de cette maifon qui ont efté compagnons du bon-heur de ce Vaillant chef de guerre Bertrand du Glefquin, & ont participé à fa gloire, l'ayant accompagné en la plufpart de fes exploits militaires, tant en France qu'en cette Prouince.

PEAN Coëtglazran en Penuenan, & autres en Treguier de fable à trois fafces d'Or, accompagnées de fix Quinte-feilles de mefme, 3. 2. & 1. Porzanlan en Penuenan *idem*.

PEAN jadis à Coëtluz en Guineuez Evefché de Leon, pallé d'argent & de gueulle de dix pieces.

PEILLAC jadis à Launay en Langoat Evefché de Tre-guier, d'argent à trois Tourteaux de gueulle 2. & 1.

DV PELLEN jadis Seigneur de Saint Nicolas du Pellen en Cornoüaille C. d'argent à vne bande de gueulle char-gée de trois Macles d'Or.

PELISSIER Chauigné habitué en cet Evefché de Tre-guier, porte de gueulle au Lion efuiré d'Or.

PENAIVN prés Carhaix, voyez le Rouge Guerdauid.

PENANBLOE' jadis à Ploeguiel prés Lantreguier d'ex-traction noble portoit . . .

PENANCOET *alias* audit lieu prés Saint Renan à pre-fent à Keroüazle en bas Leon, Quilimadec, & autres, fafcé d'argent & d'azur de fix pieces efcartelé d'Or au Lion de gueulle couronné armé & lampaffé d'azur.

PENANCOET en Plougaftel Evefché de Cornoüaille, d'argent à trois fouches arrachées de gueulle 2. & 1.

PEILLAC

PELINEVC

PENANDREZ prés Lefneuen pour les Armes Kerfaufon en Leon *idem.*

PENANEACH-Ponteon en Plouënan Evefché de Leqa
C. d'argent à vn Ecu en abîme d'azur à l'Orle de fix Annelets de gueulle, cette Maifon eft contiguë à celle de Lanuzoüara dont les Armes font fynonimes.

PENANECH en Guymeac Evefché de Treguier, ancien voyez Kerboury, moderne . . . .

PENANECH-Lefcatual en Plouyen Evefché de Leon, Kerlech *idem.*

PENANHERO, d'argent à vne Tefte de Morre, au Tortil d'argent.

PENANPONT lez Saint Paul de Leon, de gueulle à la bande d'argent chargée de trois Quintefeüilles de gueulle.

PENANQVENQVIS prés Landerneau voyez Douget.

PENANROS au Treffuou Evefché de Leon, d'Or à vne main gantée d'azur moüuante du cofté fenextre & tenant vn Epervier de mefme.

PENARV en Guerlifquin Evefché de Treguier, du Parc Lefuerfault *idem.*

PENARV en Loguiuy prés Lannion, ancien d'azur à vn chevron d'argent accompagné de trois poyres d'Or les bouts en haut, modernes voyez Tremen.

PENARV en Direnon Evefché de Cornoüaille, pour les Armes voyez Hellez tout en outre.

PENARV prés Saint Paul, pour Armes antiques voyez Hamon du Bouuet, modernes du Drefnay *idem,* auec cette deuife *en bon efpoir.*

PENARV lez Morlaix ramage de Gouëzbriand, pour les Armes voyez Quintin Kerozerch.

PENARV en Lanmeur ramage du Gliuiry du Gratz, Bois de la Ripue *idem.*

PENCHOADIC en Guiclan Evefché de Leon, de

BRETON.

fable au Lion d'argent, l'Efcu femé de Billettes de mefme Vn Seigneur de cette maifon fut vn des enuoyez en Ecoffe pour conclure & arrefter le Traité du mariage en secondes nopces d'entre le Duc François I. auec Yfabelle feconde fille du Roy d'Ecoffe.

PENCHOËT, prés Morlaix B. portoit d'Or à vne fafce de gueulle, elle eft reputée pour l'vne des plus anciennes maifons du païs, qui tire fon origine des anciens Vicomtes & Barons de Leon, & dont il y à eu vn Admiral fous nos Ducs, fi fouuent rechanté dans nos Croniques, cette terre eft à prefent à Monfieur de Coëtanfaou.

PENCHOËT - Chef-de-bois en Leon, d'Or au Lion d'azur.

PENCHOËT, poulpry ancien, Kerfaufon idem.

PENFENTEVNYOV, alias audit lieu en Sibiril Evefché de Leon C. maintenant à Kermoruz au Menihy de Saint Paul, au Penchoüiat en Plougonuen, Evefché de Treguier, burellé de gueulle & d'argent de dix pieces.

PENGVERN de Lopezret Evefché de Leon, de gueulle à vne Fleur de Lys d'Or en abîme, accompagnée de trois pommes de Pin de mefme, deux en chef & vne en pointe.

PENGVILLY C. d'azur à la Croix pattée d'argent.

PENHOËT en Grand-Champs, Evefché de Vennes, d'azur à trois Croix partées au pied fiché d'Or.

PENLAEZ prés Carhaix, d'argent au Cheuron de gueulle, accompagné de trois Molettes de mefme, deux en chef & vne en pointe.

PENLAN, en Trebreden Evefché de Treguier C. acquife à l'Abaye de Begar, par dónaifon d'vn Raoul de Calomnia Efpagnol de nation, enuiron l'an 1225. portoit d'azur à trois Rofes d'Or 2. & 1.

PENMARCH prés Lefneüen B. d'Or à trois Merlettes d'azur, 2. & 1. anciennement c'eftoit de gueulle à vne tefte de Cheual d'argent bridée d'Or, le col & le crin auſſi d'argent, & pour deuiſe *preſt ve*, il ſeroit à propos.

PENNAVLT, en Cornoüaille, d'azur à trois Saumons d'argent poſez en faſce l'vn ſur l'autre, c'eſt à Monſieur de Coëtienual.

LE PENNEC en Treguier, de gueulle à trois Buz ou teſtes de pucelles cheuelée d'O 2. & 1.

iean p. de poméril le v ref 1427

morice p de ploerjn gauthier ref 14

LE PENNEC, *alias* à Kermoruan poences prés Guingamp, de ſable à trois teſtes de Leurier d'argent accolées de gueulle, & clouſtées d'Or, 2. & 1.

PENNOV, jadis à Troguindy en Tonquedec, Eveſché de Treguier, d'argent à deux faſces d'azur, accompagnée de ſix Hermines de ſable 3. 2. & 1.

PENSEZ, en Taulé C. des dependances de Leon, portoit eſcartelé de Rohan, maintenant

PENSEZ en Plouyen, Eveſché de Leon, pour les armes voyez Symon Tromenec.

PENSORNOV en Taulé Eveſché de Leon, d'argent à vne faſce de ſable, ſurmontée d'vne merlette de meſme.

PENTRE', en Plabennec Eveſché de Leon, ancien d'Or à vne Trompe ou Cor de Chaſſe d'azur lié d'argent en ſautoir, moderne voyez Launay Coëtmeret.

PENTREZ, Roſtellec, Eveſché de Leon, porte d'azur à vne Fleur de Lys d'Or en abîme, accompagnée de trois Eſcus d'argent 2. & 1. Madame de Brezal eſt heritiere de cette maiſon là.

Bresal nurs s de

PENVERN Keroüarz en Leon, ancien, d'azur à vn poignard d'argent aux gardes d'Or poſé en bande, & accoſté de deux quintefeilles auſſi d'Or, maintenant comme Keroüarz.

PENVERN, leſquiffyou en Leon, le Borgne *idem*.

PERENNO PENVERN perenno en Cornoüaille, d'azur à la Fleur de Lys d'argent en abîme, accompagnée de trois poires d'Or 2. en chef & 1. en pointe.

C. PEN　　　　　　　　d　　　　Pepin
daur a la face dor chagée de trois roues de gueulles

PENMESHIR　　　　　　E. DE LEON

PEPIN là Coudraye, d'argent au Pin de synople, & vne bande d'azur brochant à d'extre sur le tout chargée de trois pommes de pin d'Or.

PEPPIN d'azur au Cheuron componé d'argent & de gueulle, accompagné de trois pommes de pin d'Or 2. & 1.

PERCEVAS jadis à Mescouin en Guicouruest Evesché de Leon, d'Or à vne fasce de sable.

PERCEVAVX à Mesarnou en Plouneuenter Evesché de Leon C. porte d'argent à trois Cheurons d'azur auec cette deuise, *s'il plaist à Dieu*, à Morisur prés Lesneuen *aliàs idem*, à presant à Keranmeal prés ladite Ville.

PERENES ancien surnom de Kerouspy en Cauoenec Evesché de Treguier, d'argent à vn Aigle à deux testes éployé de sable, becqué & membré de gueulle, maintenant de Cameru.

PERRET à Kerian en Ploëgat-Chastelaudren Evesché de Treguier, porte de gueulle à trois Roses d'argent 2. & 1.

PERRIEN en ladite Paroisse Evesché de Treguier C. d'argent à cinq fusée de gueulle posées en bande : C'est vne des plus anciennes maisons du pays, dont sont jssus les Seigneurs de Crenan, de Breffeillac & autres.

PERRIEN-MOR en Leon, de gueulle à deux espées d'argent en Pal la pointe en haut, brisé en Chef d'vne Quintefueille de mesme.

DV PERRIER B. jadis Comte de Quintin, Seigneur du Perrier & de la Roche-Diré en Anjou à Sourdeac & à Kerdauy *aliàs idem*, à present au mesné, Kermiluen, Boisgarin & autres d'azur à dix Billettes d'Or 4. 3. 2. & 1. cette famille à produit l'an 1393. vn Mareschal de Bretagne sous nos Ducs. E. T.

PERROT *aliàs* à Launay-Thorel en Plouian, autrement le Vieu-Launay, portoit de sable fretté d'Or de six pieces au cartier d'extre, d'argent à vne Croix de gueulle

E e

au cartier dextre d'argent à vne Croix de gueulle.

PERROT jadis au Traouneuez en Plouëzoch Evesché de Treguier, de gueulle au cheuron d'argent accompagné de trois Coquilles de mesme 2. & 1.

PERROT, *alias* à Traoüanuelin prés Morlaix, à present à Kerriou en Locquenaulé, & autres, de sable à vne teste de Beliei d'Or.

PERROT, ou Perrault, jadis à Launay prés Rennes, de gueulle, à trois Testes de Belier d'Or 2. & 1.

DE PERSEIN, Marquis de Montgaillard, & du Tymeur, porte sur le tout . . . . à vn Cigne d'argent, becqué de sable, nageant sur des ondes d'azur, escartelé d'autres alliances.

PERTHEVAVX, jadis à Crechsent, Kermabusson en Plestin, & autres, Evesché de Treguier, de sable à vne Croix alaizée d'argent.

PERYOV, anciennement au Mesqueau en Plougaznou' Evesché de Treguier, dont il y a eu vn Capitaine de la Ville & Forteresse de Lesneuen, qui estoit bien consideré aupres de l'vn de nos Ducs, enuiron l'an 1402. portoit de sable à vne fasce d'Or, surmontée de trois Coquilles de mesme.

PESTIVIEN, B. ancien, vairé d'argent & de sable, à Glomel, & autres, *alias idem*, Moderne voyez Guergorlay.

LE PETIT-BOIS en Piré, d'argent à trois testes de Loup arrachées de sable, & lampassées de gueulle 2. & 1.

PEZRON, jadis à Coëtmoruan en Plouian, Kermeluen en Plouisy Evesché de Treguier, Lesconuel en Plouzané Evesché de Leon, & autres, de gueulle au Lion d'Or.

PHELIPPES, en Treguier, pour les armes Coëtgourheden *idem*.

PICART-Fosse-dauy prés Lamballe, & autres, d'argent à vn Lion de sable accompagné de trois merlettes de mes-

P

me 2. en chef & 1. en pointe.

PICAVLT-Morfoüaſle, d'argent au fretté de gueulle de ſix pieces, au chef auſſi de gueulle chargé de 3. treſles d'Or.

PIEDEFER, d'azur à vn Lion d'Or, armé & lampaſſé de gueulle.

PIEDEVACHE, d'argent à trois pieds de Vache de gueulle aux ergots d'Or. 2. & 1.

LA PIERRE B. de ſable à ſix beſans d'argent 3. 2. & 1. de la Voüe idem, ſurnom de cette maiſon.

PIERRE, jadis à Keruilgoz en ſeruel Eveſché de Treguier portoit . . . .

PILAVOYNE, à Kerſalaün prés Lantreguier portoit . . .

LA PIGVELAYE, en Rennes C. pour les armes voyez le Chenay Piguelaye.

PILGVEN, Sieur de Keroüriou en plouider Eveſché de Leon, & autres d'Or à trois Coquilles de gueulle 2. & 1.

PINART, dernier ſurnom du Val lez Morlaix, Cadoüalan prés Guingamp, Lottermen, le Foüennec, & autres, en Treguier, faſces ondées d'Or & d'azur de ſix pieces, au chef de gueulle chargé au caitier d'honneur d'vne pomme de pin d'Or.

PINCE', d'argent à trois Merlettes de ſable 2. & 1.

PINYEVC C. vairé d'Or & d'azur, au chef de gueulle chargé de 4. bezans d'argent, & vne Hermine de ſable ſur chaque bezant.

PIREAV au Goazqueau en plouneuez Eveſché de Treguier, porte . . . .

PIRON Sieur du Fretay & de Mclean prés Lamballe, d'argent à trois faſces de gueulle accompagnées de dix Molettes d'Eſperon de meſme 4. 3. 2. & 1.

LA PLANCHE, de ſable au Chevron d'argét accompagné de deux Croiſſans en chef & vne Ecreuice d'Or en pointe.

DV PLANTEIS C. d'Or fretté de ſable de ſix pieces.

PLEDRAN Vicomté d'or à ſept Macles d'azur 3. 3. & 1.

LA PLESSE, prés Rennes, d'azur à deux Epées d'argent posées en sautoir.

PLESSIX-Balisson C. de gueulle à deux Leopards d'Or l'vn sur l'autre, ou selon d'autres, Lions Leopardez.

PLESSIX Bertrand C. pour les armes voyez du Glesquin.

PLESSIX-Iosso en Vennes C. portoit jadis d'azur à trois Coquilles d'Or 2. & 1 maintenant Rosmadec.

PLESSIX-Coëtjunual en dirchon, Evesché de Cornoüaille, d'Or à trois testes de Loup arrachées de sable, 2. & 1. qui est du Loüet.

MELESSE-PLESSIX de Melesse, d'Hermines à trois Channes de gueulle. E. P.

PLESSIX-Kersalyou, prés Lanuolon, portoit pour armes antiques . .

PLESSIX-Herupet, pour les armes voyez la Riuiere Kertoudic.

PLESSIX-EON, en Ploëffur Evesché de Treguier pour armes antiques Tournemine idem, comme estant vn ramage de cette maison, modernes voyez Quelen Guerjan.

PLESSIX-Baudoüin, C. d'Or à la Croix pattée de gueulle.

PLESSIX-Bon-Enfant, d'argent à la Croix pattée de sable.

PLESSIX-Bourgonniere C. d'argent à la Croix dentelée de gueulle, cantonnée de 16. Hermines de sable 4. à 4.

PLESSIX-Cotte en Saint-Brieuc, ancien d'argent au croissant de gueulle, au chef d'Or chargé de trois macles d'azur: moderne Budes, du Tertre-Ioüan idem.

PLESSIX-Tresiguidy en Leon, pour Armes antiques la grande Paluë idem : modernes voyez Kerlech Tresiguidy.

PLESSIX-Goafmap prés Lanmeur, pour les armes Ker-
moyfan *idem*.

— PLESSIX - Grenedan, d'argent à la bande de gueulle
chargée de trois Macles d'Or furmôtée d'vn Lion de gueulle, armé lampaffé & couronné d'Or

DV PLESSIX, *alias* audit lieu en Pluzunet Evefché de
Treguier, auant que le furnom de Martin y eftoit, de fable
au Cigne d'argent becqué & membré de fable à prefent à
Coëtferhou prés Morlaix Evefché de Treguier, Penfaou
en pleiber-Saint-egonec, Kergoff, & autres, en Leon,
idem.

DV PLESSIX jadis audit lieu en Pommerit-Iaudy Evefché de Treguier, dont eftoit iffuë la Mere de Saint-Yues,
portoit . . . .

LE PLESSIX en Ploüegar Evefché de Leon, Guergorlay Cleuzdon *idem*.

PLESSIZ-Traouoaz en Treguier, d'argent à trois fafces de gueulle, à la bordure de mefme chargée de dix annelets d'argent.

PLESSIX-Miuier prés Guerlifquin, d'argent à vn arbre de fable.

PLESSIX Goazanharant en pleftin, Evefché de Treguier, pour armes prefentes Kergrift - Kergadiou *idem*,
antiques . . . .

PLESSIX au Chat, de fable à vn Chat effrayé d'argent.

PLESSIX de Cintré, d'argent au Cheuron de gueulle
accompagné de trois lofanges de mefme.

PLESSIX, d'Hermines à trois Chefnes de Synople,
2. & 1. . .

PLESSIX au prouoft, bandé d'argent & de fable de
fix pieces.

PLOËGROIX jadis à Trogorre en Loguiuy Ploëgroix
C. d'argent à la Croix pattée de gueulle.

PLOËNEVEZ, Kerampuneze prés Goarrec, en Cor-

noüaille , & autres, d'azur au chevron d'Or accompagné
de trois Estoilles de mesme, 2. en chef & 1. en pointe.

PLOËSQVELLEC, ou plusquellec B. issu des anciens
Comtes de Pohaër qui estoient Comtes primitifs du sang
& famille des Ducs & Princes de Bretagne, porte d'argent
à trois Chevrons de gueulle, à Callac en Cornoüaille Bruil-
lac en plounerin, Kerhuel Kerberio, Kerhuidonay, & autres, *alias idem* ; à present au Boisryou prés Lantreguier,
Kernegues prés Lannion, & autres.

DE PLOVEC prés Quintin C. maintenant au Tymeur
prés Carhaix, qui fut erigé en Tiltre & dignité de Marquisat au mois de Nouembre 1616. verifié en Iuin l'an
1618. en faueur de Messire Sebastien Seigneur de ploeuc,
& du Tymeur, Baron, de Kergorlay, &c. qui portoit escartelé au premier & 4. Cheuronné d'Hermines & de
gueulle de six pieces, qui est de Ploëur, au 2. & 3. vairé de
d'Or & de gueulle, qui est Guergorlay, auec cette deuise,
l'ame & l'honneur.

PLORET C. d'azur fretté d'Hermines de six pieces.

PLOÜER C. au Marquis de la Moussaye, de gueulle
à six Quintefeilles d'Or 3. 2. & 1. l'an 1488. il y a eu de cette
Maison vn Escuyer ordinaire de l'Escurie du Duc Pierre.

PLOVËZOCH jadis en Quelennec en plounerin Evesché de Treguier, au Crech en Lanmeur, & autres, de sable fretté d'Or de six pieces à la bordure engreslée de
gueulle.

PLVMAVGAT C. d'azur à trois bandes d'argent, la
Haye Coëtfer, & autres *idem*.

POËNCEs jadis à Kermoruan, prés Guingamp Ker-
rudio prés Chastelaudren, prathingant en ploüha & autres,
de gueulle à vn Esperuier grilletté d'Or , qui se gorge
d'vne cuisse de perdrix à present le Gualles, c'est au sieur
de Mesaubran.

POILLE *alias* B. depuis erigé en Comté l'an 1635.

verifié en parlement au mois de Mars 1636. en faueur de Meſſire Henry Baron de voillé, Gouuerneur, & Bailly de Mortaing en Normandie, qui portoit party d'argent & d'azur, au Lion Leopardé de gueulle, couronné, armé & lampaſſé d'Or.

DE POIS Sieur de Foüeſnel, Conſeiller en la Cour de Parlement, porte d'Or à vn Vol d'Aigle de gueulle.

POLART dernier ſurnom de la Villeneufue en Ploüezoch, d'argent à vn cheuron de gueulle accompagné de trois Coquilles de meſme, 2. en chef & 1. en pointe, de cette maiſon eſtoit le Bien-Heureux Frere Louys de Morlaix Capucin, dont le Corps repoſe en vne Chapelle lez l'Egliſe de Saint Mathieu de Morlaix, où Dieu a operé de nos iours pluſieurs Miracles par les Merites & Interceſſions de ce Vertueux perſonnage.

PONTAVICE, de gueulle à vn Pont d'argent.

LE PONT-BRIAND, d'azur au Pont à trois Arches d'argent.

DE LA POMMERAYE en Caro Eueſché de Saint-Malo, porte de ſable à trois Grenades d'Or : Kerembat d'Ambon en Vennes idem.

POMERIT le Vicomte, au Marquis de la Mouſſaye B. d'Or à ſept Quinte-feilles de gueulle depuis neuf rangées 3. à 3.

DV PONT, B. d'Or au Lion de gueulle, armé & couronné d'azur,

DV PONT ſieur de Chuilly, d'argent à vne faſce pontée de ſable chargée d'vne eſtoille d'Or, accompagnée de trois roſes de gueulle.

PONTANTOVL, aliàs à Meanfautet en Leon, à Monſieur le Comte de Boiſeon C. d'Hermines au ſautoir de gueulle, à Leſploüenan prés Saint Paul, & à Kertiuoal en Trefgondern alias idem.

PONTBLANC en Ploüaret Evesché de Treguier d'Or àdix billettes de sable. 4. 3. 2. & 1.

PONTBRIAND, C. d'argent à vne fasce carnelée d'azur, massonnée de sable, les creneaux posés vers la pointe de l'Escu.

PONTCALEC, partage de malestroit C. depuis erigé en tître de Marquisat, porte comme Malestroit & pour deuise, *qui numerat nammos non male stricta domus*,fondée sur ce que les Seigneurs decette maison partageants leurs Cadets sont en pocession jmmemorialle de leur assoir leur droict naturel par argent si bon leur semble.

PONCELIN en plouzané Evesché de Leon, & autres de gueulle à deux fasces d'argent.

PONTCHASTEAV en Leon, jadis Conseiller en la Cour de Parlement de ce Pays, & depuis Chanoine des Eglises Cathedralles de Leon & de Nantes, portoit comme Richard Kerriel, & pour deuise *Dominus in circuitu.*

PONTECROIX C. d'azur au Lyon morné d'argent.

PONTEVEN, jadis audit lieu, Kerlauocze en Tregastel, & autres en Treguier, de sable au Chasteau d'argent.

PONTGLO en Ploëmeur-Gautier Evesché de Treguier, pour les Armes voyez, plus bas Poulglo.

PONTHOV B. portoit jadis, de sable fretté d'Or de six pieces, c'est au Marquis de Locmaria. Il y à vn Prieuré en ce Bourg fondé par les anciens Comtes de Penthieure & de Guingamp, enuiron l'an 1214.

PONTOL en Leon, Coëtlogon Lescrech *idem.*

PONTLOSQVET en Coëtreuan Evesché de Treguier, voyez le Campion.

PONTMENOV anciennement en Lanharan paroisse de Plestin en Treguier auant Derian portoit pour Armes . . . .

PONTPLANCOËT

PONTPLANCOËT prés Saint Paul de Leon, de gueulle à trois fasces ondées d'Or, cette maison est fonduë dépuis longues-années en celle du Dresnay & de Chasteaufur.

PONTPLANCOËT en Ploügaznou Evesché de Treguier, portoit jadis, d'argent à vne Fleur de Lys de gueulle, auant le surnô de Quelen, maintenant Kerjan pastour *idem*.

PONTREVZOV en Camlez Evesché de Treguier, ancien le Leizour *idem*. moderne. . . . .

PONTRIVILY, ancien .... moderne voyez Boisgelin.

PONTROVAVLT C. d'azur à vne croix neillée d'argent gringolée d'Or. *s. d. stm.*

PONTZAL C. d'argent à la fasce de gueulle chargée de trois Bezans d'Or, accompagnée de six hermines de sable, trois en chef, & trois en pointe 2. & 1. écartelé d'argent au chevron engreslé de sable.

LE PORC, d'Or au sanglier de sable en furie.

DE PORCARO, de gueulle à vn Heron d'argent becqué & membré de sable.

PORCON C. d'Or à vne fasce d'Hermines accompagnée de trois Fleurs de Lys d'azur 2. & 1.

LE PORTAL en Ploumilieau Evesché de Treguier, Keranglas *idem*.

LA PORTE Seigneur d'Artois & de Mordelles, C. de gueulle au Croissant d'Hermines, il est Conseiller en ce Parlement.

LA PORTE le Gal Grand-Preuost de Mes-Seigneurs les Mareschaux de France en cette Prouince porte fascé en ondes d'argent & d'azur de six pieces.

LA PORTE jadis à Kerduault portoit . . . .

LA PORTE-Nefve C. pour les Armes & deuise voyez de Guer.

PORZAL *aliàs* audit lieu en Bas-Leon, Keriuault en Ploügaznou, & autres d'argent à trois fasces ondées d'azur, au Chef de mesme chargé de trois Estoilles d'Or.

PORZANPARC en Plouneuez Evefché de Treguier, ancien de fable à vne fafce d'argent accompagnée de trois molettes de mefme 2. & 1. brifé en chef d'vn Croiffant auffi d'argent, moderne Kergariou *idem.*

PORZIEZEGOV prés Saint Michel en Grefue Evefché de Treguier, pour Armes antiques, voyez buzic, modernes Rogon Carcaradec *idem.*

PORZMEVR en Plouëgat Guerrand C. voyez Guerrand comme eftant des Annexes de cette maifon.

PORZMEVR en Saint Martin les Morlaix ramage de Lefquifiou, maintenant aux heritiers du feu Sieur de la Belle-Marre, pour les Armes, voyez Tanouarn.

PORZMEVR en Ploügaznou ancien. . . . . moderne le Bigot Keriegu *idem.*

PORZMOGVER audit lieu en Plouarzel Evefché de Leon, de gueulle à vne fafce d'Or chargée d'vne Coquille d'azur, accompagnée de fix bezans d'Or trois en Chef & trois en pointe 2. & 1.

LE PORZOV prés le Chafteau de Coëtmen Evefché de Treguier, d'azur à fix Fleurs de Lys d'argent 3 2. & 1. au Chef de gueulle chargé d'vne Tour crenelée & couuerte d'Or.

LE PORZOV en Langoat Evefché de Treguier, pour les Armes Lanloup *idem.*

PORZPOZEN en Pleftin Evefché de Treguier, ancien furnom de cette maifon, autre-fois iffuë de la maifon de Carman, portoit d'argent au Lion de fable, Kerueguen en Plouïgneau & Kerochiou en Ploujan *alias idem.*

PORZPOZEN en ladite Paroiffe, pour armes antiques, la Foreft Keruoaziou *idem,* modernes, voyez la Tour Porzpozen & Perteuaux.

DV POV en Vennes, C. ancien de fable au Lion d'argent Couronné Armé & Lampaffé d'Or, moderne. . .

POVËNCE, C. de gueulle à deux Leopards d'Or, l'vn sur l'autre. F. R.

POVLAIN, Ville-Salmon, la Cour-Dandel, & autres en Saint-Brieuc, escartelé au 1. & 4. d'azur à vn Croissant d'argent contrescartelé d'argent à vn houx de synople au franc cartier de gueulle chargé d'vne croix engreslée d'argent.

POVLARD jadis à Kergolleau en Goëlo, de gueulle à vne grande rose d'argent boutonnée d'Or : escartelé de synople. l'An 1362. il y auoit vn Evesque de Saint-Malo de cette maison là.

POVLBROCH en Ploudiry, Evesché de Leon porte escartelé au 1. & 4. de Keroudault, contrescartelé d'Or au sautoir d'azur.

POVLDOVRAN en la paroisse de Hengoat Evesché de Treguier ancien, d'azur à dix billettes d'Or 4. 3. 2. & 1. au canton dextre de gueulle chargé d'vn Lyon d'argent, moderne Rumen Begaignon *idem.*

POVLDV en Ploumauguer Evesché de Leon . . .

PONTGLO en Ploëmeur, Gaultier prés Lantreguier, ancien, d'argent à trois fasces de sable au canton dextre chargé d'vn escartelé d'Or & d'azur, moderne Kerepol Kergariou *idem.*

POVLGVIZIAV en Leon, d'argent au cheuron d'azur, accompagné de trois glands de synople 2. & 1.

POVLMIC, en Cornoüaille B. eschiqueté d'argent & de gueulle, à six traicts, auec cette deuise, *de bien en mieux.*

POVLPIGVET, au Hallegoët en Plouzané, Rodurant, Keruent prés Saint Paul, Keryüen-Mao, & autres, en Leon, d'azur à trois pallerons d'argent, becquez & membrez de sable : Il y à vn president en la Chambre des Comtes de cette prouince de cette seconde maison là.

POVLPRY Sieur dudit lieu en Ploüdaniel, d'argent au massacre de Cerf, de gueulle posé de front. Il a esté Conseiller en la Cour de Parlement de ce pays, & cette charge a esté continuée de pere en fils en cette maison, le Sieur de Keranaouët Seneschal de Lesneuen est aussi de ce nom.

POYRAPA en Plougolm Evesché de Leon, du sur nom de Helleau de gueulle à vne fasce ondée d'Or accompagnée de six bezans de mesme trois en chef & trois en pointe 2. & 1.

POVSSAVGES, d'Or semé de Fleurs de Lys d'azur sans nombre au franc cartier de gueulle, chargé d'vne espée d'argent en Pal la pointe fichée en hault.

PRATANLAN en Treguier d'argent à vne fasce de gueulle accompagnée de six macles, d'azur trois en chef & trois en pointe 2. & 1.

PRATANROS C. d'argent à la Croix patée d'azur.

PRATBIHAN en Guicsezny Evesché de Leon, de sable à trois petites Croix pattées d'Or.

PRATCARIC en Ploüneuez Evesché de Treguier, ancien . . . . moderne Kerprigent seruel près Lannion *idem.*

PRATHIR en Leon, de synople à trois Coquilles d'Or 2. & 1.

PRATMARIA, de gueulle à trois espés d'argent posées en bande la pointe fichée en bas, pratanraix *idem.*

LE PRE' en Breleuenez, prés Lannion anciennement, portoit mesmes Armes que la grande Paluë prés Landerneau à present Barrach Rosambo *idem.*

LE PREDIC en Plougoünüellen Evesché de Leon.

PRE-DV-CHASTEL, d'argent à vn Chasteau de gueulle.

PRE-DV-MOVLIN, d'Or à trois Fleurs de Lys d'azur, 2. & 1.

E. P. *Preaux a andouille derg. a strupt bovic d'sable*

PRECZAV a la lauiere
S. M.

PRECLEAV a lone limiere E N d'azur a saut

LE PRESTRE, Sieur de Lozonet, Conseiller en la Cour de Parlement de ce païs, C. porte de gueulle à trois Ecuſſons d'Hermines, 2. & 1. à la bordeure engreſlée d'Or. Le dernier Eueſque de Cornoüaille eſtoit de cette maiſon là.

LE PRESTRE, jadis à la Loyere prés Vennes C. eſcartelé au premier & 4. d'argent à vne Quintefeille de gueulle, contreſcartellé de ſable à 4. fuſées d'Or en faſce.

LE PREVOST, anciennement à Locmaria prés Guingamp C. d'Or à vne Tour crenelée de gueulle ſurmontée d'vne Croix pattée d'azur, c'eſtoit auant le ſurnom de Coëtgourheden.

LE PREVOST, jadis à Kerambaſtard, d'azur à trois Quintefeilles d'argent, 2. & 1. au penquer en Plouneuez-Quintin aliàs idem, à preſent le Borgne.

LE PREVOST, aliàs au Squiriou, C. d'argent à vne bande fuſelée de gueulle.

LE PREVOST, eſchiqueté d'Or & d'azur à ſix traits, au franc canton d'argent chargé d'vn Griffon de ſable.

PRIGENT, jadis Eveſque de Treguier, portoit d'azur à vne faſce d'Or accompagnée de trois molettes de meſme, 2. & 1.

PRIGENT, Keruidrou En Treguier, d'argent à trois Tourteaux de ſable, & vn Croiſſant de meſme en abîme.

LE PRINCE, de ſable à ſix Coquilles d'argent 3. 2. & 1.

PRVILLY, d'Or à ſix allerions d'azur, 3. 2. & 1.

PVSCOET, jadis audit lieu en Boüezan Eveſché de Treguier portoit . . . maintenant Kergriſt Kergariou idem.

DV PVY, eſcartelé au premier & dernier d'Or au Lion de gueulle, armé & Lampaſſé d'azur au 2. & 3. de gueulle à vne faſce d'Or chargée de trois Fleurs de Lys d'azur au Lion d'Or couronné de meſme, naiſſant en chef.

Q

Q VELENNEC prés Quintin C. Baron du Pont & de Rostrenan, Vicomte du Faou, &c. portoit de Bretagne au Chef de gueulle, chargé de trois Fleurs de Lys d'Or.

QVIMPERCORENTIN Ville Capitalle du Comté & Evesché de Cornoüaille des plus anciennes de la Prouince, puisque les Annalistes Bretons la tiennent communement fondée par vn certain Corineus fugitif de Troye, porte pour Armes de ladite Ville, de gueulle au Cerf passant d'Or au Chef d'azur semé de France, car les anciens Comtes de Cornoüaille, portoient d'argent à trois Hermines de sable.

QVIMPERLAY Ville Maritime & Barre Royalle au Diocese de Cornoüaille, porte d'Hermines à vn Cocq de gueulle, barbé, membré & cresté d'Or.

QVINTIN *aliàs* B. issu en juueignerie des anciens Comtes, de Penthieure & Barons d'Auaugour, dépuis erigé en Comté, porte d'argent au Chef de gueulle comme Auaugour Brisé en Chef d'vn Lambeau à trois pandans d'Or, cette terre a esté vn long-temps vnie à la maison de la Trimoüille & depuis quelques années acquise par les Seigneurs de la Moussaye.

QVERBRIAC C. portoit jadis, d'azur à trois Fleurs de Lys d'argent dépuis fix 3. 2. & 1.

QVEDILLAC. C. de gueulle à trois bandes d'argent.

QVEFFARAZRE à Runtannic en Plouëgat-Guerrád, porte d'argent à vn cor de Chaffe d'azur en abîme lié en fautoir de mefme, accompagné de trois Tourteaux de gueulle 2. & 1.

QVEHOV, Gorepont & autres en Leon, de fable à trois Treffles d'argent, à la bordure engreflée de mefme.

QVELEN *aliàs* audit lieu en Duault Evefché de Cornoüaille C. à prefent fonduë en la Baronnie du Vieux-Chaftel à Loguenel, Guernifac en Taulé Evefché de Leon, le Reft en Ploüefoch, Kerelleau en Kermaria-Sular, Pontplantcoët en Ploügaznou, Kermoufter en Langoat & plufieurs autres en Treguier, *aliàs idem*, à prefent au Drefnay, Chafteaufur, Saint Bihy, Kerchoz, pleffix Guerjan & autres, burellé d'argent & de gueulle de dix pieces & pour deuife antique, *en peb amfer quelen*, c'eft à dire, en toute faifon il fait bon prendre confeil.

QVELEN Broutay, portoit d'argent à trois feüilles de Houx de fynople 2. & 1.

QVELENNEC *aliàs* audit lieu en Caüan, & à Kerhezrou en Loüargat Evefché de Treguier, de gueulle à trois Annelets d'argent 2. & 1. à Kerherué en Ploübezre, Coëtarrel & autres audit Evefché *aliàs idem*.

QVELLENNEC, Keroulas en Ploümauguer Evefché de Leon, pour les Armes voyez Keroulas.

QVELENNEC, d'argent à vn Chefne de fynople englanté d'Or.

DE QVELO Sieur de Cadouzan prés Guerrande au Comté Nantois, porte d'azur à trois Taux ou Croix de Saint Anthoine, d'argent 2. & 1. fon pere eftoit Confeiller en la Cour de Parlement de ce pays.

QVEMPER jadis à Keranroux en Ploübezre prés

242 L'ARMORIAL

Lannion, à preſent à Lananſcol en Ploëzelempe & autres
en Treguier, d'argent à vn Leopard de ſable, au Chef
Couſu d'argent chargé de trois Coquilles auſſi de ſable.

QVEMPERGVEZENEC prés Pontrieu Vicomté, de
de gueule à vne Croix engreſlée d'Or, c'eſt à Monſieur
le Comte de Grand-Bois.

QVENECHQVIVILY C. jadis à Kerſcoadec, à preſent à Kerborn Eveſché de Cornoüaille & autres, de ſable
à trois deffences de Sanglier d'argent 2. & 1. il y a eu
vn Preſident au parlement, de cette premiere maiſon.

QVENGO Chevalier Seigneur du Rocher, Vaulquy
Vicomte de Tonquedec, &c. d'Or au Lion de ſable,
armé & l'ampaſſé de gueule. Le fils aiſné de cette maiſon eſt Gouuerneur pour le Roy au Bois de Vincennes, &
ont tient cette famille originairement iſſuë d'vne maiſon
ſignalée d'Angleterre.

QVENHAOT C. de Vair au Croiſſant de gueule.

QVENQVISOV jadis audit lieu & à Kerprigent en
Ploügaznou, à Kernoter en Ploüezoch Eveſché de Treguier, de ſable fretté d'Or de ſix pieces, en l'an 1478. il
y auoit vn Conſeiller au Parlement de l'vn de nos Ducs
de cette famille.

QVEROV jadis à Keruerziou au Comte de Goëlo, d'argent à deux Lyons affrontés de gueulle tenants de leurs
pattes vne hache d'armes de ſable en Pal.

LE QVEVN en Ploüigneau prés Morlais pour les Armes voyez Kergadiou Ledinec.

QVEYMERCH prés Quimperlay B. d'Hermines au
Croiſant de gueulle en abîme.

QVEYNGOF, de gueulle à vne eſpée d'argent en
pal la pointe haute.

QVIIAC en Bas Leon, ancien voyez Foucault-Leſ-
couloüarn, moderne du Louët, Coëtiunual idem.

QVILIDIEN jadis audit lieu en Ploüigniau, au por-
ziou

ziou en Pleſtin , Locrenan en ladite Paroiſſe Eveſché de
Treguier & autres *idem.* de gueulle à vne faſce d'argent,
accompagnée de ſix Macles de meſme 3. en Chef & 3. en
pointe 2. & 1.

Y QVILIEN jadis audit lieu en Cornoüaille, portoit
de gueulle au Chef endanché d'argent briſé d'vn lambeau à trois pendans d'azur, eſcartelé auec les Armes du
Faou , maintenant de Kerret en ſurnom, portant pour
deuiſe *teuel hac ober* , qui eſt en françois la deuiſe que
vous voyez ſur Kerret.

QVILIFVRET ou Quillifuret au Comté de Goëlo,
de ſable à trois épées d'argent en Pal d'vne hauteur, les
gardes d'Or & les pointes fichées en haut, briſé en Chef
d'vn Croiſſant d'Or.

QVILIGONAN, d'argent au Croiſſant de gueulle.

— QVILIMADEC en Ploëdaniel Eveſché de Leon,
d'argent au Chef endanté de gueulle, eſcartelé de Penancoët.

QVILIVÆNEC en la Paroiſſe du Treffuou Eveſché
de Leon, ancien . . . . moderne du Han, du
Bertry *idem.*

QVILYOV en Cornoüaille C. ancien d'argent au
Chef de ſable, moderne, voyez le Barbu.

QVILYOV en Hourin , de ſable à trois defences de
Sanglier d'argent en faſce 2. & 1.

QVINAVLT d'azur au Cheuron d'argent, accompagné de trois Soucys d'Or , tigées & feillées de ſynople 2. & 1.

QVINIPILLY en Vennes C. pour Armes antiques
voyez Languenocz, maintenant de Lannion Baron du
Vieu-Chaſtel *idem.*

QVINTIN jadis à Kerouzerch, Coëtamour & Triuidy prés Morlaix, Coëtanfrotter prés Lanmeur, Leſ-
coüarch, Kergadio en Loüargat, & autres en Treguier;

E V   G g

maintenant à Kernon en Rofpez prés Lannion, le Hellin
en Pleiber-Saint-Hegonec Evefché de Leon, Kerfcao,
Penaru lez Morlaix, & autres, d'argent au Lion de fable,
accompagné de trois Eftoilles de mefme 2. & 1. quelques-
vns fe font contentez de mettre le Lion feul.

QVIRISEC, d'argent à fix Hermines de fable 3. 2. & 1.
au chef coufu d'argent chargé de deux Coquilles de
gueulle.

QVIRISIT en Cornoüaille, d'azur à la fafce d'Or furmontée d'vne Molette d'Efperon de mefme.

QVISIDIC jadis à Kerbilfic Evefché de Treguier, de
fable à deux fafces d'Or, brifé en chef de deux Coquilles
de mefme.

QVISTINIC d'azur à trois Rofes d'argent 2. & 1.

QVRSTINIT en Selent Evefché de   de gueulle à
trois Eftoilles d'argent 2. & 1.

QVITYER, d'argent à vn Arbte de fynople, au bâton de gueulle brochant à dextre fur le tout.

QVILBIGNON *ta lanheue qu quelligho,
a ceate nes en pllierane porte*   E.O.L.

Jean reff
1426.   *Qualozin au icoiotin p de quinac ET*

R.

AIX *alias* A. B. depuis erigé en Duché & Pairie par le Roy Henry III. enuiron 1581. portoit pour Armes antiques, d'Or à la Croix de fable : modernes voyez de Gondy.

— RENNES Ville Episcopalle & Capitalle de cette Prouince honorée d'vn Siege Metropolitain de la Cour de Parlement, qui y fut institué l'an 1551. par le Roy François I. elle porte pallé d'argent & de fable de fix pieces, au chef d'argent chargé de cinq Hermines de fable.

— RICHEMONT Comte en fon temps Conestable de France, portoit de Bretagne brisé en chef d'vn Lambeau à trois pendans de gueulle.

— RIEVX B. porte écartelé au premier & quatre, d'azur à dix Bezans d'Or 4. 3. 2. & 1. contrefcartelé de Bretagne, fur le tout de gueulle à deux fasces d'Or, qui est Harcourt & pour deuise *à tout heurt Rieux.* Cette illustre famille tire fa premiere origine & naissance des anciens Roys de Bourgogne qui se peut glorifier auec raison d'auoir produit en diuers temps des Marefchaux de France & de Bretagne, possedé auec honneur & generosité plusieurs autres belles Charges, mefme pris alliance en la Royalle Maison de Bourbon.

G g 2

ROCHEBERNARD A. B. d'Or à l'Aigle à deux testes éployé de sable becqué & membré de gueulle. F)(II

ROCHEDERIEN jadis bonne Ville dépendante de la Comté de Gouëlo, porte comme Auaugour.

ROCHEFORT B. portoit vairé d'Or & d'azur, dont il y à eu vn Chancelier de France qui contribua par son rare esprit à l'vnion des deux Estats de France & de Bretagne.

ROHAN A. B. dépuis erigé en Duché & Pairie par le Roy Henry I V. d'jmmortelle memoire au mois d'Aoust 1603. en faueur de Henry Vicomte de Rohan, Prince de Leon, Comte de Porhoët &c. portoit au premier de gueulle au Raix d'escarboucle pommetée d'Or, à la double chaisne en sautoir de mesme, qui est Nauarre: au quatrejéme de France au Baston componé d'argent & de gueulle brochant sur le tout qui est Evreux au 2. & 3. de gueulle à nœuf Macles d'Or 3. 3. 3. qui est Rohan, sur le tout d'argent à la Guiure ou Bisse ondée d'azur en Pal jettant vn Enfant de gueulle par la bouche, qui est Milan. Cette maison est assés cogneüe pour estre l'vne des plus Eminentes & Illustres du Royaume, voire de l'Europe, puis qu'elle montre vne décente Masculinne & directe de plus de treize cens ans, tirant son origine de Conan Meriadec premier Roy & Conquerant de Bretagne, & d'ailleurs qu'elle fait voir plusieurs alliances magnifiques, auec toutes les maisons Royalles & Augustes Familles de la Chrestienté.

ROSTRENEN B. maison fort renommée & si ancienne, que tous nos Historiens demeurent d'accord qu'elle a donné à la France son premier Conestable du temps de Louys le Debonnaire Empereur, & Roy de France, & produit en outre plusieurs grands Officers de la Couronne: elle porte de Bretaigne à trois fasces de gueulle.

RAGNIER, d'argent au fautoir de fable accompagné de trois Perdrix grifes au naturel.

RAGOT, de fable à trois épées d'argent pofées en bande.

RAGVENEL C. jadis Seigneur de Chafteloger & depuis Vicomte de la Beliere, portoit efcartelé au premier & dernier d'Or au chef endanché de fable, contrefcartelé d'autre, efcartelé d'argent & de fable : Il y a eu vn Marefchal de Bretagne de cette famille.

RAISON jadis à Kerfenant & à Kerdu en Ploumillieau à prefent au Cleuzyou en Loüargat, & autres en Treguier, d'argent à vn Croiffant de gueulle en abime accompagné de trois Quintefeilles de mefme 2. en chef, & 1. en pointe, cette derniere maifon a retenu fes anciennes Armes que vous voirez fur Cleuzyon.

RANDRECAR en Vennes de fable à la croix greflée d'argent.

RANNOV anciennement à Keriber en Bas-Leon portoit *lozange d'argent et fable*

RAOVL Sieur de la Guibourgere, de fable au Poiffon d'argent pofé en fafce & quatre Annelets de mefme 3. en chef & vne en pointe, il eft Confeiller en la Cour de Parlement.

RASCOL en Lanilis Evefché de Leon, pour les Armes voyez Keraldanet.

RASCOL furnommé le Petit Rafcol audit Evefché, — Mefnoalet *idem*.

RAVENEL, d'argent à trois Quintefeilles de gueulle, à l'orle de dix Merlettes de mefme.

RAZILLY, d'azur à trois Fleurs de Lys d'argent 2. & 1.

RECHOV *alias* audit lieu en Boilezan Evefché de Treguier, portoit . . . . . à prefent Kerfalyou. Les Seigneurs de cette premiere Maifon font à prefent Chefs de Nom & d'Armes de Kerfalyou,

dvnes Rabault avy· 3 efpas d'fab· vanfees refef lefpanchs
vrfault 1. d'cgaffres

RAMÉ *au buron*

RECHOU Pontnazen en Ploëbian Evesché de Treguier, d'argent à trois fasces de gueulle accompagnées de dix Merlettes de mesme 4. 3. 2. & 1.

REDILLAC, d'argent à trois Cocqs de sable crestez & membrez de gueulle 2. & 1.

DE REFFVGE, d'argent à deux fasces de gueulle à 2. Guivres d'azur affrontées en pal.

REGNARD jadis à la Garde-Raison & à Kerdroniou prés Lannion, d'argent à trois Testes de Regnard de sable arrachées de gueulle 2. & 1.

RENARDIERE, d'azur à trois Renards passans d'Or 2. & 1.

RENAVLT jadis Sieur de Beauuoys, de gueulle à vne Croix pattée d'Or.

RESPERES ramage de Plusquellec, pour Armes antiques Plusquellec idem : Modernes voyez Gaspern du Loiou.

RESSERVO en Guitel-Mezel Evesché de Leon, pour les Armes voyez Kerlech, le dernier Thresorier de Leon estoit de cette Maison-là.

LE REST prés Saint Michel en Grefve, Coëttedrez idem.

LE REST en Pommerit-Iaudy Evesché de Treguier, pour les Armes voyez Trolong.

LE REST en Plouëzoch Evesché de Treguier, pour les Armes de Quelen idem.

LE REST en Breleüenez Evesché de Treguier, Cresoles idem.

LE REST en Plouënan Evesché de Leon, pour Armes antiques . . . . . . Modernes du Louët Coët-jenual & Penahuern idem.

LE REST alias au Boisriou en Cauan Evesché de Treguier, pour les Armes voyez Boisriou.

LE REST-BAYDIES en Plabennec E. de Leon, d'Or à 3. fasces ondées d'azur brisé en chef de deux Coquilles de gueulle

RESTOLLES en Ploëgat-Chaſtelaudren Eveſché de Treguier, ancien voyez Taillart, moderne Boëxiere, Kerouchant & la Fontaine-Platte idem.

REST-PLOVENAN prés Saint Paul, d'Hermines à vn ſautoir de gueulle, eſcartelé d'argent à vn Arbre de Pin de ſynople chargé de Pommes d'Or.

REVOL, d'argent à trois Treſſles de ſynople 2. & 1. il y a eu vn Eveſque de Dol de ce Nom.

RHETEL, de gueulle à trois Ratteaux endantez d'Or 2. & 1.

DE RHVYS jadis Seigneur de Sils C. de gueulle à vn Chevron d'argent ſemé d'Hermines.

RICHARD jadis à Kerriel & Ponchaſteau prés Leſne- nien, Kerjan en Pleſtin Eveſché de Treguier & autres, d'azur au maſſacre de Cerf d'Or ſurmonté d'vne Roſe de gueulle & accoſté de deux Tourteaux de meſme en pointe, l'vn des trente Cheualiers choiſis pour combattre à la ba- taille de Trente, eſtoit de cette famille-là.

RICHARDIERE, d'argent à vn Pin de ſynople ſur le- quel eſt perché vn Gay au naturel.

RICHEMONT jadis à Poulguinan en Treguier, d'ar- gent à vne Croix pattée de gueulle cantonnée de quatre Macles d'azur.

RIMAISON prés Pontiuy C. d'argent à cinq faſces de gueulle, à preſent annexée à la Maiſon du Cleuzdon.

DE RIVOALEN-Meſlean en Saint Goüeznou Eveſché de Leon, d'argent au Chevron de gueulle accompagné de trois Quintefeilles de meſme 2. en chef & 1. en pointe.

RIVAVLT jadis à Keriſac prés Guingamp, aprés le ſur- nom de Merien, portoit d'argent à vne faſce d'azur ſur- montée d'vne Fleur de Lys de gueulle : Cette Maiſon à produit vn Gilles Riuault Eſchanſon & Maiſtre d'Hoſtel ordinaire du Roy Charles IX. qui fut par luy employé en pluſieurs Commiſſions & Ambaſſades honorables.

RICHEBOIS

LA RIVE prés Saint Paul , de gueulle à trois Treffles G
d'Or & vne Quintefeille de mefme en abime, Keraouel
Lefquiffyou *alias idem*.

LA RIVIERE C, dont il y a eu vn Evefque de Rennes
& vn Chambellan du Duc François I. qui enfuite fut quelque temps Chancelier de Bretagne, portoit de gueulle au
Chevron d'Hermines.

LA RIVIERE jadis à la Riviere Kerroudy & maintenant au Pleffix-Herupet, dont il y a eu vn Conseiller en
la Cour de Parlement de ce pays , d'Or à vne Croix en-
greffée d'azur.

LA RIVIERE, de gueulle à vne Croix d'Or frettée
d'Hermines.

LA RIVIERE en Treduder, portoit pour Armes an-
ciques d'azur à vne main dextre appaumée d'Or en pal,
moderne Pluiquellec *idem* , auec vne bordure d'azur:
C'eft vn Gentil-homme des plus fçauans en cette Science
des Blafons, auquel j'avoüe deuoir vne partie de cet Ouvrage, m'ayant fourny plufieurs memoires & instructions
pour l'accompliffement d'iceluy.

LA RIVIERE, d'Or à cinq fufée de gueulle posées
en fasce accompagnées de cinq Croifettes d'azur 2. en
chef & 3. en pointe 2. & 1. au franc canton d'Hermines.

ROBERT jadis au Goïzuen en Breleuenez prés Lannion, Kermeno en Ploumoguer, & autres en Treguier,
de gueulle à trois Coquilles d'argent 2. & 1. cette famille
eft à prefent difperfée en Cornoüaille & en plufieurs autres
endroits de la Prouince.

ROBERT jadis à Keropars & à Mefauldren en Lanmeur Evefché de Dol és Enclaues de Treguier, d'argent
à vne Croix pattée d'azur.

ROBIEN prés Quintin C, porte d'azur à dix Billettes
d'argent, 4. 3. 2. & 1. Il eft Conseiller en la Cour de Parlement de ce pays.

ROBICHON ET   Robin

a lain p de
m... riff
1427

ROBIN jadis a Keruerret en Quemperguezenec Eveſche de Treguier, portoit . . .

ROBIN, d'azur a trois Pigeons d'argent 2. & 1. becquez
& membrez de gueulle.

ROBINEAV, d'azur ſemé d'Eſtoilles d'Or a la cottice de meſme brochante ſur le tout.

ROBINAYE Sieur dudit lieu Conſeiller en Parlement,
porte d'azur au Griffon d'Or.

ROCERF, de gueulle a ſix Annelets d'argent 3. 2. & 1.
dont il a eu vn Chambellan de nos Ducs.

ROCERF en Cornoüaille, d'azur a vn Maſſacre de Cerf d'Or.

ROCHCAZRE, d'argent a trois Croiſſans de gueulle 2. & 1.

LA ROCHE ou Roche-Morice, autrement Rochanheron en Idiome du pays pres Landerneau C. ſejour ordinaire des anciens Vicomtes & Barons de Leon, portoit
de ſable a vn Lion d'argent l'Ecu ſemé de Billettes de meſme a Kerurach Eveſché de Leon *idem.*

LA ROCHE *alias* C. depuis erigé en Marquiſat, pour
Armes preſentes, voyez Kerneſne, antiques Coëtarmoal *idem.*

LA ROCHE Saint-André Conſeiller en Parlement,
porte d'azur a trois Fers de Dard d'argent 2. & 1.

LA ROCHE a Traoululien en Guineuez Eveſché de
Leon, d'Or a deux falces de ſable.

LA ROCHE Guerbileau en Sizun Eveſché de Leon,
pour les Armes voyez Guerbileau.

LA ROCHE, d'Or au rocher de ſable.

ROCHEDEC jadis à Kerlen en Camlez Eveſché de
Treguier, d'argent a vn Ours paſſant de ſable bridé d'Or
contreſcartelé d'Or a deux pals de gueulle, maintenant
Balauenne.

DES ROCHES Kerlaudy en Plouëzoch Eveſché de
Treguier, pour les Armes voyez la Haye.

ROCHGONGAR en Treguier, d'Or à vn cœur de

LA ROCHE-MOISAN au dit lieu E v *face or et*   v *de la ducké* Hh
guelles

gueulle chargé d'vne Eſtoille d'argent.

ROCHE-HVON en Trezelan Eveſché de Treguier, ancien ſurnom de cette Maiſon, d'azur à trois Tours carnelées d'Or 2. & 1. à preſent le ſurnom du Dreſnay eſt en cette Maiſon-là.

ROCHE-IAGV en Plouzal E. de Treguier, B. ancien ſurnom de cette Maiſon, portoit de gueulle à 7. Annelets d'Or 3. 3. & 1. depuis reduits à cinq Annelets poſez en ſautoir.

ROCHE-ROVSSE en St. Brieuc, ancien de gueulle à trois Fleurs de Lys d'argent 2. & 1. moderne du Halgoët Cargrée idem.

LA ROCHE Trebrit autrement la Touſche-Trebrit en Saint Brieuc, porte de ſable à trois Croiſſans d'argent 2. & 1. ceux de cette Maiſon ont eſté pour la pluſpart Capitaines & Gouverneurs de Moncontour & ont pris alliances dans les Maiſons d'Auaugour, du Beſſo, Beaumanoir, de Carné, de Guergorlay, & autres illuſtres Maiſons: Meſſire Chriſtophle de la Roche Seigneur de la Touſche-Trebrit Cheualier de l'Ordre du Roy fut député par la Nobleſſe de Saint Brieuc à la Reformation de la Couſtume en 1580. cette Maiſon eſt à preſent tombée en celle de la Freſſóniere.

ROCHER-VAVTGVY C. pour les Armes voyez Quengo Vicomte de Tonquedec.

ROCHMORVAN en Plœbian E. de Treguier, portoit jadis . . . . . à preſent le Sparler Coëtgaric idem.

ROCHVEL Sieur de Kertanguy Eveſché de Treguier, faſcé d'argent & de gueulle de ſix pieces.

ROCHVMELEN jadis aud. lieu en Pommerit-Iaudy E. de Treguier, d'azur à vn Cygne d'argét becqué & membré de ſable, à preſent le ſurnó de Trogof poſſede cette Maiſon-là.

RODALVEZ prés Leſneuen ancien, d'azur à vne faſce d'Or chargée d'vne Roüe de gueulle, plus moderne Coëtanlem idem.

RODELLEC en Pordic prés le Conquet, & autres en

bas-Leon, le dernier Baillif de Lefneuen eft de cette Maifon & porte en Armes :

LA ROËC, d'argent à dix Tourteaux de fable 4. 3. 2. & 1.

LA ROGAVE, de gueulle à cinq Bezans d'Or pofez en fautoir.

ROGER ou Rogier Comte de Ville-nefve & autres, porte d'argent à vne Trompe de gueulle liée en fautoir de mefme en abîme accompagnée de cinq Hermines de mefme 2. en chef & 3. en pointe.

ROGIER Kerancharu prés Pontrieu Evefché de Treguier, d'azur à trois teftes de Leopards d'Or 2. & 1.

ROGON à Carcaradec prés Lannion, d'azur à trois Roquets d'Or 2. & 1. à la Tandourie Evefché de Saint Brieuc *alias idem*.

ROLLAND jadis à Kermarquer en Penguenan Evefché de Treguier, Keruheluar, Kertifon, & autres, d'Or à trois Aigles éployés d'azur armez & membrez de gueulle.

ROLLAND *alias* à Kerbrezellec en Pleftin Evefché de Treguier, & autres, d'argent à trois Hufchets de fable enguifchez de mefme en fautoir 2. & 1.

ROLLAND Kerinizan en Plouneuenter Evefché de Leon, écartelé au 1. & 4. d'Or à cinq Treffles de gueulle pofez en fautoir, contrefcartelé d'argent au Pin d'azur.

ROLLAND Kergonnien, d'argent à vn Cypres de fynople, le tronc accofté de deux Eftoilles de gueulle, chacune furmontée d'vne Merlette de fable.

ROLLAND Ville-baffe, d'argent à trois Annelets de fable 2. & 1. & vn Greflier de mefme en abîme.

ROMAR ou Rofmar à Kerdaniel en Plouëgat-Chaftelaudren, Rungof en Pedernec, Kergaznou, Keroüalan en Ploebian & autres, d'azur au Cheuron d'argent accompagné de trois Eftoilles de mefme 2. en chef & 1. en pointe. Le Chantre de Treguier eft de cette premiere Maifon-là.

H h 2

ROLLAND
d'argent a une quintefeuille de gueulles

ROMELIN jadis à la Lande Coëtlogon prés Rennes, d'argent à vne bande d'azur chargée de quatre Bezans d'Or, à present à Millé & en la Maison des Loges Evesché de Rennes.

ROMILLE', de gueulle à deux Leopards d'argent l'vn sur l'autre.

LA ROQVE d'Estuel C. d'azur à trois Roquets d'argent 2. & 1.

LA ROQVE, d'Or à vn Gazon de synople sommé de trois épics de bled de mesme.

ROQVEL alias au Bourblanc, il estoit President en ce Parlement C. Kergolleau, Goazfroment & autres idem, d'argent à trois fasces jumelles de gueulle, accompagnées de dix Merlettes de sable 4. 3. 2. & 1.

ROSAMBAOV en Lanmellec Evesché de Dol ez Enclaues de Treguier C. du Cosquet Rosambaou idem.

ROSAMPOVL en Plougounuen Evesché de Treguier, C. dont il y en a eu vn de cette Maison Capitaine & Gouverneur de Morlaix .

ROSARNOV en Plouzané Evesché de Leon, pour les Armes voyez Kersauson.

ROSCAM en Saint Martin prés Morlaix, Geffroy Treoudal idem.

ROSCOËT en Treduder Evesché de Treguier, pour les Armes voyez Goüezbriand.

ROSCOÜET Sieur du Mesné Conseiller en la Cour de Parlement, porte de gueulle à trois Roses d'argent 2. & 1.

DE ROSILY Sieur de Meros en Cornoüaille, & autres de mesme famille, d'argent au Chevron de sable & trois Estoilles ❚❚❚ mesme 2. & 1.

RO❚❚❚❚❚❚ Plougaznou Evesché de Treguier, porte comme ❚❚❚❚❚❚ briand & pour deuise fidelle & sincere.

ROSLOGOT en Ploumillieau Evesché de Treguier, d'argent à vne Tour carnelée de sable, accostée de deux

Pelicans de mefme pendus par le bec aux creneaux de ladite Tour.

ROSMADEC *alias* B. depuis érigée en titre de Marquifat au mois d'Aouft 1608. verifié en Parlement & en la Chambre des Comtes de cette Prouince en Iuillet 1609. en faueur de Sebaftien Sire de Rofmadec Cheualier, Baron de Molac, Tyuarlen, Roftrenan &c. Gouuerneur de la ville de Dinan, qui portoit écartelé au premier, pallé d'argent & d'azur de fix pieces, qui eft Rofmadec au 2. de gueulle à vne fafce d'Hermines, qui eft la Chappelle, au 3. de gueulle à neuf Macles d'argent 3. 3. & 3. qui eft Molac, au 4. d'azur à vn Lion d'argent, qui eft Pontecroix, fur le tout d'azur au Chafteau d'Or, qui eft Tyuarlen, & pour deuife *en bon efpoir*. Les Hiftoires font vne mention fi honorable de cette Maifon qu'on peut à bon droit la paffer pour vne des plus remarquables de la Prouince, puifque fes aliances vont jufqu'à la Royalle Maifon de Bourbon, de Luxembourg, celle de Leon, la Trimoüille, Montmorency, & autres, & fe peut vanter auffi d'auoir produit des Chambellans de nos Ducs, plufieurs Capitaines & Gouuerneurs de Places fortes, mefme vn Seigneur qui pour fes fignalez feruices fut defigné pour auoir le bâton de Marefchal de France & nommé du Roy pour eftre Cheualier de l'Ordre du Saint Efprit, fi la mort n'euft pas triomphé de luy auant le temps. Le Seigneur à prefent de cette Maifon eft Gouuerneur pour le Roy des Ville, Chafteau & Evefché de Nantes.

ROSMADEC Goüarlot Vicomte, porte d'Or à trois jumelles de gueulle, & pour deuife *vno auulfo non deficit alter*.

ROSMARREC, fafces ondées d'argent & de gueulle de fix pieces à vne bande componée d'argent & d'azur fur le tout, au haut de laquelle il y a vn Ecu d'argent chargé d'vn bafton de gueulle brochant auffi fur le tout.

LE ROM

ROSMEVR en Plouuorn Evefché de Leon, pour les Armes Kergonoüarn *idem*.

ROSNEVINEN *aliàs* audit lieu en Leon & à Keran-coüat C. à prefent au Pleffix-bon-enfent, le Sieur de Piré Confeiller en la Cour, & autres font auffi de ce nom & portent d'Or à vne Hure de Sanglier de fable arrachée de gueule pofée en fafce ayant la lumiere & la defenfe d'argent. Cette famille a donné vn Chambellan du Roy XI. & Capitaine de Saint Aubin du Cormier fous nos Ducs.

ROSPIEC Kermabon en Cornoüaille, Keruzcar en Leon, & autres, d'azur à vne Croix d'Or cantonnée de quatre Merlettes de mefme.

ROSQVOVREL en Guineuez Evefché de Leon, d'Or à vne Quintefeille d'azur trauerfée d'vne fleche de gueule en bande, la pointe en bas.

ROSTELLEC en Leon, pour les Armes voyez Pentrez.

ROSVERN, d'Or à trois Lezards de fynople 2. & 1.

ROSVNAN en Plouuorn Evefché de Leon ancien; lofangé d'argent & de fable à la fafce en deuife de gueule chargée d'vn Perroquet de fynople : moderne le Rouge Penfenteunyou *idem*.

ROVAVLT, de fable à deux Leopards d'Or l'vn fur l'autre.

ROVDAVLT prés la Roche-Bernard, d'argent à fix Coquilles de gueule 3. 2. & 1.

ROVAZLE en Cornoüaille C. au Comte de Grand-Bois, d'Or à trois Corbeaux de fable 2. & 1.

ROVAZLE en Lanilis Evefché de Leon, pour les Armes Gourio *idem*.

ROVDOVMEVR en Cornoüaille pour Armes antiques voyez Amfquer furnom ancien de cette Maifon, modernes Kermabon *idem*.

ROVDOVROV prés Guingamp pour les Armes voyez Fleuriot.

guille ref 14·   *Ressic p de laiteu E.*

ROVËL jadis à Kerroüel en Pleſtin Eveſché de Treguier portoit . E; de nantes

ROVGE B. de gueule à vne Croix pattée d'argent.

LE ROVGE jadis à Ancremel en Ploüigneau, Treffrien
en Pleſtin Eveſché de Treguier, Mejuſſeaume, & autres,
d'argent au fretté de gueule de ſix pieces, Begaignon *idem*.
L'an 1500. vn Gilles le Rouge Seigneur de cette premiere
Maiſon eſtoit Preſident vniuerſel de Bretagne ſousnos
Ducs.

LE ROVGE *aliàs* au Bourroüguel en ladite Paroiſſe de
Ploüigneau Eveſché de Treguier, d'Or à trois bandes de
ſable, au franc canton d'argent chargé d'vne Tour carnelée & couuerte de gueule.

LE ROVGE Guerdauid en Plougounuen Eveſché de
Treguier, Penfenteunyou en Leon, la Haye en Ploëgat-
Moyſan, Penajun, & autres en Treguier, d'argent à vne
Fleur de Lys de ſable ſurmontée d'vne Merlette de meſme.

DV ROVVRE', d'argent au ſautoir de gueule cantonné de quatre Merlettes de ſable.

ROVGEART Locquéran, d'argent à vn Pin de ſynople
& vn Greſlier de gueule enguiſché de meſme en ſautoir
pendu aux branches d'iceluy.

ROVSSEAV à Diarnelez en Cornoüaille, & autres, de
gueule au Croiſſant d'argent ſurmonté d'vne Fleur de
Lys de meſme.

LE ROVX jadis à Kerbrezellec en Pommerit-le-Vi-
comte, Trohubert, Keruenniou au Meſzer, Kerloaſſezre,
& autres en Treguier, à preſent à Keruegant en Pleſtin
audit Eveſché, vairé d'argent & de gueule.

LE ROVX Kerninon en Ploulech pres Lannion, Ker-
loaz, Launay en Seruel, Coëtandoch pres Chaſtelaudren
& autres en Treguier, eſcartelé d'argent & de gueule
à Breſcanuel *idem*.

LE ROVX Plumental, d'argent à vn Arbre de Houx

de synople chargé de trois feilles seulement 2. & 1.

LE ROVX, d'argent à trois Coquilles de sable 2. & 1.

LE ROVX jadis à Kerdaniel en Cauan Evesché de Treguier, portoit . . .

ROVXEL au Cranno, & autres, d'argent au chef de sable chargé de trois Quintefeilles d'argent.

ROVXEL jadis à l'Hospital en Saint Brieuc . . .

ROVXELOT jadis à Limoëlan C. d'argent à trois Haches d'Armes ou Consulaires de sable en pal 2. & 1.

ROVZAVLT alias à la Trinité prés Guingap, à present possedée par les Peres Capucins de ladite Ville, d'argent au sautoir de gueulle brisé en chef d'vne Hermine de sable.

ROVZAVLT jadis à Coëtrouzault en ROSPEZ Evesché de Treguier, pour les Armes voyez Coëtrouzault.

LE ROY Mauperthuys, d'Or à deux Fleurs de Lys d'azur en fasce.

LE ROY, de gueulle à la bande engreslée d'argent.

LE ROZ en Cleder Evesché de Leon, losangé d'argent & de sable à vne fasce en deuise de gueulle.

LE ROZ, de gueulle à vne Epée d'argent posée en contre-bande la pointe en haut.

ROZOV en Treguier, de gueulle à vn Lambeau à trois pendans d'argent.

RVDOVNOV en Camlez Evesché de Treguier, pour Armes antiques voyez Garjan : Cette Maison est à present possedée par le Sieur de Rumedon Carluer Seneschal Royal de Treguier à Lannion, qui prend pour Armes d'Or au Lion de gueulle.

RVFFAVLT jadis au Kerhuel, Boisriou, Kermadoret, & autres, d'argent à vn Sanglier passant de sable.

RVFFIER jadis au Vauruffier C. d'azur au Lion d'argent, l'Ecu semé de Billettes de mesme.

DV RVFFLAY alias audit lieu en Saint Brieuc, d'argent au chevron de gueulle accompagné de trois Quintefeilles tefcilles percées de mefme 2. en chef & 1. en pointe, le fieur de la Corniliere & d'Ancremel habitué en l'Evefché de Treguier eft auffi de cette famille.

R V F F L E T, burellé d'Or & de gueulle de dix pieces.

R V M E V R en Pommerit le Vicomte Evefché de Treguier, pour les Armes le Borgne, Villeballin *idem*.

L E R V N jadis à Keruzas en Plouzane Evefché de Leon, & autres, d'argent à vn chevron d'azur accompagné de trois Treffles de gueulle 2. & 1.

L E R V N, d'Or à vn Corbeau de fable tenant en fes mains vn Rameau de Laurier de fynople en abîme, accompagné de trois Eftoilles de fable 2. en chef & 1. en pointe.

R V N E L L O prés Guingamp, porte . . .

R V N F A O V jadis portoit vairé d'argent & de gueulle, comme Defpeaux, maintenant poffedée par Monfieur le Comte de Boifeon.

R V N I O V Oriot de Morlaix, d'azur au chevron d'Or chargé de trois Eftoilles de gueulle accompagné de trois Molettes d'Efperon d'Or 2. en chef & 1. en pointe.

R V N V E Z I T en Treguier, pour les Armes voyez Coëtgourheden.

R V S Q V E C en Cornoüaille C. ancien, d'azur au chef d'Or chargé de trois Pommes de Pin de gueulle, moderne voyez Kerlech.

R V S Q V E C en Plouuorn E. de Leon, voyez l'Eftang.

R V V E Z R E T pres Chaftelaudren pour les Armes voyez Symon Villemoyfan.

L A R Y E, efcartelé d'argent & d'azur en fautoir.

R Y O *alias* au Quiftillic en Quemperguezenec Evefché de Treguier, Kerlaft en ladite Paroiffe & autres, d'argent au fautoir d'azur chargé de cinq Annelets d'argent.

R Y O V jadis à Kerangoüez pres Saint Paul, de fable à trois chevrons d'argent & pour deuife . . . maintenant Guergorlay Cleuzdon *idem*.

I i

R y o v jadis à Kermabuſſon en Pleſtin Eveſché de Treguier l'an 1499. auant Menguy, portoit . . .   en la
Maiſon de Viſſeuille Eveſché de Rennes, *alias idem*.

ANZAY Comté iſſuë des anciens
Comtes de Poiƈtou & Dúƈs de
Bourgogne , dont il y a eu vn
Grãd Chambellan de France, Cheualier des Ordres du Roy , Gouverneur & Capitaine de Nantes, en l'ab-
ſence d'Anne de Montmorency ,
Conneſtable de France portoit eſcartelé au premier de Poiƈtou ſçauoir d'Or à trois bandes d'azur à la bordure de
gueulle, au 2. de Bretagne , au 3. de Montmorency, au
quatriéme d'azur ſemé de France à la bordure de gueulle,
ſur le tout eſchiqué d'Or & de gueulle ſans nombre, qui
eſt Sanzay : le Baron de Keriber habitué en l'Eveſché de
Leon eſt iſſu de cette Maiſon-là.

S a i n t - Brieuc Ville Epiſcopalle , en laquelle il y a
vne Barre Royalle de grande eſtenduë, qui jadis s'exerçoit
à Lanuolon , porte . . . .

S a i n t - Malo Ville Maritime & Forterreſſe des plus
conſiderables de la Prouince & fort renommée pour le
grand traffic qui s'y fait par les Marchands de toutes Na-
tions, porte d'argent à vn Dogue de gueulle.

S a i n t - Paul de Leon Ville Epiſcopalle & Capitalle
de la Comté de Leon, dont l'Eveſque eſt Seigneur Spiri-
tuel & Temporel, porte d'Or au Lion de ſable tenant vne
Croſſe de gueulle de ſes deux pattes de deuant. Cette ville
eſt recommandable ſur tout par l'vne des plus hautes Tours

& Efquilles de la Prouince, elabourée d'vne rare & admirable ſtructure ſeruant de Clocher à vne Egliſe de Noſtre-Dame y eſtant appellée Creizquer.

SAINT-Renan Ville & Barre Royalle du bas-Leon, porte . . . .

SCEPEAVX jadis Comte de Duretal, Baron de Mathefelon, & de la Vieille-Ville, dont il y a eu vn Mareſchal de France, pour les Armes voyez des-Scepeaux à la Lettrine D.

SACE en Normandie C. pour Armes antiques Couvran *idem*, modernes voyez Budes, feu Monſieur le Mareſchal de Guebriand (dont il eſt cy-deuant parlé) eſtoit originaire de cette Maiſon-là.

SAFFRE B. de ſable à trois Croix recroiſettées au pied fiché d'Or 2. & 1. accompagnées d'vn Orle de meſme.

LE SAINT jadis à Logueuel C. maintenant à Coëtarſant Traoüoaz, Kergriſt en Pommerit-Iaudy, & autres en Treguier, porte d'argent au Lion de ſable accompagné de quatre Merlettes de meſme, 3. en chef & 1. en pointe & pour deuiſe *& ſanctum nomen eius*.

SAINT-Amadour jadis Vicomte de Guignen, grand Venneur & Chambellan de Bretagne, qui eut l'honneur d'eſtre fait Cheualier de la main du Roy Charles VIII. à la bataille de Fornoüe & d'auoir aſſiſté en treze autres batailles ſous les Regnes de quatre Roys de France ſans intermiſſion, portoit de gueule à trois teſtes de Loup coupées d'argent 2. & 1.

SAINT-Anthoine en Plouëzoch Eveſché de Treguier, pour les Armes voyez Kerſcaou, Kerenec.

SAINT-Aubin, d'argent à vne bande fuzelée de gueulle, accompagnée de ſix Tourteaux de meſme en orle.

SAINT-Bihy C. pour les Armes voyez de Quelen.

SAINT-Brice B. palé d'Or & de gueule de ſix pieces.

SAINT-Carré en Treguier, pour les Armes voyez Perrien.

SAINT-Denys en son temps Baron d'Hartray en Normandie, Gouuerneur d'Alançon, portoit de sable fretté d'argent de six pieces, au chef de mesme chargé d'vn Leopard de gueulle, feuë Madame la Comtesse de Boiseon estoit Heritiere de cette Maison-là.

SAINT-Denys C. d'azur à vne Croix d'argent, en la Maison de Brignen prés Saint Paul *alias idem*.

SAINT-Denoüal C. de gueulle à dix Billettes d'Or 4. 2. & 4.

SAINT-Didier, d'argent fretté de gueulle de six pieces.

SAINT-Eesn, d'argent semé de Merlettes d'azur sans nombre.

SAINT-Eloy, de gueulle à sept Macles d'Or 3. 3. & 1.

SAINT-Eue, fasce d'argent & de gueulle de six pieces.

SAINT-Georges en Ploüescat Evesché de Leon, d'argent à vne Croix de gueulle, *alias* Kersauson en surnom

SAINT-Georges en Treguier, Rosmar *idem*.

SAINT-Georges, d'azur à trois chevrons d'Or.

SAINT-Gilles prés Rennes C. d'azur à six Fleurs de Lys d'argent 3. 2. & 1. la famille de Kersaint Gily en cet Evesché de Leon, tire sa premiere descente & origine de cette Maison-là.

SAINT-Goüeznou ou Langoüeznou surnom ancien de la Maison du Breignou en Plouyen Evesché de Leon, C. de gueulle à la fasce d'Or accompagnée de six bezans de mesme 3. en chef & 3. en pointe 2. & 1. & pour deuise . . .

SAINT-Hiliuay pres Lannion, pour les Armes voyez le Borgne Villeballin, & le Rumeur, & pour deuise *tout ou rien*.

SAINT-Hugeon pres Lannion surnom ancien de cette Maison, dont estoit l'vn des trente Cheualiers Bretons, qui s'acquita des mieux en la bataille de Trente, portoit d'argent à vne Croix de sable au baston de gueulle brochant à dextre sur le tout. Le surnom de Keruerder

SAINT-GVETAS . . . E

est à present en cette Maison-là.

SAINT-Iean, d'azur à cinq Billettes d'Or rangées en sautoir.

SAINT-Illan en Saint Brieuc, Berthelot Brangolo idem.

SAINT-Ioüan B. portoit d'azur à cinq fusées d'argent en fasce pour Armes antiques, plus recentes Rosmadec idem, & à present voyez le Ny-Coëtelez.

SAINT-Lauvoa en Plouneuez Evesché de Treguier, porte

SAINT-Laurens, d'Or à six Annelets de gueule 3. 2. & 1.

SAINT-Laurens en Leon, pour les Armes voyez Ker-menguy en Cleder.

SAINT-Leon jadis Evesché de Leon, portoit d'argent au chef de gueule chargé de trois Quintefeilles d'argent.

SAINT-Marc, de gueule au Leopard d'argent cou-ronné, armé & lampassé d'Or.

SAINT-Martin Carpondarme . . . à vn Chasteau à trois Tours de . . .

SAINT-Marzault, porte escartelé au 1. & 4. d'azur à la bande d'Or, au 2. & 3. de gueule à l'M. à l'antique d'Or couronné de mesme.

SAINT-Memin, d'Or au Lion de synople armé, cou-ronné & lampassé de gueule.

SAINT-Offange C. d'azur au chevron d'argent ac-compagné de trois Molettes de mesme 2. en chef & 1. en pointe, il y a eu vn Commandeur du Palacret & de Pont-meluen en ce Diocese de Treguier de cette Maison-là.

SAINT-Noüaye, d'argent à vn Sanglier de sable sans furie.

SAINT-Paul, de gueule au chef endanché d'Or à cinq pointes. E r M

SAINT-Pern Ligouyer C. du Lattay, & autres, d'a-

SAINT MELOIR sable 3 mollettes or.

zur à dix Billettes forcées d'argent 4. 3. 2. & 1.

SAINT-Pezeran, de fable à la Croix pattée d'argent.

SAINT-Thomas, pour les Armes voyez de Louvetel.

SALARIN, de gueulle à vne bande d'argent chargée de quatre Hermines de fable.

SALAVN au Lezüen en Plougonuen Evefché de Leon, Kermoüal, de Rofcof, & autres iffus de cette famille, d'argent à vne Hure de Sanglier arrachée de fable pofée en fafce, ayant la lumiere & la defenfe d'argent couronnée d'Or.

SALAVN Rochloüarn en Treguier & autres, d'argent à vne Epée d'azur en pal, la pointe en bas accoftée de deux Croiffans, l'vn couché & l'autre adoffé de gueulle.

LA SALLE en Lanmelin Evefché de Treguier, pour les Armes voyez Lagadec Kernabat.

LA SALLE prés Lefneuen, d'argent à vn Lion & vn Ours de fable affrontez & rampans l'vn contre l'autre, à la bordure componée d'Or & de gueulle.

LA SALLE en Plounœur-Menez Evefché de Leon, Goüio Lefireur *idem*.

LE SALLE en Ploüigneau Evefché de Treguier, ancien Bodifter *idem*, moderne voyez Tremenec Traoüanrun.

LA SALLE au Cheualier en Perros-Guirec Evefché de Dol ez Enclaues de Treguier, pour les Armes Hingant, Kerduel & Kerifac *idem*.

LA SALLE en Plougaznou Evefché de Treguier, pour Armes prefentes Bizien du Lezart *idem*, antiques . . .

DES SALLES prés Guingamp, pour les Armes voyez le Carme.

DES SALLES en Ploudiry Evefché de Leon, ancien . . . moderne Brezal *idem*.

SALIC jadis en Treguier, de gueulle à vne fafce d'Or accopagnée de 10. coquilles d'argent 4. en chef & 6. en pointe 4. & 2.

SALOV sieur du Toulgoët, dernier Seneschal du Siege Presidial de Quimpercorentin, portoit d'argent à trois Hures de Sanglier de sable.

SALVDOV jadis à Rosampont lez Lannion, d'azur à vn chevron d'Or accompagné de trois Molettes de mesme, 2. en chef & 1. en pointe.

SALYOV jadis à Lesmays en Plestin Evesché de Treguier, d'argent à vn Huchet de sable en abîme lié de même en sautoir, accompagné de trois Merlettes de sable 2. en chef & 1. en pointe.

SALYOV alias à Treuazan des dépendances de la Maison de la Roche-Huon en Treguier, d'azur au chevron d'argent & trois Quintefeilles de mesme 2. & 1.

SALYOV sieur de Chef-du-Bois en Treguier, pour les Armes voyez Chef-du-Bois, il est Conseiller en ce Parlement.

SAMSON, d'azur au Levrier rampant d'argent à la bordure componée d'argent & de gueulle.

LE SANGLIER, d'Or au Sanglier de sable en furie.

SASSIER de Vennes, d'azur à trois Quintefeilles d'Or 2. & 1.

LA SAVLDRAYE, d'azur à trois pots ou Marmittes d'Or 2. & 1.

SAVVAGE, de gueulle à vn Aigle éployé d'argent becqué & membré d'azur.

SAVVAGET Baron Descloz prés Moncontour, porte de gueulle à vne Croix pattée d'argent.

LE SAVX, anciennement à Coëtcanton auant du Perrien C. portoit à 7 macles Pratanroz idem.

LE SCAF jadis au Kergoat en Guiclan, Kerriel, & autres en Leon, de gueulle à vne Croix d'Or frettée d'azur c'est à present au sieur du Runiou Oriot.

LE SCANF jadis à Kerhuuelguen en Goël, d'azur à trois Glands d'Or aux Cocques d'argent 2. & 1.

Le Scozov en Loguiuy Plougras Evesché de Treguier, ancien d'Or à neuf Tourteaux de gueulle 3. 3. & 3. moderne Kernotter Guicaznou *idem*.

Le Sculteur, d'azur à trois Ecus d'argent 2. & 1.

Le Sec, escartelé en sautoir, sçauoir en chef & en pointe d'Or à vn Arbre de synople, contrescartelé ou flanqué de gueulle à deux testes d'Oyseaux arrachées d'argent.

guilleaume reff. 14.

Le Segaler à la Ville-nefve & au Mesgoüez en Plougaznou Evesché de Treguier, d'azur à vn sautoir d'argent accompagné de quatre Quintefeilles de mesme, il y a eu vn Avocat General en la Chambre des Comtes de cette Prouince & deux Baillifs de Morlaix consecutifs de cette famille.

Le Segaler jadis Archeuesque de Tours, inhumé à Saint Gracian prés le Tombeau de Messire Philippes de Coëtquis Archeuesque d'Auignon, portoit d'azur à vn chevron d'argent accompagné de trois testes de Leopards d'Or 2. en chef & 1. en pointe & vn Huchet de mesme sous l'Angle du chevron.

Seiovrne, d'argent à vn Lion de sable rampant contre vn Pillier aussi de mesme.

Seixploe' à present Maillé erigé en Comté dépendante de la Maison de Carman Evesché de Leon, porte d'Or au Lion d'azur brisé en l'Epaulle d'vne Tour carnelée portée sur vne Roüe, le tout d'argent.

Le Seneschal jadis à Coëtelant en Plourin Evesché de Treguier, Lesarazyen, Lestremeral, & autres en Leon, de sable à cinq fusées d'argent posées en bande, accompagnées de six Bezans de mesme en orle : Cette premiere Maison est à Monsieur de Brezal.

Le Seneschal Carcado prés Pontiuy, portoit jadis d'azur à sept Macles d'Or à present neuf 3. 3. & 3. il estoit Conseiller en la Cour de Parlement de ce pays.

Sentnezen

Seneschal p. 216

La Soraie au dit lieu d'ermines à 2 haches d'harmes addossées de gueulles

SENTNEZEN jadis au Roudour en Seruel Euefché de Treguier, portoit .

SES-MAISONS pres Nantes, Treambert pres Guerande, & autres, de gueulle à trois Chafteaux d'Or 2. & 1.

DE SERANT Sieur de Kerfilly Confeiller en la Cour de Parlement, porte d'Or à trois Quintefeilles percées de fable 2. & 1.

DE SERVON Sieur des Arfys aufli Confeiller en ce Parlement, porte d'azur à vn Cerf fautant d'Or.

SEVERAC C. de gueulle à trois Grües d'argent membrées de fable 2. & 1.

SEVIGNE Montmoron C. efcartelé de fable & d'argent, la Charge de Confeiller en la Cour de Parlement eft fucceffiue de Pere en Fils en cette Maifon-là.

SILGVY jadis à Coëthirbefcond pres Saint Renan, à prefent à Poulhefquen pres Saint Paul & autres, porte d'argent au Lion de fable armé, lampaffé de gueulle & couronné d'Or, accompagné de trois Molettes aufli de fable 2. & 1.

SIOCHAN Kerigoüal, Troguerot pres Saint Paul, & autres, ancien de gueulle à la Croix ancrée d'argent, moderne de gueulle à quatre pointes de Dards, ou d'Ancrés posées en fautoir & paffez dans vn Anneau en abime, le tout d'Or.

LA SORAYE, d'argent à vne Croix de fynople chargée en cœur d'vne Quintefeille d'argent.

SOREL, de gueulle à deux Leopards d'argent.

SOVRDEAC Marquis Seigneur en fon viuant tellement confideré du feu Roy Henry IV. de glorieufe memoire, qu'il l'honora de fes deux Ordres de Cheualerie, dont luy mefme eftoit le Chef, le fift fon Lieutenant General ez trois Euefchez de cette Baffe-Bretagne, & en outre le pourueuft du Gouvernement de fes Ville, Chafteau & Forterefle de Breft, pour les Armes voyez Rieux.

K k

LE SPARLER Coëtgaric en Pleſtin Eveſché de Treguier, de gueulle à vne Épée d'argent en bande aux gardes d'Or, la pointe fichée en haut.

SPINEFORT prés Auray C. dont il y a eu vn Capitaine de Rennes l'an 1341. grand homme de guerre &
beaucoup renommé, portoit loſangé d'argent & de gueulle
en pal ſans nombre. E

LE SPLAN jadis au Leſlech en la Paroiſſe de Pleſtin Eveſché de Treguier, portoit d'azur à vn Pigeon
d'argent aſmé & membré de gueulle, & pour deuiſe
plaid me déplait : Maintenant Au Sieur de Goazmap Ker-
móyſan.

LE SQVIRIOV en Cornoüaille C. d'argent à deux
bandes fuzellées de gueulle.

STEPHNOV jadis à Kerbridou en la Trefve de Treff-
glazus Paroiſſe de Pedernec Eveſché de Treguier, d'Or
à vn Pin de ſynople chargé de Pommes d'Or, aux branches
d'iceluy vn Cor ou Trompe de ſable attaché & lié en ſautoir de meſme, le Tronc dudit Arbre accoſté de deux
Merlettes auſſi de ſable.

LE STER en Cornoüaille, ancien d'argent à trois faſ-
cés de gueulle, moderne le Veyer Kerandantec *idem*.

LE STIFFEL en Guiler Eveſ. de Leon, voyez Talec.

SVGARDE, d'argent à vne Fleur de Lys de ſable ſurmontée d'vne Merlette de meſme, le Moguerou *idem*.

SVRGERES C. de gueulle fretté de vair de ſix pieces.

LA SVZE Comté, porte loſangé d'Or & de gueulle en pal.

SVZLE en Pleſidy prés Guingamp C. porte pour Armes antiques, de gueulle à trois Fleurs de Lys d'Or 2. & 1.
à la faſce en deuiſe d'azur chargée de trois Bezans d'Or:
Modernes Rumen Begaignon *idem*. E

SYBOVAVLT, d'argent au chevron de ſable rebordé
de gueulle & accompagné d'vne Merlette auſſi de ſable
au canton dextre du chef.

SYLVESTRE jadis à Kerdidreu, & autres, en Leon, d'argent à l'orle de six Croix recroisettées d'azur à l'Ecu en abîme de gueulle, chargé d'vn Croissant d'argent.

SYMON jadis à Tromenec en Landeda, Kergou-noüarn en Plouuorn, Kerannot en Pleiber-Saint-Hego-nec Evesché de Leon, Kergadiou, & à Keroparz pres Lanmeur, au Bigodou pres Morlaix, & autres, à present à Kerbringal, & autres, de sable au Lion d'argent.

SYMON Villemoysan, Ruuezret pres Chastelaudren, & autres, porte . . .

SYON B. . SEN. . . . .
. . . .

T.

ARANTE Prince, pour les Armes, le Comte de Vertuz & Auaugour *idem*.

LA TOVR Duc de Boüillon, & Prince de Sedan, l'vn des grands Capitaines de ce Sie-cle, qui a eu des Employs fort considerables en Holande, porte escartelé au 1. d'Or au Gonfanon de gueulle, bordé & frangé de synople à trois pendans, qui est Auuergne, au second de France au baston de gueulle, pery en abî-me, qui est Bourbon Condé, au troisiéme d'azur au Lion d'Or l'Ecu semé de Billettes de mesme, qui est Nassau, au quatriéme d'Or a trois Tourteaux de gueulle 2. & 1. qui est Boulongne, & sur le tout d'azur a la Tour carnelée d'ar-gent maçonnée de sable l'Ecu semé de Fleurs de Lys d'Or par concession du Roy Philippes VI. qui est la Tour d'Au-vergne, party d'argent a la fasce de gueulle, qui est Sedan

K k 2

Boüillon, fouftenu d'Or, au Cornet d'azur enguifché de
gueulle en fautoir, qui eft Orenge. Monfieur le Marefchal
de Turenne, dont les hauts faits & actions heroïques font
affez conneuës par toute l'Europe, Madame la Duchesse
de la Trimoüille & Madame la Marquife de la Mouffaye,
font auffi de cette illuftre Tige.

Tovrs Ville Metropolitaine, & l'vne des plus anciennes de la Gaule, Archeuefché & Souverain Siege de
toute cette Prouince pour la Spiritualité, porte de gueulle
à trois Tours crenelées d'argent, au chef femé de France.

La Trimoüille, Maifon Ducalle auffi illuftre qu'il
y en ayt dans le Royaume qui a produit vn Grand-Cham-
bellan de France & Faudry du Roy Charles VII. dont il
poffeda parfaitement les affections, porte au premier efcartelé de France Pur, au fecond de Laual, comme eftant
Chef de cette Maifon, au troifiéme d'Arragon & de Si-
cille, au quatriéme de Bourbon, & fur le tout d'Or au
chevron de gueulle, accompagné de trois Aiglettes d'a-
zur 2. en chef & 1. en pointe, qui eft la Trimoüille.

Taillart jadis à Lizandré en la Comté de Goëlo
C. Pandeonec, au Reftolles, Kerdaniel, Kerguilly, Vil-
legoury, & autres en Treguier, d'Hermines à cinq fufées
de gueulle pofées en bande.

Taillefer, de gueulle à deux Leopards d'argent
l'vn fur l'autre.

Talbot, de gueulle au Lion d'Or à la bordure engreflée de mefme.

Talec jadis à Kerpleuft & à Kergadegan en Quemper-Guezenec Evefché de Treguier, d'azur à trois Treffles
d'argent 2. & 1.

Talec au Stifel en la Paroiffe de Guizler Evefché
de Leon, & autres, fafces ondées d'Or & d'azur de fix
pieces.

Talhoet Cheualier Seigneur de Boiforcant &c.

Gouverneur pour le Roy en la Ville de Rhedon, & l'vn
des quatre Enseignes des Gardes du Corps de sa Majesté,
porte d'argent à trois Pommes de Pin de gueulle 2. & 1.
Monsieur de Bonamour Président en la Cour de Parlement de ce pays est Iuueigneur de cette Maison-là.

TALHOET Kerseruant en Vennes C. d'Or au chef
de sable.

TALHOüET Keraueon Conseiller en la Cour de Parlement, porte losangé d'argent & de sable en pal.

TANGVY Kerarmet en Treguier, d'Or à trois Pommes de Pin de gueulle au chef de mesme, à Guernaleguen *aliàs idem*, auant Loz.

TANOëT jadis audit lieu en Yuias au Comté de Gouëlo & autres, portoit . . . .

TANOüARN au Bourblanc en Saint Brieuc, & autres
de mesme famille, d'Or à l'Ecu en abime d'azur, chargé
de trois Molettes d'Or 2. & 1. à l'orle de huit Macles d'azur,
le dernier Seigneur de cette Maison estoit Président au
Parlement. a 1486.

TAVEIGNON à Kertanguy pres Guingamp, de sable
à la Croix d'argent le quartier dextre chargé d'vne Trefte
de mesme à Kergozigues jadis *idem*.

DE TAYS G. d'argent à trois fasces d'azur.

TEINCVF, ou Deincuf jadis à Pratguich les Saint
Paul, de sable à vn Aigle esployé d'Or.

TERNANT audit lieu en Plouuorn Evesché de Leon,
de sable à vne fasce viurée d'argent accompagnée de six
Bezans de mesme 3. en chef & 3. en pointe 2. & 1. au Traoumeur en ladite Paroisse *aliàs idem*.

DV TERTRE jadis à Keruegan en Seluel, au Rochou
en Lannehec, le Henguer en Breleuenez Crechgouriffen
en Seruel, Pontguennec en Perroz-Guirec, & autres en
Treguier, de gueulle au Lambeau à trois pendans d'argent vers le chef. Cette premiere Maison a donné vn

Efchançon de la Ducheffe Anne, & cette famille a produit
en outre en diuers temps fous nos Ducs des Capitaines de
Hennebond & de Lefneuen qui commandoient les Har-
quebuziers de l'Arriere-ban de l'Evefché de Treguier, &
les Francs Archers de l'Evefché de Leon.

DV TERTRE *aliàs* à Penuern en Plouguiel, à prefent
à Kermen prés Lantreguier, & autres, d'argent au Maffacre de Cerf de gueulle fommé d'vne Fleur de Lys de
mefme.

DV TERTRE jadis Kernilien prés Guingamp, de
gueulle à vne rencontre de Bœuf d'argent.

DV TERTRE jadis à Kergurunet en Plouëzoch Evefché de Treguier, de gueulle à trois Croix recroifettées
aux pieds fichez d'argent 2. & 1.

TERTREIOÜAN en Saint Brieuc C. pour les Armes
voyez Budes; Le dernier Seigneur de cette Maifon eftoit
Confeiller & Garde-Seau en ce Parlement, dont nous
auons auffi veu fortir plufieurs Cheualiers de Malthe
confecutifs, mefme de nos iours deux Freres Comman-
deurs qui ont eu plufieurs beaux Employs & Ambaffades
honorables, tant vers fa Sainéteté qu'autres Princes & Potentats, dans lefquelles ils fe font dignement acquitez au
contentement de leur Ordre & de toute la Chreftienté.

TEVINYERE en Vennes C. pour les Armes voyez
Pappin.

TEXIER, de gueulle au Levrier courant d'argent ac-
colé de gueulle cloüé & bouclé d'Or.

TEXVË, d'argent au chef de fynople.

THEHILLAC au Boifdulies C. de gueulle à trois
Croiffans d'argent 2. & 1.

THEPAVLT *aliàs* à Kerinizan en Guipauaz Evefché
de Leon, & autres, d'azur au Cerf paffant d'argent.

THEPAVLT Sieur de Leinqueluez en Garlan, & autres de mefme famille en Treguier, de gueulle à vne Croix

alaizée d'Or & vne Macle de mesme au cartier dextre,
auec cette deuise *Dieu sur le tout.*

THIERRY à la Preualays pres Rennes C. d'azur à trois
testes de Leurier d'argent au Colier de gueule, cloüé &
bouclé d'Or 2. & 1. il est Conseiller en la Cour de Parlement de ce pays : Au Boisorcant jadis *idem*, dont il y a eu
vn Capitaine & Gouuerneur de Rennes.

THOMAS à la Cosnelaye Euesché de Saint Malo C.
d'azur à la bande engresée d'Or.

THOMAS *alias* à Kertudio, depuis à Keranroux en
Ploubezre pres Lannion, vairé de gueule & d'argent au
franc canton d'Or chargé d'vne Croix de gueule.

THOMAS ou Treusuern en Plougounuer, & autres en
Treguier, d'azur à la bande ondée d'Or, accostée de deux
Bezans de mesme.

THOMAS Kergadoret en Taylé, & autres en Leon,
de sable à vne Tour carnelée d'argent.

THOMELIN ou Thuomelin jadis Seigneur du Boys &
de Bransquer en Vennes, C. au Bourrouguel en Plouigneau la Caillibottiere en Saint Brieuc, & autres *alias*
idem. Maintenant au Parc Thuomelin en Ploudaniel, Kerbourdon en Plestin, & autres en Treguier auec differentes
Armes. Cette premiere Maison portoit escartelé au 1. & 4.
d'azur à cinq Billettes d'argent posées en sautoir, contrescartelé de gueule plain. L'on tient ceux de cette famille
tirer leur origine & naissance d'vne Maison bien marquée
d'Angleterre.

THOMINEC jadis au Chef-du-Boys pres Conquerneau,
d'azur à vne Croix d'argent chargée de cinq Pigeons d'a-
zur becquez & membrez de gueule.

THOREL jadis à Rosgustou en Garlan, Launay en
Ploüian, & autres en Treguier, d'azur au Leurier rampant
d'argent au Colier de gueule cloüté d'Or.

LE TIAC jadis à Penchoët en Tresglanus Euesché de

Treguier, portoit . . .

TIERCENT C. d'Or à quatre fusées de sable posées en fasce.

LE TILLON, d'azur à vne fasce d'argent accompagnée de trois Bezans de mesme 2. & 1.

LE TIMEN en Taulé Evesché de Leon, pour les Armes Kerlean *idem*.

TINTENIAC G. ancien, d'argent à trois fasces d'azur & vn baston de gueulle brochant à dextre sur le tout, moderne . . . vn Seigneur de cette Maison Iean de Tinteniac acquist vne glorieuse reputation en la bataille de Trente entreprise par le Seigneur de Beaumanoir Mareschal de Bretagne & Richard Bembro Capitaine Anglois, d'où il retourna tout chargé de Lauriers & de Palmes, ne s'estant trouvé aucun autre qui l'eust surpassé ny deffait si grand nombre d'Ennemys que luy.

TIZE C. d'argent à vne bande de sable chargé de quatre Estoilles d'Or.

TIVARLEN, en Cornoüaille C. d'azur à vn Chasteau d'Or.

LA TOAZE dernier Grand Preuost de Messieurs les Mareschaux de France en cette Prouince, pour les Armes du Boisgelin *idem*.

TONQVEDEC Vicomté en l'Evesché de Treguier, pour Armes antiques Coëtmen *idem* : Modernes voyez le Rocher Vautguy.

LA TOVCHE-Limousiniere C. d'argent à vne fasce de gueulle, à Coëtfrec prés Lannion *alias idem*.

LA TOVCHE à la Vâche, d'argent à quatre Vâches de gueulle.

TOVLBODOV Sieur de Guyfos en Vennes, Coëtporec, & autres, d'Or à six feilles de Houx de synople 3. 2. & 1.

LA TOVCHE-Carmené, pour les Armes voyez Carmené, il y a eu vn premier Eschanson de la Reyne Anne Duchesse

TIRRECOQ

Duchesse de Bretagne de cette Maison-là.

LA TOVCHE-Rolland, d'argent à trois Gresliers de sable 2. & 1.

TOVLCOËT jadis à Kerueguen en Plouïgneau, Kerochyou en Plouïan Evesché de Treguier, & à present à Traouanuelin, Treuezec, & autres, d'Or à vne Quintefeille d'azur.

TOVLGOËT, pour les Armes voyez Salou.

TOVPIN jadis à Keruennyou en Plouïgneau Evesché de Treguier C. c'est à Monsieur le Comte de Grand-Boys, & porte vairé d'argent & de sable: Cette Maison a donné vn Capitaine du chasteau de Hedé sous nos Ducs.

TOVRBRVNOT en Cornoüaille, pour Armes antiques voyez Iegou. Modernes Calloët idem, il a esté Seneschal de Morlaix.

LA TOVR Cazet, d'azur à trois Aiglettes d'Or 2. & 1. il estoit President en ce Parlement.

LES TOVRELLES ancien, de gueulle au chef d'argent, comme le Bodriec, moderne Lesormel idem.

LA TOVR jadis à Penastang en Plougonuen E. de Treguier, dont il y a eu vn Evesque de Cornoüaille & puis de ce Diocese, portoit d'azur à vne tour carnelée & donjeonnée d'Or.

LA TOVR Lesquiffyou en Leon, pour les Armes voyez le Borgne Lesquiffyou.

LA TOVR en bas-Leon, d'argent à trois Tours couuertes d'azur d'vne hauteur separées l'vne de l'autre.

LA TOVR Pertheuaux de Morlaix, voyez Pertheuaux.

TOVRNEFVE, d'argent à deux fasces d'azur surmontées de trois Tourteaux de mesme.

TOVRNEMINE Baron de la Hunaudaye, issu en ligne masculine & directe des Roys d'Angleterre, & du costé maternel des Ducs de cette Prouince de l'estoc des anciens Comtes de Penthievre: porte escartelé d'Or & d'azur, le Baron de Cansillon est à present Chef de Nom

& d'Armes de cette famille, à Barach Rosambaou Coët-meur lez Landiuizieau & à TROUZILIT *aliàs idem.*

TOVRNEMOVCHE Bodoon de Morlaix, & autres, porte d'argent semé d'Abeilles de sable à vne Rûche de mesme en abîme façonnée d'Or & pour deuise *plus mellis quam mellis.* Il y a eu vn Seneschal de Lanmeur, puis Baillif de Morlaix de cette famille.

TOVRONCE jadis audit lieu Kerueatous, Mesperc-nez, & autres en Leon, porte escartelé au premier & dernier de gueulle au chef endanché d'Or à cinq pointes chargé de trois Estoilles de sable, contrescartelé de gueulle au mesme Lion d'Or.

TOVTENOVTRE, pour les Armes voyez Hellez, pour deuise *tout passe.*

TRANTS C. d'argent à deux fasces de sable chargées de cinq Bezans d'Or. Boisbauldry *idem*, surnom ancien de cette Maison. E de rennes.

TRANCHIER Bodeno, d'Or à vn Croissant de gueulle en abîme & quatre Estoilles de mesme 3. en chef & 1. en pointe.

TRAOVDON prés Lannion, d'azur à vne fasce d'argent accompagnée de trois Bezans de mesme 2. en chef & 1. en pointe: Elle est dependante de la Maison de Kergo-mar Kerguezay.

TRAOVFEZ, d'argent à deux fasces de gueulle.

TRAOVLEN en Plouuorn Evesché de Leon, moderne le Rouge Penfenteunyou *idem*, ancien

TRAVMANOIR en Plouënan Evesché de Leon, an-cien surnom de cette Maison, auant celuy de Kergroazes, de Pourpre au Lion d'argent comme Kerouzeré.

TRAOVNEVEZ surnom ancien de cette Maison en Plouëzoch Evesché de treguier, de gueulle semé de Fleurs de Lys d'argent.

TRAOVRIVILY en Plouënan Evesché de Leon, fascé

TREF
argent sanglier sable courant

IOVTEPREST p ploban E.T.

d'argent & d'azur de fix pieces, la premiere fafce chargée
de cinq lofanges de fable.

TRAOVROVLT en Langoat, & autres, Kermarec
en Buhulien *idem*, & autres en Treguier *idem*.

TRAOVSVLYEN en Guineuez Evefché de Leon,
d'Or à deux fafces de fable au canton dextre de gueulle
chargé d'vne Quintefeille d'argent.

DE TREAL jadis à Beauboys C. portoit de gueulle à
vn Croiffant d'argent chargé de trois fafces d'azur,
pour Armes prefentes voyez Neuet. E S MALO

TREAMBERT au Comté Nantois, de gueulle à trois
Chafteaux d'Or 2. & 1. Sefmaifons *idem*.

TREANNA en Cornoüaille C. d'argent à vne grande
Macle d'azur, Lanuilyo *idem*.

TREBIGVET, d'argent à deux fafces de fable.

TREBODENNIC en Plouëdaniel Evefché de Leon,
pour les Armes voyez du Poulpry.

TREBRIT en Ploudiry Evefché de Leon, le Ny Coëtelez, *idem*.

TRECASTEL, d'Or à vne clef de gueulle en pal ancien furnom en l'Evefché de Treguier. E ƒ malo

TRECESSON C. de gueulle à trois chevrons d'Hermines.

TREGEVILY Vicomté, d'Or à vne Roüe de gueulle.

TREEDERN en Ploëcoulm Evefché de Treguier, efchiqueté d'Or & de gueulle à fix traicts, au franccanton
fafcé d'argent & de gueulle de fix pieces, & pour deuife
ba foez vé, feroit-il eftrange.

TREDILLAC en Botforcher Evefché de Treguier,
portoit d'argent à vne Tour carnelée de gueulle, maintenant Keranguen *idem*.

TREDVDAY en Vennes C. le Senefchal Carcado.

TREFFALEGAN, en Lanhouarneau Evefché de Leon,
ancien voyez le Veyer : Moderne Thepault Treffalegan
dernier Baillif de Morlaix *idem*.

TREFLEON   L l2

TREFFGARN en Leon, ancien d'Or au Lion de fable moderne voyez Kergadiou de bas-Leon.

TREFFILIS en Guiclan Evefché de Leon, porte d'argent à vn fautoir de gueulle accompagné de quatre Merlettes de fable.

TREFFILIS en Lannilis Evefché de Leon, efchiqueté d'argent & de gueulle de fix pieces au bafton d'argent brochant à dextre fur le tout.

TREFFLECH en Bourbriac Evefché de Treguier, lofangé d'Or & de fable en bande.

TREFFVIEN en Plouëdern Evefché de Leon, d'Or à vne fafce d'azur chargée de trois Macles d'argent accompagnée de trois Hures de Sanglier de fable 2. en chef & 1. en pointe.

TREFFVOV en Leon à Madame du Bertry, portoit

TREGARANTEC, d'azur à trois pals d'argent.

TREGOëT, d'argent à l'Aigle efployé de fable becqué & membré de gueulle.

TREGOëZEL en Plœbian Evefché de Treguier, ancien d'argent à trois Treffles de fable 2. & 1. moderne voyez Launoy. *vaier*

TREGOMAR en Saint Brieuc C. d'argent à trois Haches d'Armes de fable pofez en pal 2. & 1.

TREGVIEL, d'azur à vne fafce d'Or, accompagnée de trois Coquilles de mefme 2. & 1.

LE TRELLE en la Paroiffe d'Afferac pres Nantes, portoit

TRELEVER en Guymeac Evefché de Treguier C. ancien bandé d'Hermines & de gueulle de fix pieces, moderne Defnos Ville-Thebault *idem* : Cette Terre eft vn Ramage de la Roche-Iagu.

TREMABIAN en Milizac Evefché de Leon, pour les Armes voyez Kergadiou en Plourin audit Evefché.

TREGONFLECH *s vu Berzauc p de brehid ET*

TREMARIA en Cornoüaille

TREMASAN en bas-Leon, toute contiguë à la Terre du Chaſtel C. portoit anciennement differentes Armes de celles du Chaſtel qui eſtoient

TREMAVDAN le Tertre, & autres, d'azur au Levrier paſſant d'argent au Colier de gueulle bouclé & clouté d'Or.

TREMBLAY, de gueulle à la bande d'Or, accompagnée de ſix Molettes de meſme poſées en orle.

TREMEDERN en Guymeac Eveſché de Treguier, bandé d'Or & de ſable de ſix pieces : Cette Terre eſt iſſuë en ſa premiere origine de la Maiſon de Keraër en Vennes & puis de Kerſeruant.

TREMEL jadis à Launay en Pleſtin Eveſché de Treguier, eſcartelé au premier & dernier d'azur à vn Croiſſant d'Or, contreſcartelé d'Or à vn Arbre d'azur

TREMELEVC, de gueulle à trois Croiſſans d'argent 2. & 1.

TREMEN audit lieu en Plouzané, Meſmen, & autres en Leon, de gueulle à trois Primeueres eſpanoüyes d'argent tigées de ſynople 2. & 1.

TREMENEC Traouanrun en Plougaznou, & autres en Treguier, d'argent fretté de gueulle de ſix pieces, au franc canton d'azur chargé de trois cottices d'argent, il eſt Seneſchal Royal de Lanmeur.

TREMERREVC C. eſchiqueté d'Or & de ſable à ſix traits, au Lehein idem, eſcartelé de Tournemine.

TREMERGAT pres Lanuolon, pour les Armes voyez Geſlin.

TREMEVR en Vennes, pour les Armes le Gouello idem.

TREMIGON C. d'argent à trois Ecus de gueulle 2. & 1. chargez chacun de trois fuſées d'Or en faſce.

TREMILLEC en Cornoüaille, de gueulle à trois

Croiſſans d'argent 2. & 1. *Depuis longtems* BILLOUART

TREORET en Cornoüaille ancien, d'argent à vn Sanglier de ſable en furie ayant la lumiere & la defenſe d'argent, moderne le Bihan Pennelé *idem.*

TRESCOËT en bas-Leon, Huon Kerliezec à preſent *idem.*

TRESSEOL C. ancien d'azur à trois Soleils d'Or 2. & 1. plus moderne d'Or au Leopard d'azur.

TRESIGVIDY en Cornoüaille C. d'Or à trois Pommes de Pin de gueulle 2. & 1. vn Seigneur de cette Maiſon fut l'vn de ceux qui ſe comporta des mieux en la bataille de Trente, & enſuite ſuiuit genereuſement les victorieux Eſtendarts du Conneſtable du Gleſquin en la pluſpart de ſes Conqueſtes, le ſurnom de Kerlech eſt à preſent en cette Maiſon dont l'aiſné poſſede la Charge d'vn des Gentils-hommes Ordinaires de la Chambre du Roy Louys XIV. heureuſement Regnant & Eſcuyer de ſa petite Ecurye.

TREVALOT en Cornoüaille Vicomté, pour Armes antiques c'eſtoit Coëtmenech, depuis de Carné, maintenant le Borgne Leſquiffyou *idem.*

TREVECAR C. d'azur au Lion d'argent l'Ecu ſemé de Coquilles de meſme.

TREVEGANT jadis à Beaurepaire en Plouëgat-Chaſtelaudren Eveſché de Treguier, de gueulle à vne faſce d'argent chargée de deux teſtes de Mores, au Tortil d'argent, maintenant du Bourblanc en ſurnom.

TREVEGAT Sieur de Lomaria Conſeiller en la Cour de Parlement, porte . . . .

TREVEHY en Plouënan Eveſché de Leon, ancien le Barbu *idem*: Moderne voyez Villenefve Coëtjenual.

TREVEZNOV en Langoat Eveſché de Treguier, pour Armes antiques portoit d'Or au Lion de ſable l'Ecu ſemé de Tourteaux de gueulle, plus modernes voyez de

Larmor, maintenant Rofmar Kerdaniel *idem*.

DV TREVOV ancien furnom dudit lieu Paroiffe du Tre-uou, Kerfaufon Baloré en Penguenan, le Grinec, Keran-róux prés Lannion, & autres en Treguier d'argét à vn Leo-pard de fable, quelques-vns ont encore chargé l'Ecu d'vn orle de fix Merlettes de mefme ; au Goazuen en Breleue-nez prés Lannion *alias idem*, dont vn Louys du Treuou eftoit de fon temps homme d'Armes de la Compagnie d'Ordonnance du Seigneur Comte de Laual fous le Regne de nos Ducs.

TREVZCOET Kerampuil en Pleiber-Crift Evefché de Leon, pour les Armes voyez Kergrift.

LE TREVT jadis à Kerjaneguan, & autres en Tre-guier, d'argent à trois Merlettes de fable 2. & 1.

TREZEL en Plœbian Evefché de Treguier, porte

. . . .

TREZEL en Lanilis Evefché de Leon . . .

DE TRIAC Sieur de Preby en Saint Brieue

TRIBARA au Mefquernic, & autres en Leon, de fa-ble à vn chevron d'Or, accompagné de trois Bezans de mefme 2. & 1.

LA TRINITE' prés Guingamp, pour les Armes voyez Rouzault de la Trinité.

TROBODEC en Gurunuhel Evefché de Treguier, portoit efcartelé au 1. & 4. du Drefnay, au 2. & 3. d'azur à trois Gerbes d'Or 2. & 1. liées de mefme.

TROGOF en Plouëgat-Moyfan Evefché de Treguier, B. d'argent à trois fafces de gueulle au Boifguezenec, Ro-chumelen, Kerlefly en Plougaznou, Penlan en la Paroiffe de Prat, & autres en Treguier *idem*, le furnom de Pen-fornou eft à prefent en cette premiere Maifon-là.

TRONGOF en Leon C. de gueulle à vn Lambel à trois pendans d'Or : C'eft à Monfieur le Comte de Boifeon.

TROGORRE en Loguiuy Plougroix Evefché de Tre-

guier C. pour Armes antiques voyez Plougroix, modernes du Parc Locmaria *idem* : Cette Maison est des dependances de Keradenec.

TROGRIFFON en Taulé Evesché de Treguier, pour
anciennes Armes voyez le Moyne Treuigny; modernes.
Quintin Kerscaou *idem*.

TROGVINDY prés Lantreguier Vicomté, porte de
gueulle à neuf bezans d'Or 3. 3. & 3. Launay en Camlez
issu en jusueignerie de cette Maison, Kernegues en Goudelin, & autres *idem*.

TROHADIOU en Treguier, voyez Harscouet.

TROHEON en Sibiril Evesché de Leon, pour les Armes Kercœnt *idem*.

TROHERIN en Plouuorn Evesché de Leon, d'azur
à vne fasce viurée d'argent accompagnée de six bezans de
mesme 3. en chef & 3. en pointe 2. & 1.

TROHVBERT au Merzer Evesché de Treguier, pour
Armes antiques voyez le Roux, Kerbrezelec, modernes
Trezel Kerroignant *idem*.

TROLAN jadis à Keriber en Milizac en Cornoüaille,
portoit . . .

TROLONG ou Tuolong, jadis audit lieu en Hengoat,
Kerhir en Tredarzec, Munehorre prés Guingamp & autres en Treguier, à present à Launay en Langoat, au Rumen, Hengoat, Kerfrotter, Goazruz en Lanmellec, &
autres, escartelé d'argent à dix Tourteaux de sable 4. 3. 2.
& 1. depuis reduits à cinq posez en sautoir contrescartelé
d'azur au Chasteau d'argent.

TROMABIAN prés Lesneuen, pour les Armes voyez
Kergadiou de bas-Leon.

TROMARTIN prés Lantreguier, pour les Armes le
Cheuoir *idem*.

TROMELIN prés Lesneuen C. d'argent à deux fasces
de sable, comme le Barbier à Kerliuiry & autres *idem*.

Tromelin

TROMELIN en Plougaznou Evesché de Treguier, ancien d'argent à vne Croix pattée d'azur & vn Croissant de gueulle en pointe, moderne voyez Guiffos Toulbodou.

TROMENEC en Landeda Evesché de Leon, ancien surnom de cette Maison, d'Or à vn Trescheur ou Essonier d'azur, depuis Symon & maintenant Guergorlay.

TROMEVR en Leon, pour les Armes Lesuen *idem*.

TRONCZON jadis à Kerfenteunyou pres Lantreguier, Kernerien, & autres en Leon, d'argent à vn chevron de gueulle accompagné de trois Fleurs arrachées & tigées d'azur 2. & 1. Fleuriot *idem*.

TRONIOLYS en Cleder Evesché de Leon, pour les Armes voyez Kergoët Troniolys.

TROPONT en Pedernec Evesché de Treguier C. pour Armes antiques voyez Belisle Tropont, modernes Perrien *idem*.

TROVOAS en Plœmeur-Gaultier Evesché de Treguier C. pour les Armes voyez le Saint.

TROVSSIER Gabettiere C. Pontmenart, & autres, d'Hermines au Lion de gueulle brochant sur le tout.

TROVZILIT en Leon, portoit jadis comme Tourminene, maintenant de Carné.

TVDVAL jadis à Kerpeuluen Evesché de Treguier, Tregoët, & autres, d'argent à l'Aigle esployé de sable becqué & membré de gueulle.

TVDVAL ancien surnom de Keraoüel Lesquiffyou en Guyneuez Evesché de Leon, de gueulle à trois Tresfles d'Or 2. & 1. & vne Quintefeille de mesme en abîme la Riue *idem*.

TVFFIN Sieur de la Rouerye, porte arg a la bande de sab. ch

TVGDOAL jadis à la Ville-nefve Corbin en Loguiuy pres Lannion, d'argent à vn Chasteau de gueulle sommé de trois Tourillons de mesme.

TVRCAN, de gueulle à 5. Billettes d'Or posées en sautoir.

TVRPIN Comte de Crissé bonne & ancienne Maison
en Poictou, dont estoit issu l'Archeuesque Turpin, porte
losangé d'Or & de gueulle en pal sans nombre.

TVSSE', de sable à trois jumelles d'argent.

LE TYMEVR pres Carhaix Marquisat, pour Armes
& deuise voyez de Ploeuc.

V.

ALOYS anciennement Comté
depuis erigé en Duché & Païrie l'an
1402. par le Roy Charles VI. portoit d'azur semé de France, comme
ayant donné origine à la premiere
lignée de nos Roys, appellée les
Merouingiens, Monsieur le Duc
d'Angoulesme est de ce nom.

VANDOSME jadis Comté & maintenant Duc de
Vandosmois, Mercœur & de Penthievre, Païr & Admiral de France, porte de France au baston pery de gueulle
chargé de trois Lyonceaux d'argent, jadis les anciens
Comtes de Vandosme surnommez Boucharts, portoient
d'Or au chef de gueulle, à vn Lion d'azur brochant sur le
tout, c'estoit lors vn Patrimoine ancien des Roys de
Nauarre.

VENNES Ville Episcopalle & sejour ordinaire des derniers Ducs de Bretagne, portoit de gueulle à vne Hermine passante au naturel d'argent mouchettée de sable &
accollée de la Iartière flotante de Bretagne.

VERTVZ Comté, porte efcartelé au premier & 4. de Bretagne, contrefcartelé d'argent au chef de gueulle qui eft Anaugour.

VITRE' A.B. de gueulle au Lion d'argent.

LA VACHE, de gueulle à vne Vâche d'argent.

LE VAILLANT Sieur du Paty, d'argent à vn Aigle de fable.

DV VAL jadis à Keraueon, d'argent à deux fafces de fable à la bordure de gueulle bezantée d'Or.

DV VAL, de fable à trois Cannes d'argent 2. & 1. becquez & membrez d'Or.

DV VAL jadis à Kergadiou Kerfaint-Gily pres Saint Paul, de gueulle à cinq fufées d'argent pofées en fafce.

LE VAL Pinart en Saint Mathieu lez Morlaix, pour les Armes voyez Pinart.

LE VAL Kerret en Saint Martin Evef. hé de Leon pres Morlaix, efcartelé au 1. & 4. de Kerret, contrefcartelé d'argent à deux Pigeons d'azur affrontez becquetans vn cœur de gueulle.

LE VAL Val furnommé le petit Val auffi lez Morlaix Evefché de Treguier, d'azur à vn Cerf paffant d'Or.

LA VALLE'E Sieur de la Conninais pres Dinan, de gueulle à vn BEZAN d'argent accompagné de trois fermailles de mefme.

LA VALE'E jadis à Saint Ioüan C. de fable à trois Poiffons d'argent pofez en fafce l'vn fur l'autre.

LE VALOYS Sieur de Syriac pres Muzillac porte

LA VARENNE Marquis de Sainte Suzanne &c. de gueulle au Levrier paffant d'argent au Colier d'azur femé de Fleurs de Lys d'Or.

VARS, d'argent au fautoir de fable, accompagné de quatre Molettes de mefme.

DV VAL   E L   M m i
d'argent à la tour couuerte de fable

DE VARS, party d'Or & d'azur au Lion couppé de gueulle & d'argent, sçauoir de gueulle sur l'Or & d'argent sur l'azur.

La piece VAVCLER pres Montcontour C. bandes engreslées d'argent & de gueulle de six pieces. E S B

VAVCLERE C. d'argent à trois Chouëttes de sable becquez & membrez de gueulle 2. & 1. E S B

GVITE VAVCOVLEVR C. ancien, d'azur à vne Croix d'argent, moderne Espinay. Il est Gouuerneur pour le Roy des Ville, Chasteau & Forteresse de Conquerneau.

VAVDVRANT, d'argent au Lion de gueulle.

VAVFLEVRY, d'azur à la Croix d'argent cantonnée de quatre testes de Lion arrachées d'Or, lampassées de gueulle.

DE VAVGOVR, d'Or à trois testes arrachées de Renard de sable 2. & 1.

VAVMELOYSEL ancien Gouyon Matignon *idem*. Moderne voyez Desnos Villethebault.

VAVROÜAVLT, d'argent au Lion de sable armé, lampassé & couronné d'Or.

LE VAVVERT, d'argent au Cerf de gueulle sommé & onglé d'Or chargé au Poictral d'vne Croix d'argent.

VAVX C. d'Or à trois Merlettes de sable 2. & 1.

DE VAVX, d'azur au chef d'Or, chargé d'vn Lion couppé de gueulle & d'argent sur le tout.

LE VAYER C. jadis à Clays, losangé d'Or & de gueulle en pal, à present à la Morandaye en Saint Malo.

LE VEER Montloüarn Kerleau en la Paroisse du Merzer, Kergroas en Quemperguezenec, & autres en Treguier, d'azur à trois testes de Regnard arrachées d'Or 2. & 1.

VELLVRE, d'Or à cinq fusées de gueulle posées en fasce.

DE VENDEL C. de gueulle à trois mains dextres

VAYER pa 278.

la teste de cerft

Alce vanour & p le plourin

armées d'argent en pal 2. & 1. il y a eu vn Abbé du Tron-
chet de cette Maison.

LE VENNEVR, de sable au chef d'Or chargé de trois
Huchets ou Cornets d'azur enguischez d'argent en sautoir.

LE VERGER au Cocq en Saint Germain sus Isle E-
vesché de Rennes de gueulle à deux Bars d'Or adof-
sez, accompagnez de trois Treffles de mesme en fasce.

DV VERGER, de gueulle à vne Estoille comettée d'argent à huict Raix.

DV VERGER Saint Denac pres Guerrande, d'Or à
deux Quintefeuilles de gueulle, au canton dextre de mesme
chargé d'vn Lion d'argent.

LE VERGER en Tredarzec pres Lantreguier, Kergreach *idem*.

LE VERRIER Sieur du Layeul & de la Danuoliere,
portoit escartelé au premier & dernier de gueulle à vn
grand Croissant d'Or, contrescartelé d'vn Eschiquier d'argent & de gueulle de six traicts au chef de sable chargé
d'vn Lion issant d'Or.

LE VEYER jadis à Kerysnel pres Saint Paul Feun-
teunspeur G. Carpont Kerbijc, Poulconq en bas-Leon,
en Taulé, Beuzidou pres Daoulas, & autres, d'argent à
deux Haches d'Armes ou Consulaires de gueulle addossez
en pal.

LE VEYER *alias* à Treffalegan en Lanhoüarneau E-
vesché de Leon & autres, d'Hermines à vne Quintefeuille
de gueulle en abîme, au Brehonic en Guineuez Evesché
de Leon, Boteguiry pres Landerneau, & autres à present
idem.

LE VEYER Kerandantec en bas-Leon, & autres,
d'Or à trois Merlettes de sable 2. & 1.

LE VEYER, de gueulle à la fasce d'argent chargée
de trois Macles de sable.

VEIER VICHANEVENTE DE LEON a *langougar*
gueilles lion dor

VEIER p 278

LE VENNEVR a la ville e venneur E
dargent au corps de chaue de sable accomp. de 3 roses
de gueilles

LE VOYER Defaulnays-Gomené en Saint Malo, d'argent à vne Fleur de Lys de fable.

DE VIC, d'argent à deux chevrons de gueulle accompagné de trois Treffles de fynople.

LE VICOMTE Sieur du Rumen, la Villeuolette, la Longraye, & autres, d'azur à vn Croiffant d'Or. Ce dernier eft Confeiller au Siege Prefidial de Rennes.

VIETTE, d'argent à vne bande d'azur accompagnée de trois Tourteaux de gueulle 2. & 1.

DE VIEGVES au Quiftillic en Plougoúnúen Evefché de Treguier, d'azur à trois Fleurs de Lys d'argent 2. & 1.

LE VIEIL, d'azur au chevron d'Or & vne Eftoille de mefme fous langle du chevron.

VIEILLE-Motte en Tonquedec Evefché de Treguier, pour Armes anciennes voyez de Quelen. Modernes Eftienne Keruiziou *idem.*

VIEVCHASTEL Lannion B. ancien d'azur à vn Chafteau d'Or fommé de trois Tourillons de mefme, moderne voyez le furnom de Lannion.

VIEVCHASTEL en Taulé Evefché de Leon, pour les Armes du Faou *idem.*

VIEVCHASTEL en Ploudaniel Evefché de Leon, le Moyne Treuigny *idem.*

VIEVCHASTEL en Ploubezre Evefché de Treguier, pour les Armes voyez Kergrift.

VIEVMARCHE' en Ploüaret Evefché de Treguier, C. pour Armes antiques Laual *idem.* Modernes voyez Connen Precrean.

VIEVPONT en Normandie C. pour les Armes voyez Nuef-bourg Marquis, c'eft le furnom de cette Maifon-là.

VIEVTREVOV en Treguier, ancien, Quintin *idem.* moderne voyez Crefolles.

LA VIEVVILLE Marquis, burellé d'Or & d'azur de huict pieces, les deux premieres burelles d'Or chargées de trois Annelets de gueulle 1. & 2.

VIEVVILLE ou Cozquer, Kerboury en Loüanec Evefché de Treguier, pour les Armes voyez Kerboury.

LA VIGNE le Houlle en Vennes, pour les Armes voyez de Bauld.

VIIAC en Guipauas Evefché de Leon, pour les Armes voyez Kerfcao Vijac.

VILLARMOIS, d'argent au Lion de gueulle accompagné de cinq Tourteaux de fable pofez en Orle.

VILLE-BLANCHE jadis au Pleffix Baliffon C. de gueulle à vne fafce d'argent, accompagnée de trois Hures de Saulmon de mefme en fafce 2. en chef & 1. en pointe.

LA VILLE Bouty, de gueulle à trois Eftoilles d'Or.

LA VILLE Canio, d'argent au Leopard de fable armé & lampaffé de gueulle.

LA VILLE Dauy en Mauron, d'Or au Sanglier de fable. E S M

VILLE Denache, d'azur au Lion d'Hermines armé & lampaffé de gueulle.

LA VILLE-Durand en Vennes, d'argent au chevron de gueulle, accompagné de trois Tourteaux de mefme.

VILLEGAL, de gueulle à neuf fers de Cheual d'argent 3. 3. & 3.

VILLEGEFFROY en Plouëgat-Chaftelaudren Evefché de Treguier C. pour les Armes voyez Botherel Ville-Geffroy.

VILLEGILLOUART, de fable au fautoir d'argent.

LA VILLE-Iuhel, d'argent à trois cœurs de gueulle & vn Tourteau en abîme de mefme.

DE LA VILLEON au Boisfeillet G. d'argent à vn Houx de fynople au cartier d'azur fretté d'Or. Il y a eu vn Chancelier de Bretagne de cette Maison, & plufieurs

VILLE-MARIE

Seigneurs de cette famille se sont signalez de temps en autre sous nos Ducs par leurs bons & loyaux seruices, au Mateix Evesché de Saint Brieuc, & autres *idem*.

VILLESAVARY pres Guerrande à present possedé par le Sieur de Kernotter Guicaznou de l'Evesché de Treguier, pour les Armes voyez Guicaznou.

VINCETTRE, escartelé au premier & dernier d'Or à vne Croix de sable, contrescartelé de gueulle à la Croix d'argent.

VILLEMARRE, de gueulle à cinq Billettes d'argent 3. & 2.

VILLENEVVE C. de gueulle au chevron d'Hermines.

VILLENEVVE lez Morlaix C. issuë de la Principauté de Leon, pour Armes anciennes voyez Pensez, modernes

VILLENEVVE Cresolles pres Lannion, pour les Armes voyez Cresolles.

VILLENEVVE en Plouëzoch Evesché de Treguier, pour les Armes presentes voyez du Louët Coëtjenual.

VILLENEVVE Olliuier en Guerlisquin Evesché de Treguier, d'argent à vne fasce de gueulle frettée d'Or, accompagnée de trois Roses de gueulle 2. & 1.

VILLENEVVE Rosuñan en Plouyen Evesché de Leon, d'azur à vne fasce d'Or, accompagnée de trois Quintefeilles de mesme.

VILLENEVVE en Plougaznou Evesché de Treguier, pour Armes voyez le Segaller.

VILLENEVVE en Lanmodez pres Lantreguier, Cillart *idem*.

VILLENEVVE pres Saint Paul, pour Armes presentes voyez Poulpiguet, antiques la Forest Keruoaziou, & Keranroux *idem*.

Iean ref. 14 DE VILLENEVVE au Pellinec, & au Caloüier en Loüanec

VILLENEVVE
argent 3 bandes de guelles

VILLE-AGNÉS.

Loüanec Evefché de Treguier & autres, d'argent à vn Lion de fable.

VILLENEVVE Corbin lez Lannion, d'argent à vn Ours paffant de fable bridé d'Or.

VILLENEVVE Trogof en Treguier, pour les Armes voyez Penfornou.

VILLENEVVE en Plouïan Evefché de Treguier, pour les Armes voyez le Blonzart.

VILLENEVVE Montigny en bas-Leon, portoit . . .

LA VILLE Orion, de gueulle à dix fers de dards d'argent.

LA VILLE Salon, d'azur à cinq Billettes d'argent en fautoir.

VILLE Voifin, d'argent à la fafce d'azur accompagnée de trois Coquilles de gueulle.

LA VILLE Volette en Saint Brieuc, d'azur au Croiffant d'Or.

VILLE Salmon, d'argent au Houx de fynople au canton de gueulle à la Croix greflée d'argent.

LA VILLE au Preuoft en Saint Briac, de gueulle au fautoir greflé d'argent.

VIRE' B. pour les Armes voyez de Seillons.

DV VIREL, d'argent à trois fafces jumellées de gueulle comme du Parc.

VISDELOV la Goublaye C. Defliens, & autres, d'argent à trois Teftes de Loup de fable arrachées & lampaffées de gueulle 2. & 1. le dernier Seigneur de cette Maifon eftoit Prefident en la Cour de Parlement & Monfieur l'Evefque de Leon cy-deuant Coadjuteur de Cornoüaille eft auffi originaire de cette premiere Maifon-là.

LE VIVIER, d'azur à l'Aigle d'Or.

VOLLVIRE, Marquis de Ruffec iffu des anciens Comtes d'Angoulefme, le Comte du Bois de la Roche, & autres, portent burellé d'Or & de gueulle de dix pieces

Cette premiere Maiſon a produit vn Conſeiller & Chambellan ordinaire de l'vn de nos Roys & vn Lieutenant
General du Roy Charles IX. en ſes pays Angoulmois,
d'Onis, de Saint Onge, de la Ville & Citadelle de la Rochelle, meſme pour ſes grands & ſignalez ſeruices deſigné
pour auoir le baſton de Mareſchal de France ſous le Regne
de Henry III. ſi la mort n'euſt deuancé ſes iours.

DE LA VOVë Baron de la Pierre au pays du Mayne
de ſable à ſix bezans d'argent 3. 2. & 1. Cette Maiſon a
pris alliance auec celles de Carman & du Cleuzdon.

LE VOYER, pres Maleſtroit, d'argent à vne Quintefeille de ſynople.

LE VOYER, de gueulle au chef endanché d'Or à
quatre pointes.

VOYEVR jadis en la Maiſon du Gage prés Dol C.
portoit . . . . .   à preſent de Cleuz, pour les Armes voyez Cleuz.

VVST ou d'Vuſt Paroiſſe de Saint André prés Guerrande, ancien d'argent au fretté de ſable de dix pieces,
moderne voyez Kerpoiſſon Treuenegat. F N

VZEL en Vennes Vicomté, portoit jadis d'azur à trois
bezans d'Or 2. & 1. depuis Budes, & maintenant . . .

VRGOES   E L

Y.

YACENOV, d'argent à deux fasces noüées de gueulle, accompagnées de huict Merlettes de mesme 3. 2. 2. & 1.

YANES originaire d'Espagne jadis à Keruersault & habitué en l'Evesché de Treguier, portoit . . .

YNISAN *aliàs* à Kerbinou prés Pontrieu, portoit

YNISAN jadis à Rucreguen prés Lanmeur, d'Or à vne fasce de gueulle accompagnée de trois Annelets de mesme 2. en chef & 1. en pointe.

YVELIN, de gueulle à trois Roses d'argent 2. & 1. au chef d'Or chargé d'vn Lion leopardé de sable.

YVER, d'azur à trois Estoilles d'Or 2. & 1. à la fasce en deuise de mesme.

FIN.

Donec Majora reponam.

INSTRVCTION
DES TERMES VSITEZ
AV BLASON DES ARMOIRIES
SELON L'ORDRE ALPHABETIQVE.

AVEC LE NOMBRE DES EMAVX,
LEVRS SIGNIFICATIONS, ET REPRESENTATIONS
des Ecus & pieces plus difficiles que l'on admet ordinairement en cette Science Heraldique, & ne
pourroient estre comprises d'vn châcun
sans les Figures cy-apres.

AMA VIE

A RENNES,
Chez IVLIEN FERRE' Marchand Libraire, ruë Saint
François, à l'Esperance.

———————————

M. D C. LXVII.

& ſe prend tantoſt pour Metail, tantoſt pour Couleur, laquelle eſt peu vſitée dans cette Prouince, & dans le Royaume, mais bien chez les Eſtrangers.

LES FOVREVRES, ſont deux en nombre, ſçauoir.

L'HERMINE, qui s'exprime par Blanc ou Argent auec de petites moucheteures de Sable, eſt faite en forme de Croix ſemées confuſément, ou auec nombre reglé dans 'Ecu.

LE VAIR ou vairé, eſt fait en forme de Pots, Chapeaux, ou Cloches, miſes les vnes ſur les autres, & n'eſt autre choſe qu'vne foureure de Beſte, qui reſſemble à vn Chat d'Eſpagne, dont la couleur s'exprime touſiours par argent & azur, & s'il eſt d'autre couleur & metail il le faut ſpecifier.

L'Azur eſt exprimé des Graueurs par le haché en faſce, ainſi que vous pourez remarquer par les figures ſuiuantes.

LE GVEVLLE par hacheures en pal.

LE SINOPLE par haché en bandes.

LE SABLE par double hacheures en faſce, & en pal.

LE POVRPRE par hacheures en barre ou contrebande : laquelle façon & maniere de connoiſtre les metaux, & couleurs par l'inſpection du traict de la graueure, ou hacheure que l'on tient auoir eſté premierement inuentée par le P. Sylueſtre, Pierre Saincte, Ieſuiſte, en ſon livre intitulé *teſſeræ Gentilitiæ*.

IL y a quelques Armoriſtes qui admettent vne ſixiéme Couleur qu'ils appellent *Carnation* : c'eſt à dire couleur de chair, ou au naturel de quelque Beſte, ou Sauvage : Mais elle ne peut ſeruir de Champ, ains eſt touſiours poſée ſur l'vn des Metaux, & eſt ſeulement vſitée en ce Royaume, & rarement chez les Eſtrangers.

ET eſt à remarquer que ces preceptes du Blaſon n'ont eſté guere ſuiuies qu'apres les croiſades & les voyages que l'on a fait en la Terre Sainte.

or.	Argent.	Hermines.	Vair.
	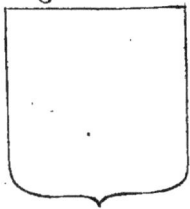		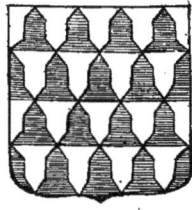

Azur.	Gueulle.	Sinople.	Sable.	Pourpre.
		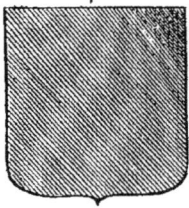		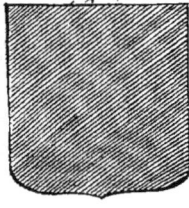

chef.	chef cousu	chef Surmonté	chef Racourci
	2 	3 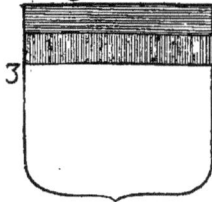	4 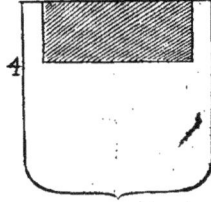

chef Denché	chef engreslé	chef emmanché	Coupé.
	6 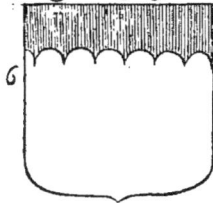	7 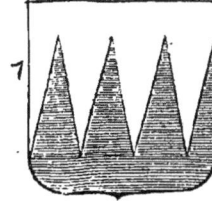	8 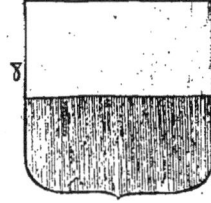

party.	taillé.	tranché.	Ecartelé.
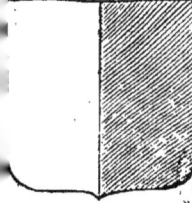	01 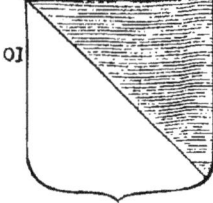	11 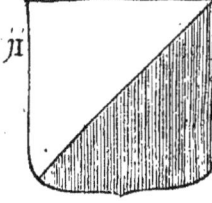	21 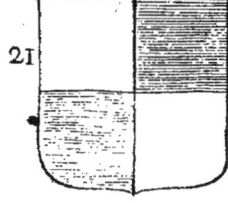

Escartelé en sautoir.
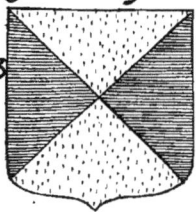 13

Dextre
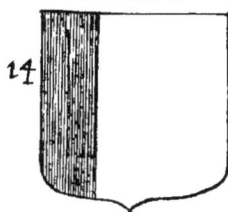 14

Senestre
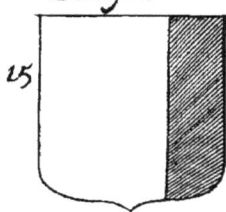 15

Fasse
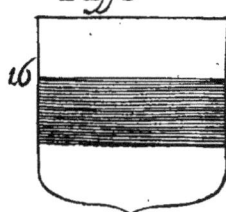 16

Fasse a laise
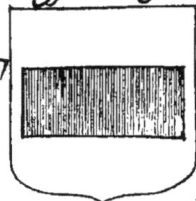 17

Fasse en deuise.
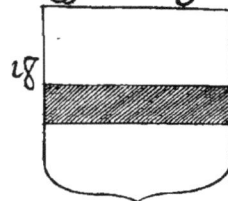 18

Iumelle
 19

Fasse
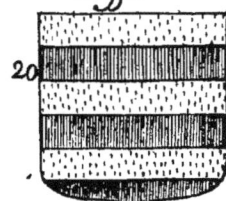 20

Fasses
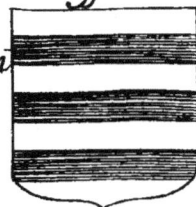 21

Burelle
 22

Fasse Antée
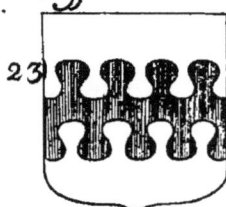 23

Onde
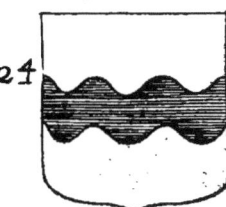 24

Fasse Viurcé
 25

Fasse Bretessée
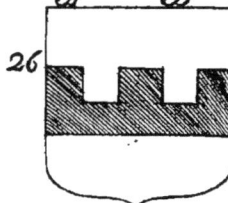 26

Bande
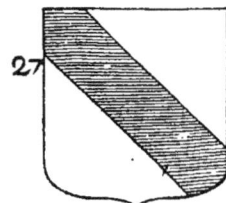 27

Contrebande
 28

Baston
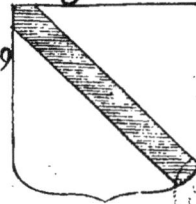 29

Baston pery
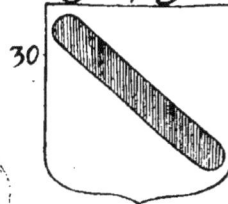 30

Pal
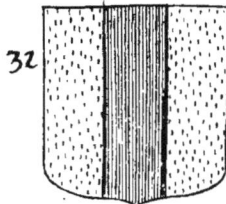 32

Palle
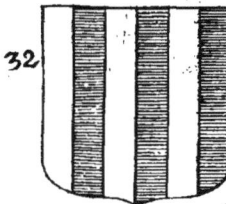 32

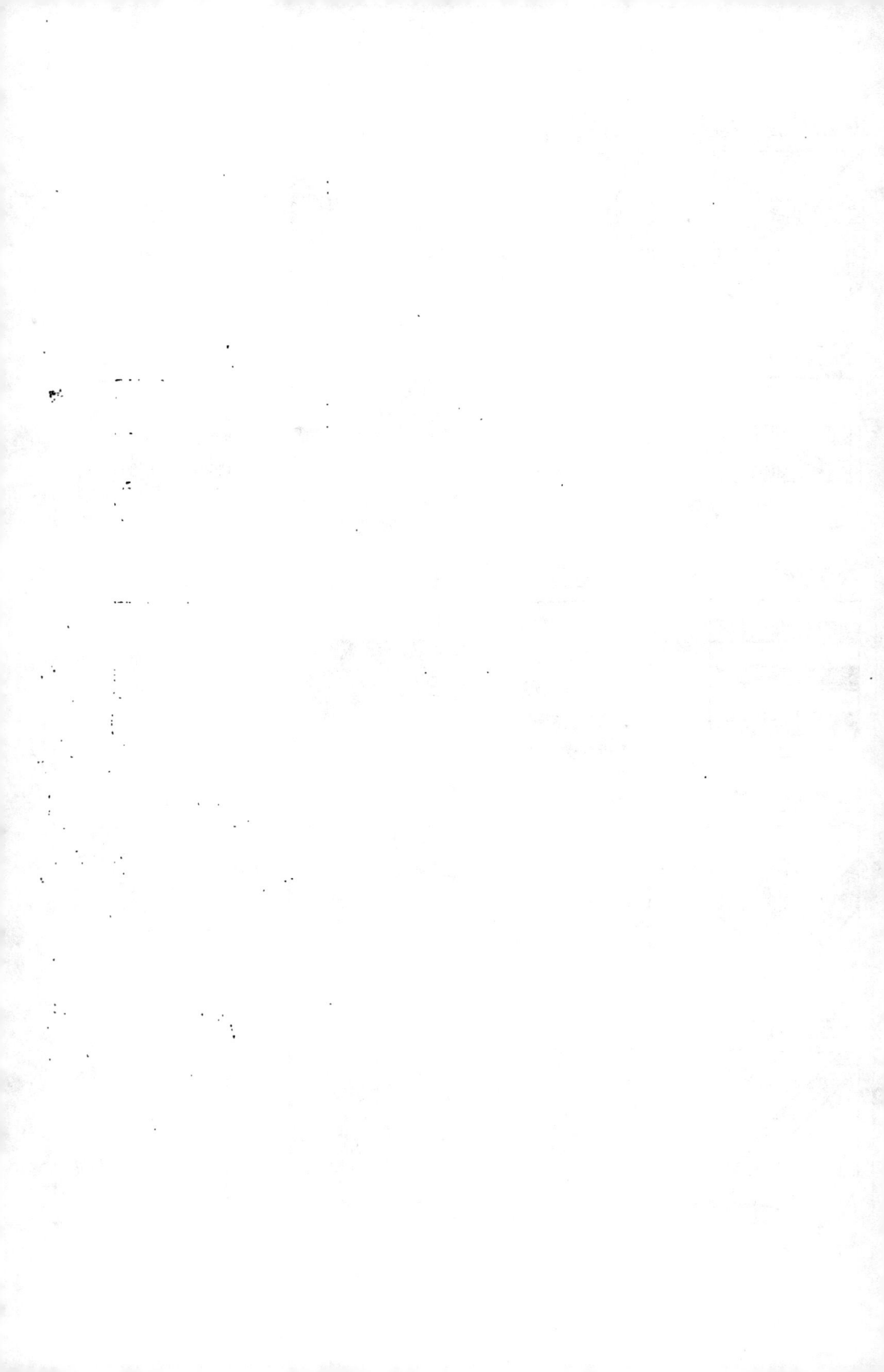

Pals	Contre pallé	Cheuron	Cheuron brisé
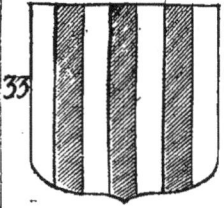 33	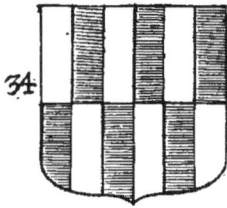 34	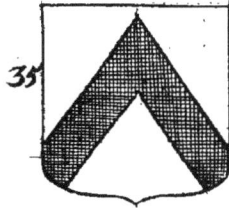 35	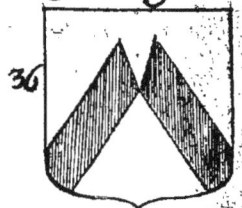 36

Cheuron Renuersé	Saultoir	Saultoir alaisé	Gyronné
 37	 38	 39	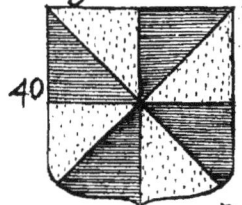 40

Croix	Croix Frettée	Croix Vairée	Croix pattée
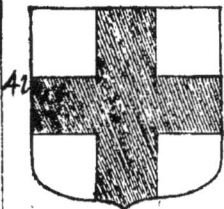 41	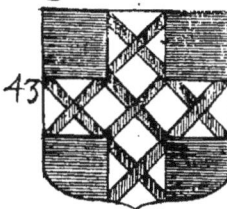 43	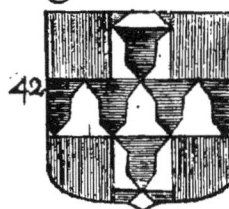 42	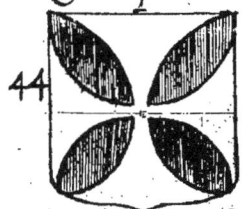 44

Croix a Laisée	Croix Fichée	Croix Denchée	Croix Engreslée
 45	 46	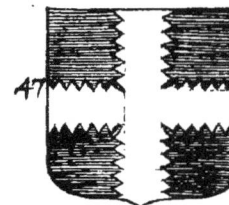 47	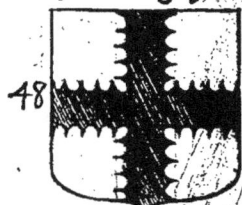 48

Croix Ancrée	Croix pommetée	Croix Recroisetée	Croix de Malthe
 49	 50	 51	 52

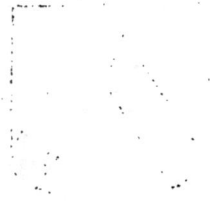

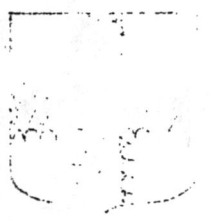

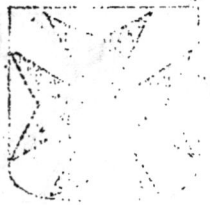

Tau	bordure	bordure componee	Orle
53 	54 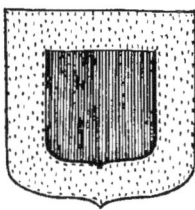	55 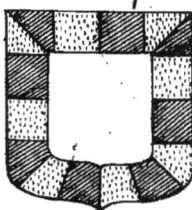	56 

Abisme	Canton	Cartier	Fusee
57 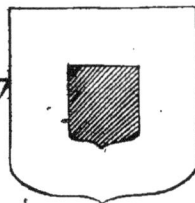	58 	59 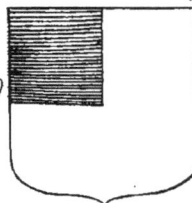	60 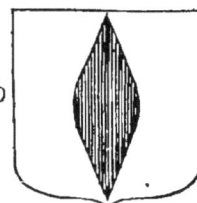

Losange	Losange'	Macle	Rustre
61 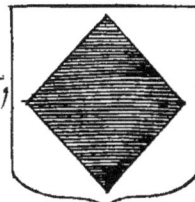	62 	63 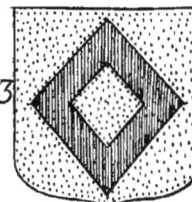	64 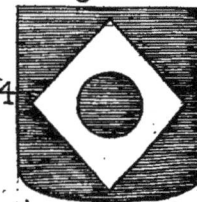

Anneletz	Cercle	Bezans	Tourteaux
65 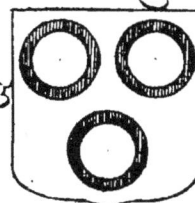	66 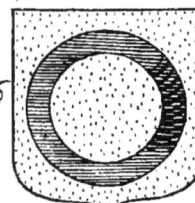	67 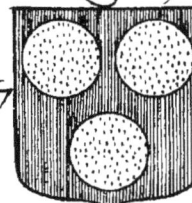	68 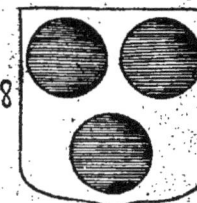

Billette	Billette percée	Equipole'	Echiquier
69 	70 	71 	72 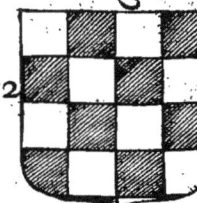

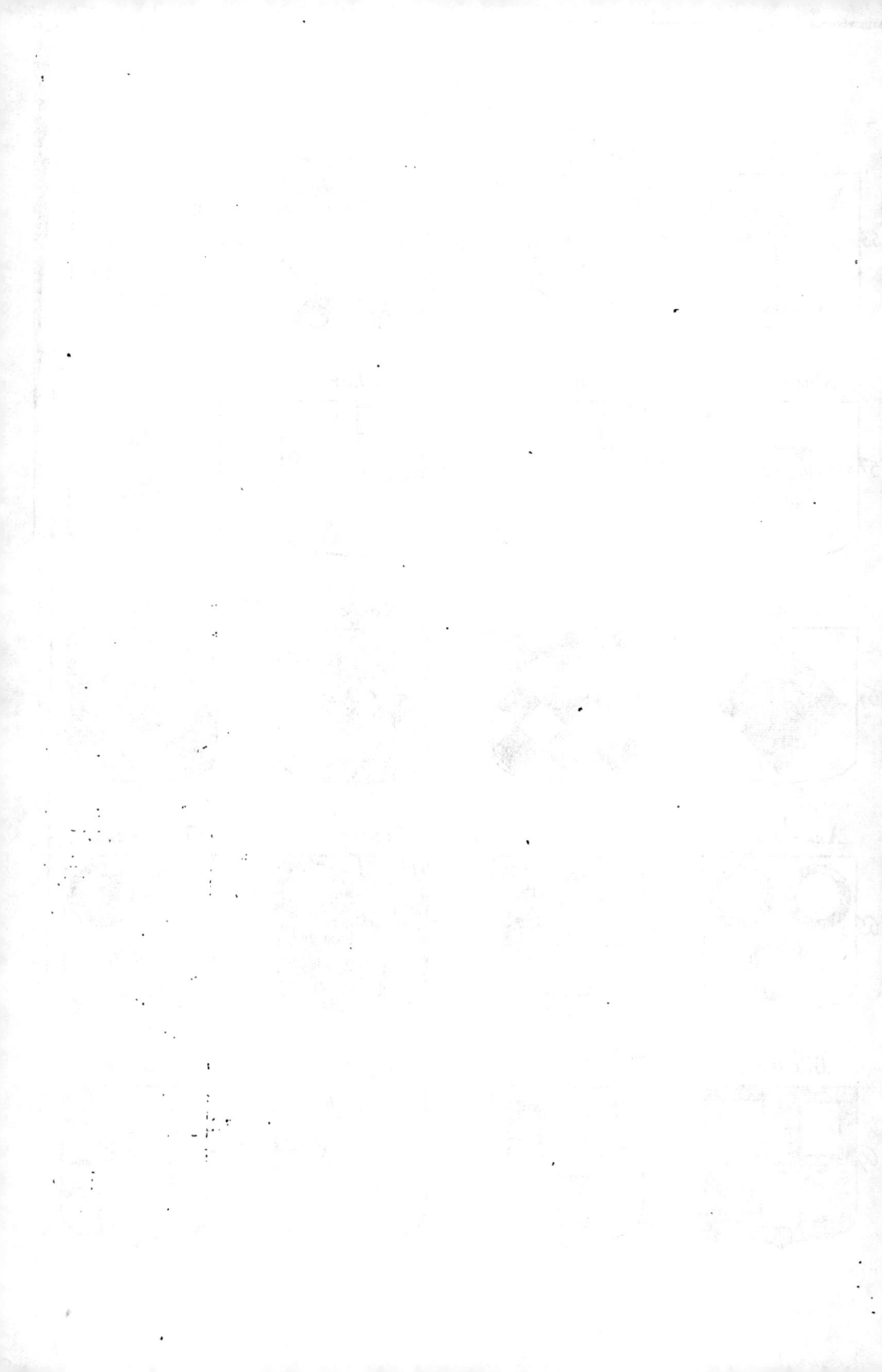

Frette	Treillisse	Lambeau	Gonfanon
	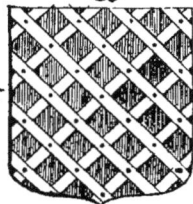 74	 75	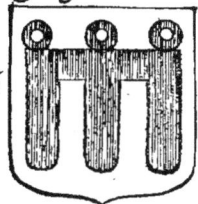 76

Estoille	Molette	Quintefeuille	Rose
	 78	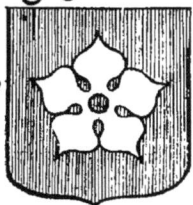 79	 80

Ottele	Trefle	Ancolies	Aigle
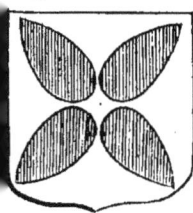	 82	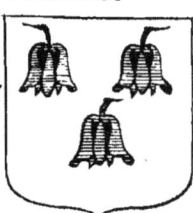 83	 84

Allerions	Merlette	Griffon	Leopard
	 86	 87	 88

Leopard lionné	Lion	Lion leopardé	Cerf
	 90	 91	 92

Rencontre de cerf

leurette

94

Croissant

95

Croissant a dosse

96

Vol

Demy Vol

98

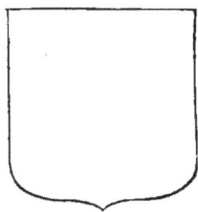

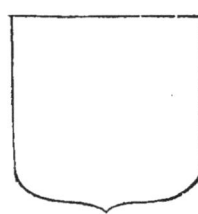

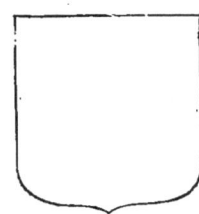

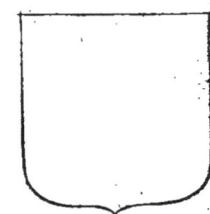

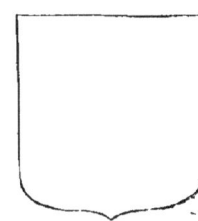

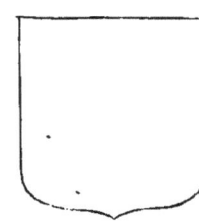

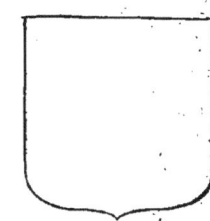

A

ABAISSE', se dit de quelque grande piece posée plus bas que son assiette ordinaire.

57. ABISME, c'est le cœur, le milieu, ou le centre de l'Ecu, comme quand l'on dit posé en abisme, c'est lors qu'au milieu de l'Ecu, on met vne autre piece differente, comme Ecusson, Croissant, Estoille, ou autre chose semblable, qui estant de méme email que les pieces principales, voire de different, ne se peut passer, qu'inproprement pour briseure & intersigne de iuueignerie, estant loisible de commencer, si on veut à blasonner & charger l'Ecu par la piece méme posée en abisme.

94. ACCOLLE', ou collette, se dit lors que au col de quelque animal, on y met vn colier qui est d'autre couleur ou metail que le corps.

ACCOLLE', se dit aussi d'vn chesne accollé de lierre, ou qui accolle deux Ecus, ou autre chose ensemble.

ACCOMPAGNE', ou enuironné se dit, lors qu'autour d'vne piece principale de l'Ecu, il se trouue d'autres pétites pieces, d'vn méme, ou different email.

ACCORNE', lors que les cornes de quelque animal, sont d'autre email que son corps.

14. ADEXTRE', c'est à dire posé au costé dextre.

ADOSSE', lors que deux pieces sont tournées dos contre dos.

AFFRONTE', au contraire, lors que deux animaux ont front contre front, & se regardent l'vn l'autre.

A

84. AIGLE, se represente tantost à vne teste, tantoft à deux, mais toûjours éployée, ou aisles couuertes, quelques-fois il s'en voit sans couronne, ou buronnée d'vn méme, ou different email que le corps, & quelque autre fois il s'en trouue que les iambes & griffes sont aussi d'autre couleur, que l'on appelle membré, & si le bec l'est aussi, l'on dit becqué, ce qu'il est necessaire de specifier, on dit aussi aiglons ou aiglettes, quand il s'en trouue plusieurs en l'Ecu & different des Allelions ou Allerions, en ce que les Aigles ont bec & pieds, & les Allerions n'en ont point.

AISLE, se dit de toutes sortes d'oyseaux, quand elle est seule, quand il y en a deux, l'on blasonne vn vol, quelquefois l'on dit vn demy vol quand il n'y en a qu'vne.

AISLE', se dit aussi bien d'vn dragon, que d'vn oyseau, lors qu'elles sont d'vn autre email, que le corps de l'animal.

ALIZE' ou ALAIZE, arresté, coupé, ou racourcy, c'est la méme chose, & se dit des croix, fasses, sautoirs, cheurons & autres choses semblables, lors qu'elles ne touchent de leurs extremitez les bords de l'Ecu.

85. ALLELIONS OU ALLERIONS, sont petits Aigles, qui n'ont ny bec ny iambes, mais les aislés étenduës & different des Merlettes, en ce qu'ils sont toûjours debout & en pal, & les Merlettes les aisles toûjours serrées & posées en fasse.

ALVME', se dit des yeux, & principalement du poisson, lors que les yeux sont d'autre email que le corps.

AMPHISTRE, ou AMPHISTERE, c'est vn serpent Aislé qui a la teste d'vn autre serpent à la queuë.

83. ANCOLIES, sont certaines fleurs de couleur azurée assez vsitées au Blason, des Armoiries, & sont, le Sym-

bole d'amour enuers Dieu, & charité enuers le prochain.

ANCRE, se represente tantost en pal, tantost en fasse, ou autrement, quelquefois la *Stangue* d'vn autre Email, c'est à dire le fer ou baston dont il est emmanché & quelque autrefois la *Trabe* aussi de different Email, qui est le bois dont ledit baston est trauersé au milieu, de laquelle est vn Anneau, où est passé la gumene, autrement la corde ou cable en terme de Mariniers.

65. ANNEAVX, ou ANNELETZ, de figure ronde beaucoup videz au milieu sont le Hyerogliphe de l'Eternité, & representent en outre, le Ciel, le Monde, la Fortune, & les Richesses, la Franchise, la Foy, & la Fidelité : les Anneletz se nomment aussi quelquefois Vires au Blason quand ils sont entrelassez les vns dans les autres.

ANILLE, est en forme de deux doubles crochets adossez, liez ensemble par le milieu, representant vn fer de moulin, & les pieces qui ont les extremitez en forme d'anilles, se blasonnent Anillez.

ANIMAVX, se doiuent representer en leur Assiette, & posture la plus naturelle, comme le Lion rempant, Leopard passant, Cheual cabré, guay, ou effrayé; L'ours debout, le Chat effarouché le dos leué, le Dauphin en forme de Croissant, le Loup rauissant, le Taureau furieux, le Belier sautant, la Brebis & l'Agneau paissant & ainsi des autres.

ANIME', se dit de l'œil d'vn Animal, quand il est d'vn email different.

23. ANTE', se dit plus ordinairement de la pointe de l'Ecu & quelquesfois des *Fasses* qui different de celles que l'on dit ondées, en ce que l'enté est plus contigu & plus pointu que les ondes, & est en forme de Cloches, ou de Chapeau, finissant en rond d'vne

& d'autre part, telles font les Armes de Maillé.

APPAVME', fe dit de la main qui montre le dedans.

ARBRE, quelquefois fe reprefente auec fes feilles, ou
fec, auec fruit, ou fleur, le chefne fe dit Anglanté, &
quand le tronc eft d'autre couleur que les branches, il
faut dire fufté.

ARGENT, eft le fecond des metaux, admis au Blafon,
qui fignifie, efperance, verité, innocence, continence,
pureté de vie, benignité, temperence, qui font vertus
Chreftiennes, & pour qualitez mondaines, la beauté,
gentilleffe, fplendeur, & franchife.

ARMES, ou ARMOIRIES, font fynonimes, dont ie
trouue qu'il y en a fix fortes felon l'opinion commune
des Armoriftes.

PREMIERE, font appelleés Miraculeufes, ou Celeftes
de cette nature font les Armes de France, de Portugal,
& celles de Ducs de cette Prouince, pour les raifons qui
font cy-deuant deduites, & encore celles de l'Empereur
de Conftantinople qui eft vne Croix, qui apparut au
Ciel à Conftantin en combatant.

DEVXIESME, font celles qui ont efté prifes ou données
par des Princes foũuerains, à certaines maifons & familles
pour quelque grand exploit de guerre, & s'appellent Armes vertueufes, telles font les Armes *d'Autriche* pour les
raifons auffi cy-deuant inferées fur la lettre A. des illuftres.

TROISIESME, font naturelles comme celles de Rohan,
qui fe rencontrent dans les feilles des Arbres, les pierres
& poiffons de cette maifon.

QVATRIESME, *Poftulatitia dicuntur*, c'eft à dire Armes
d'enquerre, ou d'enquefte, d'autant queftant faites directement contre les regles, & preceptes, du Blafon, on
s'enquiert d'abord de la raifon de ces Armes ainfi extraor-
dinaires

dinaires & telles estoient jadis les Armes de Godeffroy de
Boüillon qui ayant conquis la terre Sainte, & s'estant fait
couronner Roy de Ierusalem, par vn acte de vaillance pro-
digieux & extraordinaire, trouua à propos de prendre les
Armes que vous voyrez sur *Hierusalem*, ainsi fauces & con-
trefaites, pour donner lieu de demander le pourquoy &
rendre par ce moyen cette action Memorable à la posterité : il n'apartient toutefois qu'aux Princes seuls de dé-
roger entierement, à cette loy si generale, qui defend
de porter en Armes, metail sur metail, & couleur sur
couleur.

CINQVIESME. sont celles qu'on appelle fortuites d'autant qu'il n'y à presque point de raison, pourquoy elles ont
esté forgées, ou au moins on l'ignore.

SIXIESME, sont celles qui ont quelque rapport & af-
finité, auec leurs noms, & sont appellées Armes parlantes,
ou Armes qui chantent, comme par exemple la ville de
Tours porte des Tours, la Roche posé, vn Lyon posé ou
Leopardé, Crequy vn Crequier, Mornay vn Lyon Morné,
la Corbinaye vn Corbeau, du Chesne, vn Chesne & en
cette Prouince, Fougeres, vn Rameau de Fougeres, &
autres lesquelles Armes ne sont pas reputées bien bonnes pour l'ordinaire, selon le sentiment de quelques Ar-
moristes, neantmoins qu'il y à plusieurs bonnes & illustres Maisons, outre les precedentes qui ne laissent d'en
porter de pareilles.

ARME', se dit ordinairement des Animaux à quatre
pieds, & des Dragons, lors que les ongles, & les dents,
sont d'autre email que le corps, & se peut aussi dire quelquefois des Oyseaux, mais non pas si proprement, comme
membré des pattes, & becqué ayant le bec d'autre email
que le corps.

ARRACHE' se dit des Animaux, tant terrestres que

B

vollatifs, lors que le poil, ou la plume couurent la chair, & lors que cela n'est pas coupé net.

AZVR, est vne des couleurs du Blason, la premiere & plus honorable, qui est bleuf celeste, L'azur represente le tribunal de Dieu le sejour des bien-heureux, il signifie aussi, Iustice, Temperence, Loyauté, Chasteté, Fidelité Eternelle, & des qualitez mondaines, Loüange, Douceur, Beauté, Noblesse, Victoire, Richesses, Perseuerence, Vigilence, Fidelité de cœur, & dilection.

B.

27.0 **BANDE**, est vne des pieces qu'on appelle ordinairement honorable, & lors qu'elle est seule, doit tenir la tierce partie de l'Escu, elle descend de la partie dextre du chef, à la senestre vers la pointe, quand le nombre en est impair on dit Bandé de · · & de · ; & lors qu'elle est seule dans l'Escu, & vn peu arondye par les bouts fort estroite on la Blasonne, Baston, ou filet brochant sur le tout, l'on dit aussi pery en bande quand elle est fort courte, & quelque peu arondy par les bouts, il y a autant de sortes de bandes que de faces.

BANDEROLLE, est vne petite Banniere que l'on met au bout des Lances, quelquefois aux pauillons des Nauires, sur le haut des Maisons, & ailleurs, elle se prend aussi quelqu'autrefois, pour la Banniere que portent les soldats en escharpe, bandolieres ou baudriers.

BANNIERE, en sa vraye signification, est vne enseigne, qui guide les gens de guerre, qu'on appelle Drapeau, & parce que la forme des bannieres est quarée, les Armes qui sont de mesme s'appellent en Banniere, d'où vient le mot de Banneret, qui est plus que simple Gentilhomme, ou Cheualier, d'où les anciens Barons ont pris leur premiere denomination & origine.

BARBE BARBELE' ou qui à barbe, se Blasonne principalement du Coq, & du Dauphin, lors que leur barbe, ou creste inferieure est d'autre email que le corps.

BARRE, trauerse ou *contrebande*, est selon la plus commune opinion signe de bastardise, principalement quand elle est plus petite, & estroite que l'ordinaire, elle à ces mesmes dimentions, & proportions que la bande, quand elle est seule & differe en ce qu'elle est tirée de l'angle senestre du chef de l'Escu à l'angle dextre de la pointe, maintenant on se sert du Baston racourcy, pery en Barre, & posé en Abysme.

29. BASTON est vne piece assez commune, & se pose comme les bandes, & les Barres, quelquefois il est brochant sur le tout, quand il tire de l'vne des extremitez de l'Escu à l'autre.

30. BASTON, pery ou racourcy est lors qu'il ne touche les bords de l'Escu, est fort court & arondy par les bouts comme j'ay dit cy-deuant.

BASSINET, c'est vn casque à l'antique.

BASTAILLE' ou BASTELE', se dit lors que le battant d'vne cloche est d'autre email que la cloche.

BASTILLE, c'est à dire garny de Tours lors que sur vne Tour il y en à plusieurs autres.

BECQVE', lors qu'vn oyseau à le bec d'autre email que le corps.

BEFFROY, Voyez vair contre vair.

67. BEZANS, sont figures rondes pleines & massiues & sont tousiours de metail, & iamais de couleur, on n'admet au Blason que iusques au nombre de huit ou dix, & s'il y en à dauantage, on dit semé de bezans, ou bezanté, qui est à dire garny de bezans : Pour sçauoir ce qu'ils representent en Blason, voyez le mot d'Anneaux, ou Annelets,

d'autant qu'ils ont mesme signification.

69. BILLETTE c'est vne figure quarrée oblongue.

70. BILLETTE, est quelquefois percée, & lors on l'appelle forcée, ou percée.

BISSE, Giuure, ou Guiuure, est vn Serpent, ou grosse Couleuure à la queuë ondée, ou tortillée.

54. BORDVRE, est vne espece de briseure, & est comme vn passement tout au tour de l'Escu, & estant seule doit occuper la sixiesme partie de la largeur de l'Escu il s'en voit comme des bandes, de componées, endentées, engreslées, chargées, &c.

BOVRDONNE' se dit ordinairement de toutes pieces dont les extremitez sont ornées de bourdons, ou de deux pommes l'vne plus grosse que l'autre, & se voit des croix bourdonnées & autres pieces, mais rarement.

BOVTONNE', se dit en deux façons, la premiere lors que le cœur d'vne Roze, ou autre fleur est d'autre email que les feilles de la fleur, la deuxiesme se dit des boutons des fleurs non Epanouys qui sont aussi d'autre email, que le pied qui les soûtient.

BOVTEROLLE, c'est le fer qui se met au bout du foureau de l'espée.

26. BRETESSE, ou BRETECHE, sont comme forme de Creneaux qui se trouuent rengez sur vne piece platte, comme sur vne face, bande, ou autre chose, quand il y a des Creneaux, des deux costez on les blasonne, doublement Bretessée, que si au droit de la Bretesse d'enhaut, il y a vn vide en bas, on dit Contrebretessé.

BRISEVRES, sont les pieces par lesquelles, on distingue les Armes plaines d'vne Maison, ou Famille, entre les freres, & autres dessendans, comme Lambel de trois ou plusieurs pendans la bordure simple, componée, engreslée, dentelée, le baston, le croissant, la bande en deuife, ou barre, &c. qui denotte plus ordinairement baftardife.

L'AISNE' de la Maifon porte les Armes paternelles pleines fans aucune brifeures.

LE PREMIER Cadet prend le Lambel, ou Lambeau de trois pieces en chef pour brifeure.

LE DEVXIESME, fimple bordure ou filiere qui eft proprement vn diminutif de la bordure.

LE TROIZIESME, bordure dentelée, engreflée ou autrement.

LE QVATRIESME, bafton brochant à dextre fur le tout.

LE CINQVIESME, bande en deuife brochante auffi fur le tout.

S'IL y en a dauantage il prend le Canton, le Croiffant, Fleur de Lis, Eftoille, Molette, Annelet, ou autre chofe femblable toûjours en Chef, & non en Abyfme, comme quelques vns les mettent improprement contre la diffinition formelle des preceptes du Blafon, *Quoy* que ces interfignes de Iuueignerie ne foint pas beaucoup en vfage dans noftre fiecle, neantmoins j'ay jugé à propos de les incererici, tant pour la curiofité du Lecteur que pour la commodité de ceux qui les voudroient encore mettre en pratique.

BROCHANT, c'eft paffer fur l'Efcu ou fur les pieces principales eftans en iceluy vne autre piece moindre, foit bafton ou autre chofe.

BVFFLE, au Blafon fe reprefente comme le Bœuf, & quelquefois fe confond auec le Taureau, mais la diftinction eft, qu'on reprefente le Buffle, le muffle gros, la tefte courte, auec vn gros flocquon ou boûchon de poil entre les cornes.

22. BVRELLE' eft vn diminutif de la face, on dit

burellé quand il y à vn certain nombre de faces dans
l'Escu, depuis huit en montant jusques à douze, au dessous
duquel nombre, depuis vn jusques à huit on se contente
de dire facé.

BVZ, c'est la teste & vne partie de la poictrine de
l'homme.

C.

CANETTES, sont petites Canes qui se representent au
blason les aisles serrées, hormis qu'elles ont bec &
jambes d'vn mesme email, en distinction des Choüettes.

58. CANTON, est vne partie de l'Escu pour l'ordinaire
superieure, & en la partie du chef, sans proportion ny me-
sure asseurée, & difere du cartier.

58. LE CARTIER, doit tousiours occuper le quart de
l'Escu, d'où vient sa denomination particuliere, le franc
canton ou canton d'honneur, se met ordinairement dans
l'angle dextre du chef de l'Escu, ou en abysme sur le tout,
& si au contraire il estoit dans l'angle senestre, ce qui
n'est pas bien commun, on diroit simplement au canton
senestre.

CANTONNE, se dit lors qu'au quatre vides d'vne
croix, ou sautoir, il y a quelques petites pieces, de mesme,
ou different email.

CARTOVCHES, & cantitez sont synonimes.

66. CERCLE, est semblable à l'Annelet fors que le
cercle est toûjours lié.

92. CERF, encore que cét Animal soit fort beau
& bien noble neantmoins à cause de sa timidité, il semble
qu'on n'en ait point fait tant d'estat, dans le blason, ny
estant si souuent employé que beaucoup d'autres Animaux, lors que son bois est d'autre email que son corps,
on le blasonne sommé, c'est a dire ramé, lors que la teste

du Cerf se met seule au blason, elle doit estre posée de front
monstrer les deux yeux, les deux oreilles & les deux bois,
& lors on la qualifie & blosonne, *Maßacre* ou *Rencontre*,
le Cerf est le symbole de vitesse, de legereté & de crainte.

CHAISNE, sont filets entrelassez, ainsi qu'aux Armes de
Nauarre, elles se peuuent aussi disposer, soit en forme de
faces, bande, ou autrement.

CHAMP, est le fond de l'Escu sur lequel on charge les
pieces.

CHAPEAV, entre les ornemens des Escus on y admet les
Tyares, les Couronnes, les Mytres, Crosses, Tymbres,
ou Casques, mais particulierement le chapeau qui sert
d'ornement & de Tymbre aux armes des Cardinaux, Archeuesques, & Euesques, toutefois auec ces distinctions,
que ces chapeaux doiuent auoir les bords fort larges, la
testiere platte & basse auec deux cordons entrelassez des
deux costez de l'Escu en las d'amour, pendant auec ren-
gées de houppes, entrelassées en forme de Lozanges, tels
chapeaux & cordons sont portez de gueulle par les Cardinaux, de Synople par les Archeuesques, & Euesques ceux
des Cardinaux ont quinze houppes, ou nœuds posez en
pyramide des deux costez, les Archeuesques ont cinq de
chasque costé, & les Euesques trois, ces sortes de chapeaux, & cordons, leurs ont esté concedez par le Pape In-
nocent IV. au Concile de Lyon enuiron l'an 1245.

CHAPPE' se dit lors que l'Escu est diuisé en forme
de Cheuron.

CHAPPERON ou CHAPPERONNE', se dit en deux fa-
çons, sçauoir pour les Chapperons antiques des femmes,
& Chapperonné se dit lors qu'vn oyseau de proye à le
Chapperon d'autre email que le corps.

CHARGE', est quand sur vne piece il y en à vne autre, & se dit surchargé lors que sur diuers Escus escartelez

on met encore quelque autre piece comme Lambel, croiſſant, ou autre choſe.

CHASTEAV, ſe figure au Blaſon, ou ſimple, ou fermé, ſans porte, ou ayant pluſieurs tours, & portes non
cloſes, & lors que les filets, & lineamens, qui diſtin-
guent la ſeparation des pieces, ſont d'autre email que le
corps du Chaſteau, on blaſonne maſſonné.

CHAT, ſe repreſente plus ordinairement comme paſſant mais effarouché ayant le derriere plus haut que la teſte, & le dos courbé en haut.

CHAVSSE, au contraire du Chappé lors que la forme
du Cheuron eſt renuerſée.

1. CHEF, eſt vne des pieces honorables, & doit ordinairement occuper la tierce partie de l'Eſcu, & quand il
ſe trouue de meſme email que l'Eſcu, & qu'il ny a qu'vn
petit filet qui les ſepare on le doit appeller.

2. CHEF couſu, ou collé, autrement les armes ſe-
roient fauces, & quand au deſſus du chef, il y a encore vne
autre eſpece de chef, d'autre email que le chef meſme,
on dit pour lors.

3. CHEF, ſurmonté quand au contraire au deſſous
d'iceluy, il y a comme vn petit filet, qui ſoit auſſi d'autre
email, on blaſonne chef ſouſtenu.

4. CHEF ſimples, ou racourcys, il ſe voit auſſi des
chefs de toutes façons comme Echicquetez & autres.

5. CHEF, denché ou endenché, lors que les dents
ſont menuës & qu'elles ſe terminent en pointe.

6. CHEF, engreſle, l'on appelle engreſlé lors qu'elles
ſont denteles en rond.

CHEVAL, ſe repreſente cabré, forcené, ou rempant,
ayant la teſte & les deux pieds de deuant leuez.

CHESNE, ſe blaſonne plus ordinairement de Synople, englanté d'or, & repreſente la vertu, la force, fermeté,
& longue vie.   CHEVRON,

35. CHEVRON, eſt auſſi vne piece honorable, ordinaire aſſez conneu d'vn chacun, & doit eſtant ſeul occuper la tierce partie de l'Eſcu, on le repreſente quelquefois
couché quand la pointe d'iceluy eſt vers le coſté dextre
de l'Eſcu, cela ariue rarement.

36. CHEVRON, briſé ou eſclatté, eſt le plus naturel
mais qui n'eſt jamais vſité en cette Prouince, on le dit tel
lors que les deux pieces du Cheuron ne ſe joignent point
en la pointe, on le repreſente auſſi quelquefois coupé, lors
que la pointe eſt coupée tout net.

37. CHEVRON renuerſé quand il eſt contre ſa diſpo-
ſition ordinaire & la pointe en bas.

CHOÜETTES ſont ſemblables aux Merlettes, fors
qu'elles ont toûjours bec & pieds de different email que
le corps.

CIMIER, eſt vne piece, où animal qui ſe met au
deſſus du caſque, & ſe tire ordinairement des pieces principales du dedans de l'Eſcu, comme ceux qui portent des
Lyons en Armes, prennent vne teſte de Lyon pour Cimier,
& s'il eſt couronné dans l'Eſcu, ils le couronnent au Cimier & ainſi des Aigles, Leopards, Leuriers & autres
choſes.

CLARINE' c'eſt vne Clochette que l'on met à
des Mulets, Vaches, ou autres animaux.

CLECHE', c'eſt à dire ouuert, ou percé à jour
la croix de Tholoſe.

CLOCHE n'a point d'autre particularité, que lors
le Baſtail eſt d'autre email que le corps, que l'on app.
Baſtaillé.

COLOMBE, ou Pigeon ſe repreſente en Blaſon d'argent ou d'azur, & eſt le Symbole de la ſimplicité, apres le
deluge elle apporta le rameau de paix retournant dans
l'Arche, & le Saint Eſprit apparut aux Apoſtres en forme

de Colombe, que l'on tient pure, nette, & fidele à fon mafle, quoy que neantmoins d'amoureufe complexion.

COMETTE fe dit quelquefois d'vne Eftoille à 16. rays,
& lors la doit on appeller Eftoille Cometée, & lorfqu'on
veut réprefenter vne vraye Comette, il faut qu'elle ayt vn
de fes rayons d'embas plus long que les autres en tortillant
comme pour luy feruir de cheueleure.

55. COMPON ou Componé, c'eft à dire compofé de
deux efmaux diuers, feparés & diuifez par filets.

CONTOVRNE', fe dit de tout animal ou piece, qui
eft tournée vers le cofté feneftre de l'Efcu, contre l'affiette
ordinaire des animaux qui doiuent regarder la dextre de
l'Efcu.
Contre hermines font toûjours d'argét en champ de fable,
quelques vns les appellent poudré d'argent ou plumetté.

COQVILLES, à les prendre exactement fe diuifent
en deux fortes, fçauoir oreillées, & non oreillées : les
oreillées s'appellent Vanets ou Coquilles de faint Iacques
quand il n'y à qu'vne feule dans l'Efcu, & les autres de S.
Michel quand il y en à nombre.

CORDELIERE, eft vn Cordon d'argent façonné
comme celuy que portent ordinairement les P. Cordeliers
à leur ceinture, d'où il tire fa defnomination, mais l'vfage en eft venu de noftre Ducheffe Anne, laquelle apres la
mort du Roy Charles VIII. fon premier mary, fift faire des
Cordelieres de treffe d'argent pour porter à fa ceinture, &
en donna aux Dames, Vefues de la cour, d'où eft venu
l'vfage frequent chez toutes les vefues de condition, qui
en doiuent decorer leurs Efcus faits en lozanges, & doit
ladite Cordeliere eftre entretaffée en forme de las d'a-
mour de d'iftance en d'iftance, & non pas comme les
femmes de condition mariées, lefquelles doiuent porter
pour ornement de leurs Efcus deux palmes, lauriers, myr-

thers, ou autres branchages aux deux coftez de leur Efcu.

COR, ou Cornet de chaffe, il y en à de fimples, fans virolles, attaches, ny garnitures, les autres liés, ou enguychés, en fautoir, ou autrement.

CORNIERE eft vn ance de pot ou marmite.

COTTICE, eft vn diminutif de la bande, ayant la mefme forme, & fituation, mais qui à moins de largeur, d'autant qu'elle ne doit auoir que les deux tiers de la bande.

COVCHANT, ou Couché, fe dit de l'agneau, comme marque ordinaire de la douceur de fon naturel.

COVLEVRS, on en admet quatre naturelles au Blafon, comme j'ay des-ja dit de precedant, & vne Mixte ou Amphibie, qui eft le pourpre, ou voilet, lequel fe prend tantoft pour couleur, tantoft pour metail : couleur ne fe met fur couleur, ny metail fur metail, autrement les Armes feroient fauces, & cela s'entend dés principales pieces de l'Efcu.

8. COVPE, eft vne partition ou diuifion de l'Efcu, & fe dit de la forte, lors qu'il eft diuifé en face tout au trauers par vn filet.

COVRONNE, on en admet au Blafon quantité de fortes tant en France qu'és autres Royaumes circonuoifins.

COVRONNE IMPERIALLE eft faite en forme de Mytre d'Euefque non toutefois fi longue, ny fi pointuë par le milieu de fon ouuerture qui eft en forme de croiffant par le haut, & au milieu vne petite pointe qui fouftient vn Globe d'or furmonté d'vne croix de mefme.

LA COVRONNE Royalle de France eft toute d'or couuerte & clofe par le haut de huit rayons ou bandes aboutiffants à vn bouton rehauffé de pierreries, reueftuë, & parée de douze Lis tout au tour, & au haut de ladite Couronne pour cimier vne grande Fleur de Lys quadrangulaire.

LES COVRONNES des autres Roys sont composées presque de la mesme façon, & ne different en autre chose sinon qu'au lieu de Lys ils y mettent des fleurons auec les fueilles arrondis vn peu par la pointe, & pour cimier pareil Globe qu'à la Couronne des Empereurs.

CELLE des Dauphins de France est semble à la Couronne Royale, fors qu'il n'y a que quatre bandes, ou cercles seulement.

CELLES des puisnez de France ne sont conuertes, n'ayant aucun cercle, mais seulement rehaussées de huit Fleurs de Lys d'or.

CELLE des Princes du sang, est rehaussée de quatre Fleurs de Lys, & quatre fleurons entremeslez.

CELLE des Ducs, & Pairs, est releuée de huit grands fleurons d'or simplement.

CELLE des Marquis est rehaussée de quatre fleurons, & entre chacun d'iceux trois perles de Comte, le tout supporté de petites Pyramides d'or.

CELLE des Comtes est vn cercle d'or garny aussi de ... es, rehaussée de dix-huit Perles de Comte, ainsi appellées d'autant qu'elles se vendent au Comte, & non au ...

... des Vicomtes est vn cercle emaillé surmonté ... quatre grosses perles de Comte seulement, & est à ... er, qu'au dessus desdites Perles de Comte l'on y ... ne autre plus petite Perle.

CELLE des Barons est vn cercle enuironné d'vn pe ... chapelet de Perles de Comte tourné tout au tour en serpentant sans aucun ornement sur le haut dudit cercle.

LES Ecclesiastiques quoy qu'exempts de porter leurs Armes, ils portent des Armoiries, & au lieu de Couronries, & Tymbres, ils ornent le haut de leurs Escus des marques de leurs dignitez, quoy que neantmoins les Ecclesiastiques qui auoient auant leur profession la dignité de Marquis, Comte, ou autres en peuuent porter les Couronnes entre le haut de leur Escu, & leur chapeau, ou autre ornement, aussi bien que les Ecclesiastiques, dont les benefices ont esté erigez en dignité de Ducs ou autres dignitez.

Nostre Saint Pere le Pape porte ordinairement vne Tyare en forme d'Armet enuironnée de trois Couronnes ornées de fleurons, le tout d'or, estoffé de Pierreries, autrement d'vne triple Tyare d'or, sousteruë de deux clefs d'argent passées en sautoir.

Les Cardinaux tymbrent leurs Armes d'vn chapeau rouge garny de deux cordons pendans des deux costez, chaque cordon lié en lacs d'amour auec quinze houpes à quinze nœuds posées en Pyramide auec des interualles en lozange ainsi que je l'ay dit de precedant.

Les Patriarches ont bien vn chapeau de mesme façon que les Cardinaux, mais d'vn autre couleur & n'ont que dix nœuds à leurs cordons.

Les Archeuesques tymbrent leurs Armes d'vne croix Patriarchalle d'or, auec la Mytre au naturel posée de frond, le chapeau & les cordons de Synople, & la Mytre de pourpre ornée d'or, & enrichie de Pierreries.

Les Euesques portent pareil tymbre, fors que au lieu de croix, ils mettent vne crosse enrichie de Pierreries, & que le nombre de leurs houpes ne deffinit que par trois.

Les Abbez se diuisent en deux sortes, les Abbez Mytrez, qui sont fondez à porter la Mytre en porsit, c'est à dire de costé, & les non Mytrez portent la simple crosse.

41. Croix, est vne des pieces honorables ordinaires

beaucoup vſitée au fait des Armes & Blaſons, dont il ne
faut s'eſtonner puiſque c'eſt la marque certaine & la figure
Sacrée de noſtre redemption, la plus commune de toutes
eſt celle qu'on appelle pleine, c'eſt à dire qui touche de
ſes extremitez le bord de l'Eſcu, de cette ſorte il ſuffit en
Blaſonnant l'appeller Croix ſimplement, ſans autrement
la qualifier elle ſe diuiſe en pluſieurs ſortes, comme vous
le voirez par les ſuiuantes.

42. CROIX, de vair ou vairée.

43. CROIX FRETEE, lors qu'elle eſt compoſée
de frettes ou baſtons entrelaſſez.

44. CROIX Pattée. 45. CROIX Pattée à laize.

46. CROIX fichée, lors que le bout d'embas de la Croix
eſt pointu & propre pour ficher en terre, il s'en trouue
auſſi de doublement fichées, c'eſt à dire à deux pointes.

47. CROIX denchée ou dentelée.

48. CROIX greſlée ou engreſlée.

49. CROIX ancrée, lors que les branches ſont faites
en forme d'ancre de Nauire, & ſe diſent neſlée ou aniſlée,
lors que les extremitez ſont faites en forme d'anille de
Moulin.

50. CROIX Pommetée ou bourdonnée, lors que les
branches ſont terminées par le bout en forme ronde.

51. CROIX recroiſettée, dont les extremitez de la Croix
ſe terminent en croix entieres.

52. CROIX de Malthe, parce que les Cheualiers de S.
Iean, dit de Malthe en portent de ſemblables, elle à les extremitez fort larges & ſe termine en huit pointes, à raiſon
des huit Beatitudes.

CROIX Florencée, ou Fleurdeliſé, lors qu'aux extremitez de la croix il y à des Fleurs de Lys, & quand il y à
des Florons on dit floronné.

CROIX à degrez, lors que le bout d'abas eſt ſouſtenu de

trois ou quatre degrez, & est dite enserrée, lors que les quatre branches égalles ont des degrez à chaque bout.

CROIX Patriarchalle est faite comme les croix simples, à la reserue qu'à chaque bras il y à encore vne autre croix, & les extremitez sont arondies en forme de trefle.

CROIX clechée, c'est à dire percée ou remplie d'vn autre email que le corps de ladite croix.

CROIX de Loraine est faite comme la potencée, fors qu'elle est doublée.

CROIX Bordée est vne croix alaizée, comme la resarcelée, fors que la resarcelée est diuisée en sa largeur par vne espece de bordure qui regne tout autour de ladite croix par dehors.

Il y à plusieurs autres sortes de Croix qui ne meritent icy d'explication, leurs figures estans representées à l'endroit des Ecussons, il se voit encore des Croix de Caluaire de Componnée, Lozangée, Gringolée, Echicquettée, Ondée, Estoillée, Escottée & autres.

95. CROISSANT se dit montant, lors qu'il est en sa disposition plus ordinaire, & qu'il à les deux cornes vers le chef, mais neantmoins il n'est besoin de le dire tel, estant en sa posture ordinaire & naturelle, ains seulement, Croissant quand il à les cornes vers la pointe de l'Escu, il se dit renuersé, & lors qu'il les à du costé dextre, *tourné*, s'il les à vers le senestre, *contourné*.

96. CROISSANS ADOSSEZ se disent lors qu'il y en à deux en mesme Escu, dont l'vn à les cornes tournées à dextre & l'autre à senestre.

CRY D'ARMES n'est autre chose, que les clameurs qui se faisoient autrefois par les Guerriers pour se distinguer les vns des autres, d'où vient maintenant que le cry se met en forme de deuise, & s'écrit ordinairement au dessus du Cimier.

CYPREZ se met quelquefois au Blason, & est le symbole du dueïl, & de la mort, & est comparé à la beauté sans bonté.

D.

DAVPHIN se Blasonne pasmé, c'est à dire la gueulle beyante, parce qu'il meurt en sortant de l'eau, sa posture ordinaire doit estre en forme de croissant tourné, quand il à la gueule close on le dit vif : c'est le hyerogliphe de salut, pour auoir tiré plusieurs personnes remarquables des perils & dangers de la Mer.

DEFENCES, sont les dents du Sanglier qui sortent.

DEMY VOL, se dit d'vne aisle seule d'oyseau, s'il est dextre ou senestre on le doit dire, & comment le bout fiché, en bas, ou en haut.

DENCHE' ou ENDENCHE, se dit de toutes sortes de pieces dót les extremitez sont pointuësen forme de dents, si elles sont extraordinairement menuës, on dit dentelé.

DEXTROCHER, n'est autre chose qu'vne main dextre, représentée dans l'Escu tenant quelque chose & quelquefois auec vn Manipulle pendant.

DEVISE, est vne diuision & partition de la fasce ou bande qui n'occupe que la troisiéme partie de sa largeur ordinaire, & lors s'appelle fasce, ou bande en deuise, elle se prend aussi pour le Cry d'armes, *dictum*, ou *sentence* que l'on met ordinairement au dessus du Cimier de l'Escu, comme Symbole expressif de la pensée ou passion dominante de celuy qui les porte.

DONIEONNE' se dit des Tours & Chasteaux, sur le sommet desquels il paroist d'autres petites Tours d'vn autre email.

DRAGON se presente au Blason, tantost à deux ou quatre pieds, la queuë pointuë & tortillée, & lors qu'il à des aisles
                                                    & point

& point de pieds, on dit Dragon marin.

DRAGONNE', se dit de quelque animal qu'on represente en l'Escu dont l'extremité & partie inferieure est en forme de Dragon.

E.

ECOTTE' se dit d'vn tronc d'arbre où il reste des bouts de branche que l'on a coupées.

7. EMMANCHE' se dit de l'Escu estant diuisé en fasce, en pal, ou autre maniere, & que les parties qui se joignent sont entées l'vne dans l'autre par grandes & longues pointes comme dents.

ENCOCHE' se dit du traict qui est sur l'arc, lors qu'il est de different email, & non autrement.

ENGRESLE', lors que les extremitez d'vne figure est détaillée en forme de dents, & le vide d'entre chaque dent en forme ronde.

ENGLANTE' se dit du chesne, ayant ses glands d'autre email que les feilles.

ENGVISCHE' ou lié, se dit proprement du Cor de chasse, lors que les liens d'iceluy sont d'autre email que le Cor.

EQVIPE' se dit d'vn Vaisseau qui a tout son attirail.

71. EQVIPOLE', se dit lors que l'Escu est diuisé en petits carreaux, à la maniere de l'échiquetté, auec cette diference, que le nombre en est impair, suiuant la figure cy-deuant, conforme aux Armes de Geneue.

ESCAILLE' & ombré se dit du poisson dont les filets qui distinguent les écailles sont d'autre email que le corps du poisson.

72. ESCHIQVIER ou eschiquetté, lors que l'Escu est diuisé par petits carreaux de deux emaux, & lors que tout l'Escu, où vne piece en iceluy, est eschiquettée, il faut specifier de combien de traicts, ou rangs de carreaux; L'es-

D

chiquier ordinaire eft de fix traicts, & quelquefois en voit
on auffi iufques à huit, dix & douze : Mais rarement, il eft
eftimé vne des plus nóbles pieces qui entrent dans les Armes, reprefentant vn champ de bataille.

Escv, ou Efcuffon d'amoiries tire fa denomination du
mot Latin, *Scutum* ou *Sartos* en Grec, qui fignifie cuir,
parce qu'autrefois on fe feruoit de cette arme defenfiue,
fur laquelle chaque Caualier mettoit Soit en peinture, Soit
Cyzelé, chacun fa marque pour le reconnoiftre ou diftin-
guer d'auec les autres ; Ce que les vns & les autres met-
toient à leur difcretion & fantaifie, delà eft venu la diuer-
fité des Armoiries, quelquefois on les dépeint couchez,
ou en forme d'Oüalle, parce que le Bouclier eftoit en cette
forme, d'autres en Banniere quarrée, parce qu'on à auffi
toft porté les Bannieres & Drapeaux que les Boucliers :
d'autres en forme de Cœur, pour marque de l'afection inuincible qu'ils auoient aux Armes, & encore quelques vns
en Cartouche : La Figure plus moderne des Efcuffons que
l'on porte ordinairement eft la quarrée, auec vne petite
pointe au milieu, par le bas en arondiffant, & dans cette
Science Heraldique les moins chargez font cenfez les plus
honorables, quand à la diuifion de l'Efcu, vn chacun les
diuife & écartele felon fon inclination, & la multiplicité
de fes Alliances.

Escvrievl, fe reprefente quelquefois debout, ou paffant, quelquefois rampant, mais toufiours la queuë fur les
épaulles, *Vnde ficurus ab vmbra & cauda.*

Email ou Emaux, eft vn terme general dont on fe fert
confufément pour expliquer les Metaux, les couleurs &
Foureures, on fe fert de ce mot au Blafon afin d'éuiter vne
repetition de mots de Metail, Couleur & Foureure, comme j'ay cy-deuant dit.

Espanovy, fe dit ordinairement des Fleurs dont la feille

eſt ouuerte , & principalement du Lys , & de la Roze.

ESPLOYE' , ſe dit pour l'ordinaire des Oyſeaux ayants les aiſles ouuertes, & l'Aigle les ayant touſiours de meſme, il n'eſt beſoin de le dire en toute rencontre.

ESSORE' , ſe dit de la couuerture d'vne maiſon , eſtant d'autre email que le corps du logix.

ESSORANT , ſe dit de tout Oyſeau de proye volant , qui prend l'eſſort auec ſes grillets ou ſonnettes.

ESSONNIER OV TRESCHEVR , n'eſt autre choſe qu'vn filet qui n'a que la moytié de la largeur de l'orle & ſe poſe en forme de bordure , il s'en void de ſimple , de double & florenſé.

77. ESTOILLE ne difere en rien au Blaſon, de la Molette d'Eſpron , hormis que l'Eſtoille eſt touſiours pleine , & la Molette percée, quand au nombre de rayons qu'on donne à l'Eſtoille , on en void depuis 5. iuſques à 16. , & pour lors le faut ſpecifier, & quelquefois on l'appelle auſſi commet-tée, comme j'ay dit cy-deuant.

F.

16. FASSE OV FASSE' , c'eſt vne des pieces ordinaire-ment appellée honorable , & eſtant ſeule dans l'Eſcu , elle doit occuper la troiſieſme partie d'iceluy.

17. FASSE à l'aiſe lors qu'elle ne touche les bords de l'Eſcu.

18. FASSE en deuiſe , qui ſelon l'opinion commune des Armoriſtes, paſſe pour briſeure, on dit auſſi quelquefois, contrefaſcé , quand l'Eſcu eſt party en deux , & les faſſes oppoſées les vnes aux autres

20. FASSE' , d'ordinaire eſt de ſix pieces , c'eſt à dire lors que le haut de l'Eſcu commence par le metail, & que le bas ſe termine par la couleur, il faut dire faſſé de . & de , Mais lors que le metail, ou la couleur dominent, c'eſt à dire

qui tiennent les deux extremitez de l'Escu, & que les fafces demeurent libres ou franches, il faut denommer en
premier lieu celuy qui domine dans l'Escu, comme faisant le Champ, & les autres n'estans que la charge, & dire
par exemple de ·. à trois fasces de ·. il en est de mesme des
Cheurons, Bandes & Pals.

FANON, est vn Manipulle que les Prestres ont au bras,
celebrant la Sainte Messe.

FAVCES ARMES, se peuuent prendre en deux sortes,
sçauoir, quand elles sont de Metail sur Metail, couleur sur
couleur, foureure sur foureure, où qu'elles derogent en autre chose aux regles de cette Science Horadilque fors pour
le regard des Princes & grands Seigneurs, comme j'ay dit.

FERMEAVX, sont Boucles auec hardillons qui seruent
à attacher les Bandolieres & Baudriers.

FERMAILLE', se dit lors que l'Escu, ou vne piece, est
semé de Fermeaux ou Boucles.

FEILLE, ou FEILLE', se dit des Arbres lors que leurs feilles sont d'autre email, & se void des tierces feilles, quartes
feilles doubles, quintes feilles, & agennes ou agennins.

FICHE', se peut dire de toutes sortes de pieces qui ont la
partie inferieure pointuë, en sorte qu'elles se puissent plan-
ter ou ficher en terre, & lors qu'il y a deux pointes en bas,
on dit doublement fichées.

FIERTE', se dit proprement de la Baleine ayant les dents,
afflerons & la queuë d'autre email que le corps.

FILET, se prend confusément de la Bande, Barre, Orle,
Bordeure, Fasce, & quelquefois se met brochant sur les
pieces de l'Escu.

FILIERE, est vn diminutif de la Bordeure, estant vn filet
de metail ou de couleur qui enuironne l'Escu, moins large
que la bordeure.

FLANCHIS, ce sont petits Sautoirs alaisez.

FLEVRS, s'admettent dans l'Escu aussi bien que d'autres pieces, comme Estoilles, Molettes, Macles & autres pieces iusques au nombre de seize, & s'il surpasse ce nombre, on doit dire semé.

FLEVRE', FLEVRONNE', ou FLORENCE', se dit de toutes pieces dont les extremitez sont faites en forme de fleurs, soit de Lys, ou d'autres.

FORT, c'est vne espece de Tour basse, & large.

FOVRCHE', ou fourchu se diuise en deux, sçauoir du Lion ayant la queuë double, & se dit passé en sautoir, d'autre quand il se trouue quelque piece dont la partie superieure est fourchuë.

FRANC-QVARTIER, ou Canton d'honneur, c'est ordinairement le premier quartier de l'Escu du costé dextre, chargé de quelque chose, & quelquefois l'Escu posé sur le tout, quand il est chargé des Armes principales d'vne maison ou famille.

FRESNE, est vne sorte d'arbre que l'on employe quelquefois au Blason, il est ennemy des Serpens & autres animaux veneneux, car ils ne peuuent demeurer long-temps sous son ombre qu'ils ne meurent, & est le simbole d'vne amityé sincere & parfaite.

73. FRETTE', sont proprement filets ou cottices entrelassez les vns dans les autres en Bande & en Barre, à quelque distance les vns des autres, en forme de Losange, & est fait comme vn Treillix, & lors qu'en leurs jointures elles sont cloüées, il le faut dire.

60. FVSE'E, quoy que ce sont vrays fuseaux à filler, neantmoins au Blason le plus souuent on les represente en forme de Losange oblongue, & sont vn peu pointuës par le haut & le bas & grosses par le milieu.

FVSTE', se dit lors que l'arbre, & son tronc sont d'autre email que les branches & feilles.

G

19. **GEMELLE**, ou **IVMELLE**, eſt vne eſpece de filet double, ayant à peu prés le quart de la largeur de la faſce ; & pour l'ordinaire ſa poſture eſt d'eſtre en faſce, & quelquefois en bande & en barre.

GENTIL-HOMME de nom & d'armes, eſt celuy qui porte le nom & armes d'vne terre, qu'il poſſede, ayant des armes particulieres non affeſtées ny trop ſurchargées, & dont l'origine de ſes anceſtres eſt ſi ancienne qu'elle ne ſe puiſſe trouuer qu'à peine.

GIVRE, Guiure, Viure, ou Biſſe, eſt vne groſſe Couleuure, ayant la queuë ondée & tortillée, le plus ſouuent en pal, quelquefois couronnée ayant vn enfant nud en la gueulle, qu'on appelle iſſant, ainſi que les armes de Milan.

GOMENE, ou Gumene, eſt la Corde attachée à vne ancre de Nauire.

76. **GONFANON**, ou Gonfalon, eſt vne eſpece de Banniere fenduë par embas, telles qu'on void porter aux Egliſes, & l'vſage en eſt venu d'Italie, ſi la frange qui l'orne au bout eſt d'autre email, il le faut dire.

GRESLE, ſe dit proprement des Couronnes de Comtes & autres, ſur leſquelles on met des Perles.

87. **GRIFFON**, eſt vn demy Aigle & demy Lion, ayant la teſte & la partie ſuperieure du corps en forme d'Aigle, les aiſles eſployées, ne moſtrant qu'vn œil, & la partie baſſe ayant la figure d'vn Lion, auec la queuë ; c'eſt vn animal imaginaire, qui ne s'eſt iamais veu qu'en peinture, il denote neantmoins la viteſſe & vigilance.

GRILLE, ou Grillé, ſe prend le plus ſouuent au Blaſon, comme vne forme de Fretté-Cloüé, eſtant compoſé de pieces plus menuës que le Fretté : ſe prend auſſi quelquefois pour les grilles & viſieres d'vn Caſque ou Heaume.

GRILLET, ou Grillot, font petites fonnettes, ou cloches rondés, telles que l'on met à la tefte des Mulets, Cheuaux, & aux mains des Efperuiers.

GRINGOLE', ou Guiuré, fe dit proprement des Croix, Bandes, Sautoirs, ou quelques autres pieces dont les extremitez fe terminent en teftes de Dragons, Lions, Serpens, ou autres animaux, qui féblent les vouloir engloutir.

GVAY, fe dit d'vn Cheual nùd, fans bride n'y felle, & fans caparaçon.

GVEVLLE, anciennement appellée Belique ou Belif, eft proprement le Rouge, l'vne des quatre couleurs admife au Blafon; il fignifie conftance & patience: & pour ce fujet l'Eglife s'empare de cette couleur quand elle folemnife les Feftes de quelques Saints Martyrs.

GVLPE, eft vn tourteau de Pourpre.

40. GYRON, ou GVIRON, eft vne figure triangulaire, ayant vne pointe longue & fe met rarement feul en l'Efcu, & y en à le plus fouuent huit ou dix, qui tous aboutiffent & fe joignent par leurs pointes au centre de l'Efcu; fi le nombre eft impair, on le dit à tant de Gyrons, s'il eft pair, on dit Gyronné de . & de .

H.

HABILLE', & veftu en langage vulgaire, font Synonimes, mais en cette Science Heraldique ils n'ont aucune conuenance, ains Habillé fe dit des voiles d'vn Nauire, lors qu'elles font d'autre email que le corps dudit Nauire.

HACHES-D'ARMES, appellées par les anciens, Confulaires ne font proprement que certaines halebardes dont on fe fert à la Guerre.

HAMADES, ou Haymades, c'eft vne fafce de trois pieces

alaiſées, qui ne touchent les bords de l'Eſcu.

Heavme, Caſque, ou Armet, ſont auſſi ſynonimes, à la diſtinction toutefois que les Roys & Empereurs le portent au deſſus de l'Eſcu de leur Armet tout ouuert, les Ducs & Païrs, Comtes & Marquis le portent de front fermé, les Barons, Cheualiers, Vicomtes & Gentils-hommes de marque le portent de trois quarts, c'eſt à dire monſtrant vne joüe, le nez & la moityé de l'autre joüe : les autres Gentils-hommes de condition moins releuée le doiuent porter en porfil ou de coſté, ne monſtrant qu'vne joüe & la moityé du nez, laquelle partie doit regarder la partie dextre de l'Eſcu.   Les autres perſonnes vertueuſes & de merite annoblies du Prince, ſoit pour leur rare Doctrine, ou quelque haut fait d'Armes, le peuuent auſſi porter de porfil, auec cette difference neantmoins, qu'ils ne doiuent pas auoir de Grillets, pour le nombre deſquels les Armoriſtes different en ſentiment. Quand aux Armoiries des Blebeyens & Ignobles ne doiuent aucunement eſtre tymbrez, quoy que le deſordre de ce Siècle plus que nul autre, nous faſſe aſſez voir le contraire, non ſeulement, quant au Tymbre, mais auſſi quand à la forme & à la matiere de l'Eſcu.   Anciennement les Gentils-hommes de quelque condition qu'ils fuſſent, il ne leur eſtoit pas permis de tarer leur Caſque, ny tymbre de front, ains ſeulement de coſté: Mais aujourd'huy on paſſe licentieuſement au deſſus de toutes ces regles.

Heravt-d'Armes, eſtoit proprement celuy qui auoit Commiſſion du Roy d'attribuer & donner des Armes aux Nobles, non d'extraction, mais aux annoblis par leur merite, quelquefois ils ſe prennent auſſi pour ceux qui vont denoncer la guerre ou la paix aux ennemis.

Hermine à proprement parler, c'eſt la peau d'vn Rat du Pont en Aſie, dont le poil eſt extraordinairement blanc,

mais

mais parce que les Peletiers, pour faire dauantage paroiſtre la blancheur de cette peau y couſent, & attachent adroitement certaines petites mouchetures noires, de la vient que iamais l'Hermine n'eſt réputée ſans tache, & s'admet au Blaſon pour la premiere fourure dont le fond eſt toûjours d'argent, & les mouchetures de ſable faites en forme de Croix par le haut; il ſe void des Eſcus tous entiers chargés d'Hermines, & quelquefois des pieces, & animaux, l'Hermine eſt le ſimbole de pureté.

HONNEVR, quartier d'honneur eſt pour l'ordinaire le premier quartier de l'Ecu, eſtant eſcartelé, quelquefois on le met ſur le tout.

HONORABLE ordinaire, ſont certaines pieces leſquelles de tout temps ont eſté admiſes au Blaſon, & priſes pour honorables ſelon Hyerome de Bara : & autres Armoriſtes, de cette nature ſont les pieces principalles cyapres, la Croix, la faſce, le Sautoir, le Chef, la Bande, le Pal, le Chevron &c. & entre les Animaux terreſtres le Lyon, le Leopard, l'Aigle & la Merlette, & entre les Aquatiques, le Dauphin, & le Barbeau.

HVCHET, eſt vn diminutif du Cor de chaſſe, il y en à de ſimples, ſans virolles, attaches, ny garnitures, d'autre qui ſont liés & enguichés &c.

INCARNATION, ou Carnation tient lieu de la ſixiéme couleur comme i'ay cy deuant expliqué à l'endroit des metaux & couleurs.

I

ISSANT ſe dit en deux ſortes, la premiere eſt de l'Enfant ſortant de la gueulle d'vn Serpent, la deux ſe dit du Lyon ou de quelque autre Animal dont la partie de la teſte, & la partie inferieure de la queuë ſe monſtrent.

IVMELLE voyez Gemelle.

L.

75.   LAMBEAV, ou Lambel, eſt vne piece platte,ayant trois pieces en forme de pendans, qui eſt pour l'ordinaire au chef de l'Ecu, & lors qu'il y à plus ou moins de trois pendans, il faut le ſpecifier, & ſert pour l'ordinaire de briſeure, ou diſtinction d'aïneſſe, s'il eſt auſſi en autre ſituation, qu'en chef, il le faut dire, on n'en voit iamais, qui ayent les pendans en haut, mais bien quelque piece ſur chaque pendant pour ſeruir de contrebriſeure.

LAMBREQVINS, ſont ces fueilles qui ſont en forme de pennaches ſur & autour du Caſque & doiuent deſcendre des deux coſtez de l'Ecu iuſques au milieu, quelque fois au lieu de Lambrequins, & fueillages on met des Pennaches, & le tout doit eſtre diuerſifié d'Emaux ſuiuant la diuerſité des pieces & champ de l'Ecu.

LAMPASSE', ou Langué, ſe dit des animaux terreſtres, qui tirent la langue d'vn autre émail que le corps rarement dit-on Langué, & quand on le dit, c'eſt de l'Aigle ſeul monſtrant la langue d'autre émail, ce qui eſt rare d'autant qu'on ne ſait guere monſtrer la langue aux Oyſeaux ny aux Poiſſons, mais bien quelquefois aux Reptils qu'on appelle quelquefois Langué.

LAVRIER, s'employe auſſi quelquefois au Blaſon, & eſt le Symbole de triomphe & de victoire.

88.   LEOPARD, cét animal ſuiuant les Naturaliſtes eſt engendré du Lion & de la Panthere, les Armoriſtes ne font difference du Lion & du Leopard, que de la poſture ſeule, le Leopard eſtant touſiours tourné de front en telle ſorte qu'il monſtre les deux yeux & les deux oreilles, & eſt ordinairement repreſenté paſſant ou marchant,

le Lion au côtraire est tousiours posé en porfil, ne monstrât qu'vn œil & vne oreille, comme il sera dit cy-apres & si quelquefois le Leopard estoit representé rampant on dit.

98. LEOPARD LIONNE', & sert aussi-bien que le Lion tant à l'ornement du dedans de l'Escu que supports & Cimier, il nous represente en Blason les vaillans & genereux Guerriers.

LICORNE, est vn animal tres-beau & rare, qui se represente en armes comme le Leurier, fors qu'on ne luy fait iamais tirer la langue, il est ennemy du venin & des choses impures, & sert de symbole à ceux qui fuyent le vice, il denotte aussi vne pureté de vie, & les genereux Guerriers qui ayment mieux mourir que de tomber és mains de leurs ennemis.

LIE', ou Enguiché, denote en Blason le Cordon auec lequel est lié vn Cor ou Cornet de Chasse qui sert pour le pendre au col du Chasseur.

LISTRE, Lisiere, ou Ceinture Funebre, sont ces Bandes noires que l'on met tant au dehors qu'au dedans des Eglises, sur lesquelles, de distance en distance on à de coustume d'appliquer les Armes d'vn defunt en grand volume, auec les supports, Casque & Cimier, Bourlets & Lambrequins, auec les distinctions des dignitéz du personnage: comme si c'est vn Euesque, vne Mytre & Crosse, si vn Maréchal de France, vn Baston de Maréchal, vn President vn Mortier, & ainsi des autres, & se doiuent mettre sur les grandes portes de l'Eglise & autres lieux plus remarquables, & entre chacun de ses grands Ecussons dans leur interuale, on y met d'autres petits Ecussons, & s'appellent, proprement, Listres, ou Lisieres, par ce qu'on doit mettre dans ces Escus, les Armes des ancestres, & Alliances, qui est proprement vne marque de Seigneurie, & de Droict Honorifique,

& quelquefois quand il se rencontre deux Seigneurs pre-
tendans mesme droit, le plus Illustre doit mettre sa listre
dessus & l'autre dessous, quelqu'autrefois l'vn met au dedans & l'autre au dehors de l'Eglise, ainsi qu'il a esté jugé
par quelques Arrests des Cours Souueraines. Et est à remarquer qu'en cet Euesché de Leon seul, tous Gentils-
hommes d'extraction & Chefs de maison, apres leur mort,
sont en possession immemoriale de faire poser Lisiere &
Ceinture funebre au dedans des Eglises principales sous
celles du Seigneur dominant, pendant l'an de leur dueil
seulement, & ne sçais autre raison ny fondement à ce droit
qu'vn Vsement local & tradition ancienne de le mettre
en pratique par les vesues ou heritiers desdits decedez.

LORRE', se dit d'vn Dauphin qui à les Nageoires d'vn
autre email.

61 LOSANGE, est vne figure quadrangulaire, vn peu
plus longue en sa hauteur, que non pas en sa largeur, elle
differe de la Fusée, qui est plus serrée par le milieu & les
pointes vn peu en arondissant, n'ayant les bouts si aigus
que la Losange. Quand l'Escu est remply de Losanges
aussi-bien que les pieces d'iceluy, on dit.

62. LOSANGE' de ∴ & de ∴ & est à remarquer que lesdites
Losanges sont ordinairement posées en pal & quelquefois
en Bande ainsi que le Fuselé, mais rarement.

LOVP, est souuent employé tout ou partie dans le
Blason : il est comparé à vn vaillant Capitaine, qui ayant
esté vn long-temps reserré en quelque Fort ou Citadelle,
se jette enfin dans le Camp des ennemis. Et on se sert aussi
en Armes du Loup Ceruier, qui pour l'ordinaire est de
Gueulle, Mouchetté & Tauelé de Sable.

90. LION, doit tousiours estre representé en sa posture
ordinaire, sçauoir, rampant, ce qui n'est toutefois besoin
d'expliquer en Blasonnant, il ne doit monstrer qu'vn œil

& vne oreille, ſa Iube friſée & le bout de ſa queuë doit
touſiours recourber vers ſon dos ; cela denottant vne plus
grande force au deſſus du Leopard, qui n'a le bout de la
queuë recourbée qu'en dehors ; quand il eſt paſſant dans
vn Eſcu, on le dit.

91. LION LEOPARDE', & pour l'ordinaire on n'en
met que trois, & y en ayant dauantage, on les dit Lionceaux ou Lionnets, on en void de mornez ; c'eſt à
dire qui n'ont ny langue, ny griffes ; De dragonnez, qui
ont la partie de derriere en forme de Dragon, couppez
qui ſont de deux emaux, on en met de naiſſans & jſſans,
ainſi que vo⁹ les trouuerez expliquez ſur les lettrines N. & I.
Il s'en voit de brochans, d'affrontez, d'adoſſez, chargez
d'Hermines ou autre choſe, de maſquez, contournez,
aſſis, couchans, palez, faſcez, eſchiquetez, &c. Et finalement d'euirez, c'eſt à dire ſans vilenie, qui n'a ny verge
ny genitoires, quelquefois on en voit de diffamez ; c'eſt à
dire qui n'ont ny oreilles ny queuë, & quelques autres
d'eſtetez, qui ont la teſte arrachèe, auſquelles diſtinctions
on ne s'arreſte toutefois guere en cette Prouince, mais bien
ailleurs. Les anciens ont touſiours eſtimé le Lion eſtre le
Roy de tous les animaux quadrupedes, & eſt le hyerogli-
fique des heros & Illuſtres perſonnages, le ſymbole de la
vaillance, de commandement, de domination, magna-
nimité & terreur, & denote auſſi vn Prince clement lequel
pardonne à ceux qui s'humilient, qui deſtruit & renuerſe
ceux qui luy font reſiſtance.

LYS, ne ſe repreſente pas touſiours comme les armes de France, ains par fois ſans pointe, ny bout de deſſous, & lors on les dit ſans queuë, autrement au pied
couppé, ou pied noury : quelques autres fois on les qualifie Lys ſimplement, c'eſt à dire, Lys de Iardin, & lors
il le faut dire.

M.

MACLE eſt vne figure quadrangulaire, comme la Loſange, à la reſerue que la Loſange eſt pleine, & la Macle eſt percée au centre, en forme de Loſange, de telle ſorte que par le trou on void le Champ de l'Eſcu, & differe du Ruſtre, en ce que le Ruſtre eſt percé en rond.

MASSONNE, ſe dit des traits & filets qui diuiſent & font paroiſtre que les pierres de taille d'vne Tour ſont d'autre email que le corps du Baſtiment.

MANTEAV, ou Cotte d'Armes, doit pour l'ordinaire eſtre orné des armes de celuy qui le porte, & doublé d'hermines, auec cette difference, qu'on le repreſente à reuers, eſtant ſeulement replié des deux coſtez, pour faire paroiſtre partie des armes, & pour l'ordinaire ſert pour ornement aux Ducs & Pairs, d'où vient qu'on l'appelle manteau Ducal.

MAINS, on doit pour l'ordinaire en faire paroiſtre le dedans, & lors qu'elle eſt dextre, ou ſeneſtre il le faut dire, ou en qu'elle poſture elle eſt, le plus ſouuent elles ſe mettent en Pal.

MASSACRE, ou Rencontre, ſe dit d'vne teſte de Cerf garnye de ſon bois, ſe preſentant de front.

MEMBRE, ſe dit proprement de l'Aigle & autres Oyſeaux notables, qui ont les pattes & les jambes d'autre email que le corps, & quelquefois on les dit auſſi parez.

86.   MERLETTES, ſont diminutifs de Merle qu'on repreſente touſiours les aiſles ſerrées, n'ayant ny jambes, ny bec, & repreſentent en Blaſon l'ennemy vaincu.

METAIL au Blaſon, on n'en admet que deux, comme j'ay cy-deuant dit, ſçauoir, Or & Argent.

MESAIL, eſt proprement le deuant ou milieu du Caſque,

qui eſt cette partie mobile qui ſert à découurir, & cacher la viſiere.

MIRAILLE', ſe dit ſeulement du Papillon, & quel-quefois du Cocq d'Inde, parce que ſur les aiſles de ces animaux, & ſur la queuë deſdits Cocqs, la nature a figu-ré comme certains petits miroirs en forme de croiſſant.

MIRTRE, ſe voit rarement dans l'Eſcu, mais ſou-uent aux deux coſtés d'iceluy par deſſous, & ſert pour or-ner les eſcus des femmes : il repreſente en Blaſon la par-faite amitié.

MOLETTE d'eſpron, eſt toûjours percée, & pour l'ordinaire à ſix pointes.

78. MONTANT ſe dit ordinairement du Croiſſant ayant les deux cornes vers le chef de l'Eſcu, mais par ce que c'eſt ſa poſture plus naturelle, on ne le doit ſpecifier en Blaſonnant.

MORAILLES ſe repreſentent ordinairement en faſ-ce, & ſont eſpeces de tenailles longues, & dentelées d'vn coſté, dont on ſerre le nez des cheuaux pour en iouyr auec plus de facilité au trauail du Mareſchal.

MOVCHE ſe met toûjours les aiſles ouuertes, & en Pal, lors que ce ſont des Abeilles le faut ſpecifier.

MOVCHETE', plumé, ou plumetté, c'eſt lors que l'Eſcu eſt ſemé de petites trefles, la queuë en haut & tou-te droite.

MOVVANT, ne ſignifie rien autre choſe que naiſ-fant, ou ſortant, comme lors qu'il ſe rencontre vn bras ſortant d'vne Nuë, ou des Pots, comme ſuſpendus au chef de l'Eſcu, pour lors on les dit mouuants, c'eſt à dire tirans de certain coſté de l'Ecu vers vn autre, & il le faut ſpecifier dextre, ou ſeneſtre, le plus ſouuent c'eſt dextre.

N.

NAISSANT, est le contraire d'Issant, & c'est lors qu'il paroist sur vne diuision, ou piece, vne partie anterieure de quelque animal, & se pose ordinairement au milieu de l'Escu.

NAVIRE, n'a pas beaucoup de Particularitez, quoy qu'il ayt beaucoup de partyes, sinon lors que les voilles sont d'autre email, que le corps on dit habillé.

NELLE, nyelle, au anille, se dit d'vne Croix qui est comme ancrée horsmis qu'elle est beaucoup plus petite, & estroite que l'ordinaire.

NOVE se prend en sa vraye signification de la queuë du Lion estant fourcheuë, laquelle pour lors on blasonne Noüee & quelquefois passée en sautoir, Noüé se dit aussi quelquefois des fasces.

NOYER est vn arbre que l'on employe aussi quelquefois au Blason, il represente l'innocence persecutée, & qui souffre tout auec patience, sans se plaindre ny murmurer.

O.

OEILLET, se met tantost auec la fleur simple, & quelquefois auec sa tige, & prend au Blason les mesmes qualitez que la rose.

OGOESES, sont tourteaux de Sable.

OMBRE, n'est guere moins que le corps & quelquefois on represente l'ombre d'vn Lion à trauers de quelques fasces ou autre piece de l'Ecu.

24. ONDE se prend plus ordinairement pour les vagues de la Mer qui flottent, mais se dit aussi des fasces, bandes & autres pieces, & differe de l'anté, comme nous l'auons dit cy-deuant.

ONGLE'

ONGLE', c'eſt à dire armé d'ongles, ou de cornes par les pieds, lors qu'vn Oyſeau ou Griffon a les ongles d'autre émail, il ſe peut auſſi dire des animaux à quatre pieds ayant la corne du pied d'autre émail que le corps.

OPPOSE' à deux pointes, ſe dit lors que dans l'Ecu il y a vne forme de Loſange, laquelle touche de ſes angles les extremitez de l'Ecu, & qu'elle eſt coupée de deux é-maux, & que l'Ecu & la Loſange ſont l'vn en l'autre.

L'OR eſt le premier des Metaux qu'on admet au Blaſon il ſignifie la foy, la juſtice, temperance, la charité, la cle-mence, la douceur & l'humilité, qui ſont vertus chreſtien-nes; & encore pour qualitez mondaines la nobleſſe, ri-cheſſes, generoſité, ſplendeur, amour, pureté, conſtance, joye, &c.

ORIFLAMME eſt vne forme de banniere, ou de Gon-fanon ayant deux pointes découpées en onde, & attachées à vne picque, elle eſt de taffetas, ou autre broderie de ſoye rouge parſemée de flammes d'or.

56. ORLE eſt faite comme vne bordure, à la reſerue qu'elle eſt premierement plus étroite, & qu'elle ne touche pas les bords de l'Ecu, toutes les pieces ou animaux qui ſont rangez en l'Ecu de cette maniere ſe diſent poſez en orle.

81. OTTELE n'eſt autre choſe que des amandes pelées, & ſe void le plus ſouuent comme aux armes de Comminge ayant 4. Otteles ou Amandes, dont les pointes ſont ran-gées és 4. angles de l'Ecu & poſées comme en ſautoir.

L'OVRS ſe repreſente tantoſt paſſant, tantoſt rampant, & quelquefois debout, quelque autrefois bouclé, c'eſt à dire vne boucle paſſée par les narines; de tous le ani-maux quadrupedes il n'y en a point qui ait plus de ſoin & de tendreſſe pour ſes petits que luy.

F

P.

31. PAL eſt vne des pieces ordinaires qualifiées honorables & doit contenir le tiers de l'Ecu quand il eſt ſeul.

32. LORS que le nombre eſt impair, on dit Pale de … & de …

34. CONTREPALE' ſe dit quand l'Ecu eſt coupé en deux, & que les pals ſont oppoſez l'vn à l'autre.

PALME', dont les branches ſont ſouuent employées à l'ornement des Ecus, & quelquefois au dedans, plus la palme eſt chargée, elle reſiſte dauantage & rompt pluſtoſt que de flechir, n'y ayant rien en elle depuis la moüelle interieure juſques à ſon écorce, fueilles & moindres rinceaux qui ne ſeruent aux neceſſitez de la nature humaine; Elle ſignifie la victoire & la juſtice.

PANNES ou Pennes, n'eſt autre choſe que les foureures, dont on ſe ſert au Blaſon, ſçauoir l'hermine & le vair.

PAPILLON, ſe repreſente comme la moûche, les aiſles oüuertes & en pal, à la reſerue qu'on le dit miroüetté, c'eſt le Hyeroglyphe des amants qui ſe bruſlent ſouuent au feu qu'ils adorent.

PAPELONNE, ou Diappré de papillons, eſt lors que le fond de l'Ecu, ou pieces d'iceluy ſont deſignez par gros traits en forme d'écaille de poiſſon, dont les vns ſont de metal, les autres de couleur.

9. PARTY, eſt ſeparer l'Ecu en deux parties égales par vne ligne perpendiculaire tirée du milieu du Chef à la pointe.

PASME', c'eſt à dire mort ou mourant, & ſe dit particulierement du Dauphin, parce qu'il n'eſt pas ſi toſt hors de l'eau qu'il n'eſt éuanoüy & expirant.

PASSANT, c'eſt à dire allant, ou marchant, & ſe dit des animaux à quatre pieds, qui a vn pied de deuant à bas, vn derriere leué, paſſé en ſautoir, c'eſt à dire en forme de Croix de Saint André.

PATTE, ſe dit du Lion, Griffon, Ours & autres animaux quadrupedes.

PATTE', ſe dit ordinairement de la Croix, dont les branches s'élargiſſent à meſure qu'elles ſortent du centre de l'Ecu.

PAVILLON, s'entend en cette ſcience heraldique d'vne tente auec vn days, & ſert en France pour mettre les armes du Roy, lequel Pauillon eſt parſemé de Fleur de Lys d'Or.

PENDANTS, ſe diſent de certaines parties du Lambel qui deſcendent au deſſous, & lors qu'il y a trois pendants n'eſt beſoin de les ſpecifier, mais bien quand il y en a plus ou moins.

PERY, c'eſt à dire poſé en abîme, & la piece qu'on qualifie de ce mot pery, eſt touſiours perie, diminuée & racourcie, & ſe dit ordinairement du Baſton qui ſert de Briſeure.

PIED-COVPPE', ou pied noury, ſont Synonimes, & ſe dit pour l'ordinaire de la Fleur de Lys, ou autre piece quand elle eſt alaiſée par embas, & qu'il ne paroiſt rien que les trois fleurons d'enhaut.

LE PIN s'admet au Blaſon, & eſt le Symbole de la mort, car eſtant vne fois couppé, il ne rejette plus.

POINCT, à proprement parler, eſt vne piece quarrée, comme vne partie d'Eſchiquier.

POINTE, eſt la partie baſſe de l'Ecu qui monte de bas en haut, & s'arreſte droit au cœur de l'Ecu, & dit-on ordinairement anté en pointe.

POISSON, ſe repreſente la gueulle fermée fors le Dau-

F 2

phin, leur posture plus ordinaire est d'estre en fasce ou en
pal, le Dauphin en croissant, & n'ont rien de particulier,
que lors qu'ils ont les yeux d'autre émail que le corps, &
lors on les dit allumez, le Dauphin pâmé, ou la gueulle
beante, la Baleine fiertée.

POMMIER, se met quelquefois au Blason auec fruit
& sans fruit, & est le Symbole de fœcondité.

PORCS, n'ont point de defenses comme les Sangliers.

POTENCE', se dit ordinairement de la Croix, quoy
qu'vne chose ignominieuse, neantmoins fort vsitée au
Blason, estant vne marque de haute Iustice, elle se represente en forme platte, comme les Potences ordinaires
à la reserue qu'il n'y a d'arboutans pour supporter les branches, & toutes pieces qui ont figure de Potence dans
leurs extremitez se disent potencées.

POTENCE', contre-potencé, c'est lors que deux pieces se rencontrent potencées l'vne contre l'autre, & les
Potences sont entrelassées les vnes dans les autres.

POVRPRE en ce Royaume est pris pour vne couleur
mixte, n'ayant de qualité asseurée au Blason, estant pris
tantost pour couleur, tantost pour metail, comme com-
posé de deux couleurs d'azur & de gueulle ensemblement
il signifie generosité, temperance, foy, chasteté, deuotion;
des qualitez mondaines, noblesse, grandeur, tranquillité,
grauité & abondance de richesses.

R.

RETRECY est au contraire de Racourcy, c'est lors
qu'vne piece n'a pas sa largeur ordinairere.

RAMES ou Rameures, ce sont les cornes de Cerf,
quelquefois sans nombre, d'autrefois on les specifie, car
quelquefois le nombre fait la difference des maisons.

R A N C H E R , fe reprefente en forme d'vn Bouc ou d'vn Mouton , & quelquefois comme vn Cheureul ayant long bois droit, auec andoüilles le tout plat & aflés large le poil du ventre vn peu long.

R A N G I E R , eft à proprement parler vne faux, auec quoy on couppe le foing.

R A V I S S A N T , eft le terme propre du Loup, parce que on le reprefente la gueulle ouuerte, comme eftant toûjours preft de rauir fa proye.

R A M P A N T , fe dit du Lion & du Chien, lors qu'ils ont le deuant du corps leué , & n'eft befoin de le dire quant au Lion, parce que c'eft fa pofture ordinaire.

R E N V E R S E' , voyez verfé.

R E S A R C E L E' , fe dit des pieces plattes & particuliere-ment de la Croix, lors que l'extremité eftant comme an-crée & que les pointes de l'ancre font en tournant comme la coquille d'vn Lymaçon & d'ordinaire ces pieces refar-celées font retrecies , & toûjours allaifées.

80. R O S E fe reprefente és Ecus tantoft auec fa tige, fueillage & fleur, quelquefois la fleur toute feule, fouuent en nombre, quand elle a fa tige, on la dit fouftenuë , & quand le cœur eft d'vn autre émail que le corps, on la dit boutonnée de ... boutons de Rofe au naturel, font le Hyeroglyphe de la beauté, de l'amour & de la jeuneffe; la Rofe auec fa tige eft le fymbole de la beauté & bône grace.

R O V A N T , eft le terme qu'on attribuë ordinairement aux Paons ou Cocqs d'Inde , lors qu'ils font la rouë & met-tent leur queuë en forme d'éuentail, fur laquelle y ayant de petites marques en forme de Croiffant d'autre émail, on peut dire Miraillé.

64. R V S T R E , eft fait au Blafon comme vne Macle, auec cette difference neantmoins que le Ruftre eft percé en rond, & la Macle en lofange.

S.

SABLÉ, est la quatriéme des Couleurs admiſes au Blaſon, & quoy que lugubre neantmoins fort vſitée: Il ſignifie, prudence, duëil, triſteſſe, renoncement de ſoy-méme, ſimplicité, douleur, meſpris du monde. &c.

SANGLIER, ſe repreſente toûjours paſſant ne mon-ſtrant qu'vn œil & vne oreille, la teſte baiſſée ſelon ſon naturel, il ſe repreſente quelquefois en furie & quelque autrefois ſans furie, & ſignifie la fureur guerriere & la bru-talité impitoyable.

LE SAPIN eſt vſité au Blaſon par quelques vns, com-il ſurpaſſe en hauteur tous les arbres, il repreſente la Souueraineté.

SAVTANT ſe dit proprement du Belier, & quelque-fois du Cerf pour diſtinguer les Maiſons.

38. SAVLTOIR, Saulteur ou Saultour, eſt fait comme la Croix de Saint André, & paſſe pour piece honorable ordinaire auec les mémes particularitez que la Croix.

39. SAVTOIR, à l'aiſe.

SEMÉ ſe dit proprement lors que dans vn Ecu on met quelques pieces ſans nombre.

15. SENESTRE ou ſiniſtré, ſe dit lors qu'au coſté gau-che de quelque piece ou animal principal on y met vne autre piece.

SOLEIL, ſe repreſente au Blaſon comme vne Comet-te ſinon qu'il eſt vn peu plus grand, & qu'on luy repre-ſente deux yeux, vn nez & vne bouche.

SOMMÉ, ſe dit auſſi en deux ſortes, lors qu'vn Cerf à quelque piece entre les Rames on le dit Som-mé, ce qui ſe peut auſſi dire de ſes Rames à l'égal de ſa teſte, l'autre maniere ſe prend lors que ſur vne tour

ou autre piece, soit animal, ou plante on y admet vne
autre piece.

SOVSTENV, est quand il y a quelque piece au dessous qui la soustient.

STANGVE, est le bois ou baston qui entre dans le
fer de l'ancre.

SVPPORTS, sont ces animaux qu'on met au dehors
aux deux costez de l'Ecu qui le supportent chacun de son
costé auec leur pattes de deuant, quelquefois par des Anges, hommes sauuages, Lions, Leopards, Licornes, Har-
pies, Aigles ou autres especes d'animaux de grande stature,
qui sont le plus souuent d'Or & quelquefois au naturel,
il n'y a guere en France que nos Roys, Princes, la Maison
de Montmorency & quelque peu d'autres tres-illustres,
qui se seruent d'Anges pour tenants & supports, lesquels
se representent au naturel auec cette particularité qu'on
leur baille pour l'ordinaire des mantelets faits comme des
Roquets qu'on double d'Hermines, & que l'on orne par
le dessus des mémes Armes, qui sont au dedans de l'Ecu.

SVR LE TOVT, lors qu'vn Ecu estant diuisé, écartelé ou couppé, ou de plusieurs autres Ecus on met sur le
cœur de l'Ecu vn autre Ecusson, qui pour l'ordinaire doit
estre des Armes principales de la maison & du nom, comme estant le lieu le plus honorable, lequel sur le tout se
trouuant écartelé, ou diuisé, & qu'il y eust encore vn sur le
tout, on dit sur le tout du tout; On dit aussi sur le tout, du
baston ordinaire ou filet de bastardise, quand il est brochant sur le tout.

SVRMONTE', se dit lors que sur vne piece ou animal,
on applique autre piece plus haute contre sa situation ordinaire.

SYNOPLE, est la troisiéme des couleurs admise au
Blason, qui plaist merueilleusement à la veuë; & la ré-

joüift beaucoup, les Turcs ont en finguliere recommandation cette couleur, la portans ordinairement à leurs Turbans, Sultanes ou Soutannes : le Synople fignifie charité & efperance dont il eft le Symbole, & encore diligence & allegreffe d'efprit, des qualitez mondaines, honneur, amour, joye, force & abondance.

T.

53. **T**APH ou Tau, eft vne efpece de Croix telle qu'on la reprefente fur le manteau de Saint Anthoine.

TABLE D'ATTENTE n'eft autre chofe qu'vn Ecu d'vn feul émail foit couleur, ou metail fans eftre remply, ny chargé d'aucune chofe.

TACHETE', c'eft à dire diuerfifié de couleurs & ce terme s'adopte ordinairement au Tigre ou à la Salemandre que l'on tient d'vne nature fi froide que fans fe bleffer elle paffe à trauers des flames de feu, dont elle prend fa nouriture.

10. TAILLE' fe dit quand l'Ecu eft diuifé en bande.

TARRER ou Tarré, c'eft à dire tourné & fe dit proprement quand on veut expliquer la pofture des Cafques, Mitres ou autres Tymbres.

TAVRREAV, fe reprefente comme le Bœuf fors qu'on le dépeint auec deux flocons de poil frifé entre les cornes, il eft le fymbole du trauail & de la continence d'autant qu'il ne touche jamais à la femelle, quand elle a conceu.

TESTE, comme l'on void des animaux dans l'Ecu, auffi en reprefente-on les parties, & membres plus notables auec cette difference que lors que l'endroit où elles ont efté feparées d'auec le col, eft tout vny, on les dit coupées,

pées, & fi elles parroiſſent de diſtance en diſtance plus
releuées que les autres, on les dit arrachées.

TIERCE eſt vne piece compoſée de trois filets tout
ainſi que la jumelle qui ne l'eſt que de deux filets, il faut
ſpecifier la poſture en laquelle elle eſt ſoit en faſce ou en
bande.

TIRES, ſont les traits de l'Eſchiqueté, du vairé ou
faſces endantées.

TOISON, à proprement parler eſt vne peau d'animal
& le plus ſouuent d'vn mouton.

TORTILLE, bandé ou lié, ſe dit d'vne teſte de Morre,
lors que ladite bande eſt d'vn autre émail que la teſte.

TOVRNE', ſe dit d'vne piece ou animal, qui eſt tourné vers le coſté dextre de l'Ecu.

TOVRNE-SOLEIL, eſt vne fleur aſſés conſiderable,
dont quelques-vns ſe ſeruent au Blaſon, il eſt le ſymbole
de l'homme de bien, qui a toûjours ſon cœur & ſes a-
ctions tournées vers Dieu.

68.   TOVRTEAVX ſont figures rondes, plaines & maf-
ſiues & ſont toûjours de couleur.

TRABE, c'eſt la partie de l'ancre qui trauerſe la ſtan-
gue, s'entend auſſi quelquefois du baſton, qui ſupporte la
Banniere.

TRAICTS, ce ſont certaines lignes qui diuiſent vn
Echiqueté ou componé, parce que quand l'Ecu n'eſt entierement échiqueté, il faut dire de combien de traits la
piece eſt compoſée.

TRAISNEE, c'eſt vne eſpece de filet, ſoit droit ou
ondoyant, auquel eſt attaché des deux coſtez quelque
petite piece, fleur ou fruit, comme vne eſpece de branche
qui les auroit produit, & faut dire ſa poſture.

11.   TRENCHE', c'eſt lors que l'Ecu eſt diuiſé par vn
trait en barre ou contrebande.

G

82. TRÉFFLE ou tierce feüille, eſt vne herbe à trois feüilles & pour l'ordinaire on la repreſente auec vne petite queuë ondoyante, & lorsqu'elle n'a point de queuë non plus que la Fleur de Lys, on la dit au pied noüry ou coupé.

TRESCHEVR, voyez Eſſonier.

TYMBRE, Caſque ou Heaume, ſont ſynonimes, & ſe prend pour la piece exterieure de l'Ecu, qui luy ſert comme de teſte & d'ornement, par exemple Chapeau, Caſque & Mitre.

LE CASQVE ou Tymbre Royal eſt d'or ou doré, taré entierement de front, & tout ouuert.

74. TREILLISSE' eſt ſemblable au fretté, fors qu'ils ſont en plus grand nombre & ſont d'ordinaire cloüez.

CELVY des Princes & autres grands Seigneurs eſt ſeulement d'argent, d'Amaſquiné d'Or ou d'Acier poly.

LES CASQVES des Ducs doiuent auoir neuf grilles ou barreaux & ſont tarez de front.

LES CASQVES des Marquis, Comtes ou Enfans des Souuerains ont onze grilles tarez de méme.

CEVX des Marquis & des Comtes qui ne ſont Souuerains, n'ont que ſept grilles auſſi tarées de front.

CEVX des Barons cinq grilles ou barreaux tarez de méme.

CEVX des Cheualiers & Gentils-hommes doiuent eſtre tournez de porfil ne monſtrans que trois grilles.

CEVX des Eſcuyers auſſi tournez de porfil & preſque fermez.

CEVX des Baſtards doiuent eſtre contournez, clos & fermez; Aujourd'huy on paſſe par deſſus toutes circonſtances qui ſont en la pluſpart abolies & autant confonduës, que les briſeures, dont il eſt cy-deuant parlé.

V.

VAIR ou vairé seul, est la deuxiéme des soureures dont on se sert au Blason, & est fait en forme de cloche ou de Chapeau, à la reserue qu'il est plus pointu par le haut, & quand on veut exprimer la vraye soureure de vair, on remplit l'Ecu, ou les pieces dérangées de ces pots qui doiuent estre toûjours d'azur & le champ d'argent, autrement il les saut specifier.

VAIR-CONTRE-VAIR, ou vairé contre-vairé, autrement appellé en terme heraldique Beffroy, qui est vne chose asses rare en cette Prouince, c'est lors que les pots, ou cloches ont leurs bases l'vne contre l'autre & sont renuersez en sasce ayant pointe contre pointe, il se voit des animaux & autres pieces chargées de la sorte ou vairez simplement.

VANET est vne coquille sans oreilles, & se prend même confusément, estant faite comme vn petit van à vaner le bled & s'appelle vanet, lors qu'il est d'vne figure plus grande que ne doit estre vne coquille ordinaire de Saint Iacques.

VERSE' ou renuersé se dit proprement du Croissant ou du Cheuron qui à la pointe en bas.

VIGNE est quelquefois vsitée au Blason des Armoiries, soit en branches ou en feüilles, c'est le symbole de l'intemperance, elle l'est aussi de réjoüissance & de liesse.

VILENE se dit du Lion, qui a la marque du sexe d'vn émail different.

VILENNIE, Lion sans vilennie, ou éuiré, c'est lors qu'il ne parroist point au Lion de vilennie sous le ventre.

VILLE se represente enuironnée de tours, à portes closes ou ouuertes, & à murs crenelez par le haut quelquefois massonnée d'autre émail.

VIRES, font des cercles, ou anneaux paffez les vns dans les autres.

VIROLLE, ou virollé, c'eft le cercle ou anneau qu'on met aux extremitez d'vn cors ou trompe de chaffe, dont on ne doit point parler, fi ce n'eft que la virolle foit d'autre émail que la trompe.

25. VIVRE ou Guiure, eft vne Couleuure ou Serpent tortueux, on void des fafces ou bandes viurées, qui font endantées & les dents éloignées les vnes des autres, telles que la figure cy-deuant.

97. VOL, demy-vol, quand au Blafon on repréfente le vol entier, ce doit eftre deux aiffes d'oyfeaux pofées en fafce ou autrement, quelquefois liées d'autre émail, & vn demy-vol doit eftre, l'aiffe dextre feulement ayant l'aiffleron en haut.

VVIDE', fe peut dire de toutes fortes de pieces plattes eftans ouuertes à iour, en forte que l'on void le champ par leur ouuerture, il fe void des Croix vuidées, clechées & pommetées, telles que la Croix de Thouloufe : Vuidé fe peut auffi dire efchancré ou enfoncé.

Fin de l'Inftruction de la Science du Blafon.

armes parlantes estant
maduilles

Jen march
chef de cheual

Kercharo
ville cerfs

Keroroa
ville a couleuvres

groat piquea
fosse à pies

le iar
poule

perero
poire

armes quj on du rapport auec le ----- et non ------

le moigne hamuigne
great a uignier ses coquilles
reluge r. de Kernarvat
ville couleuves des couleuves

le moir pr de ----- blende
bois a vache ses anthres

Carlans r. de Jordan
---- ---- ---- poires

----- ------ ------
vaisseau du rohan quj portent des maches

seneschal
Kermeno
cinvieve
Carlan
que rer con
Vrehan

coethuan ------ 3 croillans
quelle rec
la villeandren celo ---- poi ---
quenioc

www.ingramcontent.com/pod-product-compliance
Lightning Source LLC
Chambersburg PA
CBHW071640280326
41928CB00068B/1803